서울교통공사

필기시험 모의고사

KB086958

제 1 회	영 역	직업기초능력평가, 직무수행능력평가(경영학)
	문항수	80문항
	시 간	100분
	비 고	객관식 5지선다형

SEOWONGAK
(주)서원각

제1회 필기시험 모의고사

〉〉 직업기초능력평가(40문항/50분)

1 다음은 서울교통공사 공고문의 일부이다. 빈칸에 공통적으로 들어갈 단어로 가장 적절한 것은?

> 지하철 (   )운행 안내
> 설 연휴를 맞아 귀경객의 교통편의를 위하여 서울지하철 1~8호선을 (   )운행하오니 많은 이용 바랍니다.
> • 설 연휴 : 2019.2.2.(토)~2.6.(수)/ 5일간
> • 지하철 (   )운행 : 2019.2.5.(화)~2.6(수)/ 2일간
> ※ 종착역 도착기준 다음날 02시까지 (   )운행

① 지연
② 지속
③ 지체
④ 연장
⑤ 연속

2 다음 글과 어울리는 사자성어로 적절한 것은?

> 진나라의 사마위강은 자신이 모시는 도공에게 이런 말을 하였다. "전하, 나라가 편안할 때일수록 위기가 닥쳐올 것을 대비해야 합니다. 위기가 닥칠 것을 대비해 항상 만반의 준비를 하고 있어야 합니다. 미리 준비를 하고 있으면 걱정할 것이 아무 것도 없습니다." 이 말을 깊이 새겨들은 도강은 위기에 대처할 수 있도록 준비하였고, 마침내 천하통일을 이루었다.

① 토사구팽(兎死狗烹)
② 유비무환(有備無患)
③ 와신상담(臥薪嘗膽)
④ 선공후사(先公後私)
⑤ 맥수지탄(麥秀之嘆)

|3~4| 다음 지문을 읽고 이어지는 질문에 답하시오.

> 고객들에게 자사 제품과 브랜드를 최소의 비용으로 최대의 효과를 내며 알릴 수 있는 비법이 있다면, 마케팅 담당자들의 스트레스는 훨씬 줄어들 것이다. 이런 측면에서 웹2.0 시대의 UCC를 활용한 마케팅 전략은 자사 제품의 사용 상황이나 대상에 따라 약간의 차이는 보이겠지만, 마케팅 활동에 있어 굉장한 기회가 될 것이다. 그러나 마케팅 교육을 담당하는 입장에서 보면, 아직까지는 인터넷 업종을 제외한 주요 기업 마케팅 담당자들의 UCC에 대한 이해 수준이 생각보다 깊지 않다. 우선 웹2.0에 대한 정확한 이해가 부족하고, 자사 제품이나 브랜드를 어떻게 적용할 것인가 하는 고민은 많지만, 활용 전략에서 많은 어려움을 겪는다. 그래서 후년부터 (   )을(를) 주제로 강의를 할 예정이다. 이 강좌를 통해 국내 대표 인터넷 기업들의 웹2.0 비즈니스 성공 모델을 분석하면서 어떻게 활용할 것인가를 함께 고민하고자 한다.

3 윗글의 예상 독자는 누구인가?
① UCC 제작 교육을 원하는 기업 마케터들
② UCC 활용 교육을 원하는 기업 마케터들
③ UCC 이해 교육을 원하는 기업 웹담당자들
④ UCC 전략 교육을 원하는 기업 웹담당자들
⑤ UCC를 마케팅에 활용하고 있는 인터넷 기업 대표들

4 윗글의 괄호 안에 들어갈 강의 제목으로 가장 적절한 것은 무엇인가?
① 웹2.0 시대의 마케팅 담당자
② 웹2.0 시대의 비즈니스 성공 열쇠
③ 웹2.0 시대 비즈니스 성공 모델 완벽 분석
④ 웹2.0 시대 UCC를 통한 마케팅 활용 전략
⑤ 웹2.0 시대 국내 대표 인터넷 기업들

5 다음 글의 주제로 가장 적절한 것을 고른 것은?

유럽의 도시들을 여행하다 보면 여기저기서 벼룩시장이 열리는 것을 볼 수 있다. 벼룩시장에서 사람들은 낡고 오래된 물건들을 보면서 추억을 되살린다. 유럽 도시들의 독특한 분위기는 오래된 것을 쉽게 버리지 않는 이런 정신이 반영된 것이다.

영국의 옥스팜(Oxfam)이라는 시민단체는 헌옷을 수선해 파는 전문 상점을 운영해, 그 수익금으로 제3세계를 지원하고 있다. 파리 시민들에게는 유행이 따로 없다. 서로 다른 시절의 옷들을 예술적으로 배합해 자기만의 개성을 연출한다.

땀과 기억이 배어 있는 오래된 물건은 실용적 가치만으로 따질 수 없는 보편적 가치를 지닌다. 선물로 받아서 10년 이상 써 온 손때 묻은 만년필을 잃어버렸을 때 느끼는 상실감은 새 만년필을 산다고 해서 사라지지 않는다. 그것은 그 만년필이 개인의 오랜 추억을 담고 있는 증거물이자 애착의 대상이 되었기 때문이다. 그러기에 실용성과 상관없이 오래된 것은 그 자체로 아름답다.

① 서양인들의 개성은 시대를 넘나드는 예술적 가치관으로부터 표현된다.
② 실용적 가치보다 보편적인 가치를 중요시해야 한다.
③ 만년필은 선물해 준 사람과의 아름다운 기억과 오랜 추억이 담긴 물건이다.
④ 오래된 물건은 실용적인 가치보다 더 중요한 가치를 지니고 있다.
⑤ 오래된 물건은 실용적 가치만으로 따질 수 없는 개인의 추억과 같은 보편적 가치를 지니기에 그 자체로 아름답다.

6 다음 글은 「철도안전법」에 규정되어 있는 철도종사자의 안전교육 대상 등에 대한 내용이다. 이를 보고 잘못 이해한 사람은 누구인가?

철도종사자의 안전교육 대상 등〈「철도안전법 시행규칙」제41조의2〉
① 철도운영자 등이 철도안전에 관한 교육(이하 "철도안전교육"이라 한다)을 실시하여야 하는 대상은 다음과 같다.
• 철도차량의 운전업무에 종사하는 사람(이하 "운전업무 종사자"라 한다)
• 철도차량의 운행을 집중 제어·통제·감시하는 업무(이하 "관제업무"라 한다)에 종사하는 사람
• 여객에게 승무(乘務) 서비스를 제공하는 사람(이하 "여객승무원"이라 한다)
• 여객에게 역무(驛務) 서비스를 제공하는 사람(이하 "여객역무원"이라 한다)

• 철도차량의 운행선로 또는 그 인근에서 철도시설의 건설 또는 관리와 관련된 작업의 현장감독업무를 수행하는 사람
• 철도시설 또는 철도차량을 보호하기 위한 순회점검업무 또는 경비업무를 수행하는 사람
• 정거장에서 철도신호기·선로전환기 또는 조작판 등을 취급하거나 열차의 조성업무를 수행하는 사람
• 철도에 공급되는 전력의 원격제어장치를 운영하는 사람
② 철도운영자 등은 철도안전교육을 강의 및 실습의 방법으로 매 분기마다 6시간 이상 실시하여야 한다. 다만, 다른 법령에 따라 시행하는 교육에서 제3항에 따른 내용의 교육을 받은 경우 그 교육시간은 철도안전교육을 받은 것으로 본다.
③ 철도안전교육의 내용은 아래와 같으며, 교육방법은 강의 및 실습에 의한다.
• 철도안전법령 및 안전관련 규정
• 철도운전 및 관제이론 등 분야별 안전업무수행 관련 사항
• 철도사고 사례 및 사고예방대책
• 철도사고 및 운행장애 등 비상 시 응급조치 및 수습복구대책
• 안전관리의 중요성 등 정신교육
• 근로자의 건강관리 등 안전·보건관리에 관한 사항
• 철도안전관리체계 및 철도안전관리시스템
• 위기대응체계 및 위기대응 매뉴얼 등
④ 철도운영자 등은 철도안전교육을 법 제69조에 따른 안전전문기관 등 안전에 관한 업무를 수행하는 전문기관에 위탁하여 실시할 수 있다.
⑤ 제1항부터 제4항까지에서 규정한 사항 외에 철도안전교육의 평가방법 등에 필요한 세부사항은 국토교통부장관이 정하여 고시한다.

① 동수 : 운전업무 종사자, 관제업무 종사자, 여객승무원, 여객역무원은 철도안전교육을 받아야 하는구나.
② 영수 : 철도안전교육은 강의 및 실습의 방법으로 매 분기마다 6시간 이상 실시하는구나.
③ 미희 : 철도안전교육은 전문기관에 위탁하여 실시하기에는 너무나 어렵구나.
④ 지민 : 철도안전교육에 철도운전 및 관제이론 등 분야별 안전업무수행 관련 사항, 철도사고 사례 및 사고예방대책 등도 포함되는구나.
⑤ 현민 : 정거장에서 철도신호기·선로전환기 또는 조작판 등을 취급하거나 열차의 조성업무를 수행하는 사람도 철도안전교육을 받아야 하는구나.

7 다음 글을 읽고 추론할 수 없는 내용은?

우리나라의 고분, 즉 무덤은 크게 나누어 세 가지 요소로 구성되어 있다. 첫째는 목관(木棺), 옹관(甕棺)과 같이 시신을 넣어두는 용기이다. 둘째는 이들 용기를 수용하는 내부 시설로 광(壙), 곽(槨), 실(室) 등이 있다. 셋째는 매장시설을 감싸는 외부 시설로 이에는 무덤에서 지상에 성토한, 즉 흙을 쌓아 올린 부분에 해당하는 분구(墳丘)와 분구 주위를 둘러 성토된 부분을 보호하는 호석(護石) 등이 있다.

일반적으로 고고학계에서는 무덤에 대해 '묘(墓)-분(墳)-총(塚)'의 발전단계를 상정한다. 이러한 구분은 성토의 정도를 기준으로 삼은 것이다. 매장시설이 지하에 설치되고 성토하지 않은 무덤을 묘라고 한다. 묘는 또 목관묘와 같이 매장시설, 즉 용기를 가리킬 때도 사용된다. 분은 지상에 분명하게 성토한 무덤을 가리킨다. 이 중 성토를 높게 하여 뚜렷하게 구분되는 대형 분구를 가리켜 총이라고 한다.

고분 연구에서는 지금까지 설명한 매장시설 이외에도 함께 묻힌 피장자(被葬者)와 부장품이 그 대상이 된다. 부장품에는 일상품, 위세품, 신분표상품이 있다. 일상품은 일상생활에 필요한 물품들로 생산 및 생활도구 등이 이에 해당한다. 위세품은 정치, 사회적 관계를 표현하기 위해 사용된 물품이다. 당사자 사이에만 거래되어 일반인이 입수하기 어려운 물건으로 피장자가 착장(着裝)하여 위세를 드러내던 것을 착장형 위세품이라고 한다. 생산도구나 무기 및 마구 등은 일상품이기도 하지만 물자의 장악이나 군사력을 상징하는 부장품이기도 하다. 이것들은 피장자의 신분이나 지위를 상징하는 물건으로 일상품적 위세품이라고 한다. 이러한 위세품 중에 6세기 중엽 삼국의 국가체제 및 신분질서가 정비되어 관등(官等)이 체계화된 이후 사용된 물품을 신분표상품이라고 한다.

① 묘에는 분구와 호석이 발견되지 않는다.
② 묘는 무덤의 구성요소뿐 아니라 무덤 발전단계를 가리킬 때에도 사용되는 말이다.
③ 피장자의 정치, 사회적 신분 관계를 표현하기 위해 장식한 칼을 사용하였다면 이는 위세품에 해당한다.
④ 생산도구가 물자의 장악이나 군사력을 상징하는 부장품에 사용되었다면, 이는 위세품이지 일상품은 아니다.
⑤ 성토를 높게 할수록 신분이 높다면, 같은 시대 같은 지역에 묻힌 두 피장자 중 분보다는 총에 묻힌 피장자의 신분이 높다.

8 다음은 어느 시민사회단체의 발기 선언문이다. 이 단체에 대해 판단한 내용으로 적절하지 않은 것은?

우리 사회의 경제적 불의는 더 이상 방치할 수 없는 상태에 이르렀다. 도시 빈민가와 농촌에 잔존하고 있는 빈곤은 인간다운 삶의 가능성을 원천적으로 박탈하고 있으며, 경제력을 독점하고 있는 소수계층은 각계에 영향력을 행사하여 대다수 국민들의 의사에 반하는 결정들을 관철시키고 있다. 만연된 사치와 향락은 근면과 저축의욕을 감퇴시키고 손쉬운 투기와 불로소득은 기업들의 창의력과 투자의욕을 감소시킴으로써 경제성장의 토대가 와해되고 있다. 부익부빈익빈의 극심한 양극화는 국민 간의 균열을 심화시킴으로써 사회 안정 기반이 동요되고 있으며 공공연한 비윤리적 축적은 공동체의 기본 규범인 윤리 전반을 문란케 하여 우리와 우리 자손들의 소중한 삶의 터전인 이 땅을 약육강식의 살벌한 세상으로 만들고 있다.

부동산 투기, 정경유착, 불로소득과 탈세를 공인하는 차명계좌의 허용, 극심한 소득차, 불공정한 노사관계, 농촌과 중소기업의 피폐 및 이 모든 것들의 결과인 부와 소득의 불공정한 분배, 그리고 재벌로의 경제적 집중, 사치와 향락, 환경오염 등 이 사회에 범람하고 있는 경제적 불의를 척결하고 경제정의를 실천함은 이 시대 우리 사회의 역사적 과제이다.

이의 실천이 없는 경제 성장도 산업 평화도 민주복지 사회의 건설도 한갓 꿈에 불과하다. 이 중에서도 부동산 문제의 해결은 가장 시급한 우리의 당면 과제이다. 인위적으로 생산될 수 없는 귀중한 국토는 모든 국민들의 복지 증진을 위하여 생산과 생활에만 사용되어야 함에도 불구하고 소수의 재산 증식 수단으로 악용되고 있다. 토지 소유의 극심한 편중과 투기화, 그로 인한 지가의 폭등은 국민생활의 근거인 주택의 원활한 공급을 극도로 곤란하게 하고 있을 뿐만 아니라 물가 폭등 및 노사 분규의 격화, 거대한 투기 소득의 발생 등을 초래함으로써 현재 이 사회가 당면하고 있는 대부분의 경제적 사회적 불안과 부정의의 가장 중요한 원인으로 작용하고 있다.

정부 정책에 대한 국민들의 자유로운 선택권이 보장되며 경제적으로 시장 경제의 효율성과 역동성을 살리면서 깨끗하고 유능한 정부의 적절한 개입으로 분배의 편중, 독과점 및 공해 등 시장 경제의 결함을 해결하는 민주복지사회를 실현하여야 한다. 그리고 이것이 자유와 평등, 정의와 평화의 공동체로서 우리가 지향할 목표이다.

① 이 단체는 극빈층을 포함한 사회적 취약계층의 객관적인 생활수준은 향상되었지만 불공정한 분배, 비윤리적 부의 축적 그리고 사치와 향락 분위기 만연으로 상대적 빈곤은 심각해지고 있다고 인식한다.
② 이 단체는 정책 결정 과정이 소수의 특정 집단에 좌우되고 있다고 보고 있으므로, 정책 결정 과정에 국민 다수의 참여 보장을 주장할 가능성이 크다.
③ 이 단체는 윤리 정립과 불의 척결 등의 요소도 경제 성장에 기여할 수 있다고 본다.
④ 이 단체는 '기업의 비사업용 토지소유 제한을 완화하는 정책'에 비판적일 것이다.
⑤ 이 단체는 경제 성장의 조건으로 저축과 기업의 투자 등을 꼽고 있다.

9 두 기업 서원각, 소정의 작년 상반기 매출액의 합계는 91억 원이었다. 올해 상반기 두 기업 서원각, 소정의 매출액은 작년 상반기에 비해 각각 10%, 20% 증가하였고, 두 기업 서원각, 소정의 매출 증가량의 비가 2 : 3이라고 할 때, 올해 상반기 두 기업 서원각, 소정의 매출액의 합계는?

① 96억 원

② 100억 원

③ 104억 원

④ 108억 원

⑤ 112억 원

10 다음은 한 통신사의 요금제별 요금 및 할인 혜택에 관한 표이다. 이번 달에 전화통화와 함께 100건 이상의 문자메시지를 사용하였는데, A요금제를 이용했을 경우 청구되는 요금은 14,000원, B요금제를 이용했을 경우 청구되는 요금은 16,250원이다. 이번 달에 사용한 문자메시지는 모두 몇 건인가?

요금제	기본료	통화요금	문자메시지 요금	할인 혜택
A	없음	5원/초	10원/건	전체 요금의 20% 할인
B	5,000원/월	3원/초	15원/건	문자메시지 월 100건 무료

① 125건

② 150건

③ 200건

④ 225건

⑤ 250건

11 김정은과 시진핑은 양국의 우정을 돈독히 하기 위해 함께 서울에 방문하여 용산역에서 목포역까지 열차를 활용한 우정 휴가를 계획하고 있다. 아래의 표는 인터넷 사용법에 능숙한 김정은과 시진핑이 서울—목포 간 열차종류 및 이에 해당하는 요소들을 배치해 알아보기 쉽게 도표화한 것이다. 아래의 표를 참조하여 이 둘이 선택할 수 있는 대안(열차종류)을 보완적 방식을 통해 고르면 어떠한 열차를 선택하게 되겠는가? (단, 각 대안에 대한 최종결과 값 수치에 대한 반올림은 없는 것으로 한다.)

평가 기준	중요도	열차 종류				
		KTX 산천	ITX 새마을	무궁화호	ITX 청춘	누리로
경제성	60	3	5	4	6	6
디자인	40	9	7	2	4	5
서비스	20	8	4	3	4	4

① ITX 새마을

② ITX 청춘

③ 무궁화호

④ 누리로

⑤ KTX 산천

12 다음 주어진 〈상황〉을 근거로 판단할 때, ○○씨가 지원받을 수 있는 주택보수비용의 최대 액수는?

• 주택을 소유하고 해당 주택에 거주하는 가구를 대상으로 주택 노후도 평가를 실시하여 그 결과(경·중·대보수)에 따라 다음과 같이 주택보수비용을 지원한다.

[주택보수비용 지원 내용]

구분	경보수	중보수	대보수
보수항목	도배 또는 장판	수도시설 또는 난방시설	지붕 또는 기둥
주택당 보수비용 지원한도액	350만 원	650만 원	950만 원

• 소득인정액에 따라 위 보수비용 지원한도액의 80~100% 차등 지원

구분	중위소득 25% 미만	중위소득 25% 이상 35% 미만	중위소득 35% 이상 43% 미만
지원율	100%	90%	80%

〈상황〉

○○씨는 현재 거주하고 있는 A주택의 소유자이며, 소득인정액이 중위 40%에 해당한다. A주택 노후도 평가 결과, 지붕의 수선이 필요한 주택보수비용 지원 대상에 선정되었다.

① 520만 원

② 650만 원

③ 760만 원

④ 855만 원

⑤ 950만 원

13 다음 〈그림〉은 연도별 연어의 포획량과 회귀율을 나타낸 것이다. 이에 대한 설명 중 옳지 않은 것은?

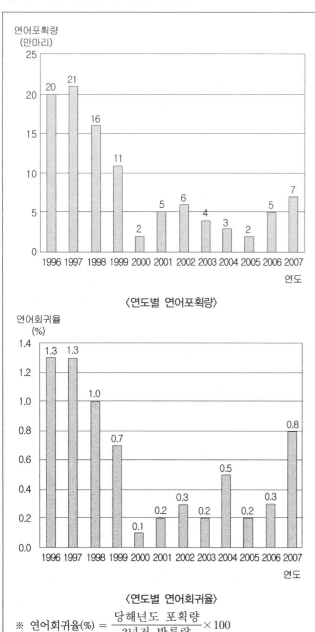

〈연도별 연어포획량〉

〈연도별 연어회귀율〉

$$※\ 연어회귀율(\%) = \frac{당해년도\ 포획량}{3년전\ 방류량} \times 100$$

① 1999년도와 2000년도의 연어방류량은 동일하다.

② 연어포획량이 가장 많은 해와 가장 적은 해의 차이는 20만 마리를 넘지 않는다.

③ 연어회귀율은 증감을 거듭하고 있다.

④ 2004년도 연어방류량은 1,500만 마리가 넘는다.

⑤ 2000년도는 연어포획량이 가장 적고, 연어회귀율도 가장 낮다.

14 다음 표는 A지역 전체 가구를 대상으로 원자력발전소 사고 전·후 식수 조달원 변경에 대해 사고 후 설문조사한 결과이다. 사고 전에 비해 사고 후에 이용 가구 수가 감소한 식수 조달원의 수는 몇 개인가? (단, A지역 가구의 식수 조달원은 수돗물, 정수, 약수, 생수로 구성되며, 각 가구는 한 종류의 식수 조달원만 이용한다.)

〈원자력발전소 사고 전·후 A지역 조달원별 가구 수〉

(단위 : 가구)

사고 전 조달원 \ 사고 후 조달원	수돗물	정수	약수	생수
수돗물	40	30	20	30
정수	10	50	10	30
약수	20	10	10	40
생수	10	10	10	40

① 0개   ② 1개

③ 2개   ④ 3개

⑤ 4개

구분	계약자	계약기간	수량	계약방법
조례시설물	580	–	–	–
음료수 자판기	4명	13.12.23~ 19.01.20	4역 4대	공모 추첨
	9명	14.03.01~ 19.02.28	9역 9대	
	215명	14.10.01~ 19.09.30	112역 215대	
	185명	15.07.25~ 20.08.09	137역 185대	
	5명	14.03.01~ 19.02.28	5역 5대	
통합 판매대	5명	14.03.01~ 19.02.28	5역 5대	
	90명	14.10.01~ 19.09.30	60역 90대	
	40명	15.07.26~ 20.08.09	34역 40대	
스낵 자판기	25명	13.12.23~ 19.01.20	24역 25대	
	3명	15.08.03~ 20.08.09	3역 3대	
일반시설물	7명	–	5종 1219대	–
현금 인출기	㈜○○러스	16.01.22~ 21.01.21	114역 228대	공개 경쟁 입찰
	㈜○○링크	13.04.29~ 18.07.28	155역 184대	
위생용품 자동판매기	㈜○○실업	13.10.14~ 18.10.31	117역 129대	
		14.06.30~ 19.08.29	144역 149대	
스낵 자판기	㈜○○시스	14.01.02~ 19.01.01	106역 184대	
자동칼라 사진기	㈜○○양행	17.07.10~ 20.06.01	91역 91대	
		15.03.02~ 20.06.01	100역 100대	
무인택배 보관함	㈜○○새누	12.03.06~ 17.12.31	98역 154개소	
물품보관 · 전달함	㈜○○박스	15.11.10~ 18.11.09	151역 157개소	협상에 의한 계약

15 공모추첨을 통해 계약한 시설물 중 가장 많은 계약자를 기록하고 있는 시설물은?

① 조례시설물 ② 음료수자판기
③ 통합판매대 ④ 스낵자판기
⑤ 일반시설물

16 2019년에 계약이 만료되는 계약자는 총 몇 명인가? (단, 단일 계약자는 제외한다.)

① 353 ② 368
③ 371 ④ 385
⑤ 392

┃17~18┃ 다음은 제주도의 수출에 대한 자료이다. 물음에 답하시오.

〈연도별 수출실적〉

(단위 : 천 달러, %)

구분	2016년	2017년
합계	128,994	155,292
1차 산품	68,685	61,401
농산물	24,530	21,441
수산물	41,996	38,555
축산물	2,159	1,405
공산품	60,309	93,891

〈부문별 수출실적〉

(단위 : 천 달러, %)

구분		농산물	수산물	축산물	공산품
2013년	금액	27,895	50,868	1,587	22,935
	비중	27.0	49.2	1.5	22.2
2014년	금액	23,905	41,088	1,086	40,336
	비중	22.5	38.6	1.0	37.9
2015년	금액	21,430	38,974	1,366	59,298
	비중	17.7	32.2	1.1	49.0
2016년	금액	24,530	41,996	2,159	60,309
	비중	19.0	32.6	1.7	46.7
2017년	금액	21,441	38,555	1,405	93,891
	비중	13.8	24.8	0.9	60.5

17 위의 자료에 대한 올바른 설명을 〈보기〉에서 모두 고른 것은 어느 것인가?

〈보기〉
㉮ 2016년과 2017년의 수산물 수출실적은 1차 산품에서 50% ~60%의 비중을 차지한다.
㉯ 2013년~2017년 기간 동안 수출실적의 증감 추이는 농산물과 수산물이 동일하다.
㉰ 2013년~2017년 기간 동안 농산물, 수산물, 축산물, 공산품의 수출실적 순위는 매년 동일하다.
㉱ 2013년~2017년 기간 동안 전체 수출실적은 매년 꾸준히 증가하였다.

① ㉮, ㉯
② ㉯, ㉱
③ ㉰, ㉱
④ ㉮, ㉯, ㉰
⑤ ㉯, ㉰, ㉱

18 다음 중 2013년 대비 2017년의 수출금액 감소율이 가장 큰 1차 산품부터 순서대로 올바르게 나열한 것은 어느 것인가?

① 농산물 > 축산물 > 수산물
② 농산물 > 수산물 > 축산물
③ 수산물 > 농산물 > 축산물
④ 수산물 > 축산물 > 농산물
⑤ 축산물 > 수산물 > 농산물

19 다음 주어진 조건을 모두 고려했을 때 옳은 것은?

〈조건〉
• A, B, C, D, E의 월급은 각각 10만 원, 20만 원, 30만 원, 40만 원, 50만 원 중 하나이다.
• A의 월급은 C의 월급보다 많고, E의 월급보다는 적다.
• D의 월급은 B의 월급보다 많고, A의 월급도 B의 월급보다 많다.
• C의 월급은 B의 월급보다 많고, D의 월급보다는 적다.
• D는 가장 많은 월급을 받지는 않는다.

① 월급이 세 번째로 많은 사람은 A이다.
② E와 C의 월급은 20만 원 차이가 난다.
③ B와 E의 월급의 합은 A와 C의 월급의 합보다 많다.
④ 월급이 제일 많은 사람은 E이다.
⑤ 월급이 가장 적은 사람은 C이다.

20 다음을 보고 옳은 것을 모두 고르면?

서울교통공사에서 문건 유출 사건이 발생하여 관련자 다섯 명을 소환하였다. 다섯 명의 이름을 편의상 갑, 을, 병, 정, 무라 부르기로 한다. 다음은 관련자들을 소환하여 조사한 결과 참으로 밝혀진 내용들이다.
㉠ 소환된 다섯 명이 모두 가담한 것은 아니다.
㉡ 갑이 가담했다면 을도 가담했고, 갑이 가담하지 않았다면 을도 가담하지 않았다.
㉢ 을이 가담했다면 병이 가담했거나 갑이 가담하지 않았다.
㉣ 갑이 가담하지 않았다면 정도 가담하지 않았다.
㉤ 정이 가담하지 않았다면 갑이 가담했고 병은 가담하지 않았다.
㉥ 갑이 가담하지 않았다면 무도 가담하지 않았다.
㉦ 무가 가담했다면 병은 가담하지 않았다.

① 가담한 사람은 갑, 을, 병 세 사람뿐이다.
② 가담하지 않은 사람은 무 한 사람뿐이다.
③ 가담한 사람은 을과 병 두 사람뿐이다.
④ 가담한 사람은 병과 정 두 사람뿐이다.
⑤ 가담한 사람은 갑, 을, 병, 무 이렇게 네 사람이다.

21 다음 글의 내용과 날씨를 근거로 판단할 경우 종아가 여행을 다녀온 시기로 가능한 것은?

- 종아는 선박으로 '포항 → 울릉도 → 독도 → 울릉도 → 포항' 순으로 3박 4일의 여행을 다녀왔다.
- '포항 →울릉도' 선박은 매일 오전 10시, '울릉도 → 포항' 선박은 매일 오후 3시에 출발하며, 편도 운항에 3시간이 소요된다.
- 울릉도에서 출발해 독도를 돌아보는 선박은 매주 화요일과 목요일 오전 8시에 출발하여 당일 오전 11시에 돌아온다.
- 최대 파고가 3m 이상인 날은 모든 노선의 선박이 운항되지 않는다.
- 종아는 매주 금요일에 술을 마시는데, 술을 마신 다음날은 멀미가 심해 선박을 탈 수 없다.
- 이번 여행 중 종아는 울릉도에서 호박엿 만들기 체험을 했는데, 호박엿 만들기 체험은 매주 월·금요일 오후 6시에만 할 수 있다.

날씨

(㉙ : 최대 파고)

日	月	火	水	木	金	土
16 ㉙ 1.0m	17 ㉙ 1.4m	18 ㉙ 3.2m	19 ㉙ 2.7m	20 ㉙ 2.8m	21 ㉙ 3.7m	22 ㉙ 2.0m
23 ㉙ 0.7m	24 ㉙ 3.3m	25 ㉙ 2.8m	26 ㉙ 2.7m	27 ㉙ 0.5m	28 ㉙ 3.7m	29 ㉙ 3.3m

① 19일(水) ~ 22일(土)

② 20일(木) ~ 23일(日)

③ 23일(日) ~ 26일(水)

④ 25일(火) ~ 28일(金)

⑤ 26일(水) ~ 29일(土)

|22~23| 다음은 C공공기관의 휴가 규정이다. 이를 보고 이어지는 물음에 답하시오.

휴가종류		휴가사유	휴가일수
연가		정신적, 육체적 휴식 및 사생활 편의	재직기간에 따라 3~21일
병가		질병 또는 부상으로 직무를 수행할 수 없거나 전염병으로 다른 직원의 건강에 영향을 미칠 우려가 있을 경우	−일반병가 : 60일 이내 −공적병가 : 180일 이내
공가		징병검사, 동원훈련, 투표, 건강검진, 헌혈, 천재지변, 단체교섭 등	공가 목적에 직접 필요한 시간
특별휴가	경조사 휴가	결혼, 배우자 출산, 입양, 사망 등 경조사	대상에 따라 1~20일
	출산 휴가	임신 또는 출산 직원	출산 전후 총 90일(한 번에 두 자녀 출산 시 120일)
	여성보건 휴가	매 생리기 및 임신한 여직원의 검진	매월 1일
	육아시간 및 모성보호 시간 휴가	생후 1년 미만 유아를 가진 여직원 및 임신 직원	1일 1~2시간
	유산·사산 휴가	유산 또는 사산한 경우	임신기간에 따라 5~90일
	불임치료 휴가	불임치료 시술을 받는 직원	1일
	수업 휴가	한국방송통신대학에 재학 중인 직원 중 연가일수를 초과하여 출석 수업에 참석 시	연가일수를 초과하는 출석수업 일수
	재해 구호 휴가	풍수해, 화재 등 재해피해 직원 및 재해지역 자원봉사 직원	5일 이내
	성과우수자 휴가	직무수행에 탁월한 성과를 거둔 직원	5일 이내
	장기재직 휴가	10~19년, 20~29년, 30년 이상 재직자	10~20일
	자녀 입대 휴가	군 입대 자녀를 둔 직원	입대 당일 1일
	자녀 돌봄 휴가	어린이집~고등학교 재학 자녀를 둔 직원	2일(3자녀인 경우 3일)

※ 휴가일수의 계산
- 연가, 병가, 공가 및 특별휴가 등의 휴가일수는 휴가 종류별로 따로 계산

- 반일연가 등의 계산
 -반일연가는 14시를 기준으로 오전, 오후로 사용, 1회 사용을 4시간으로 계산
 -반일연가 2회는 연가 1일로 계산
 -지각, 조퇴, 외출 및 반일연가는 별도 구분 없이 계산, 누계 8시간을 연가 1일로 계산하고, 8시간 미만의 잔여시간은 연가일수 미산입

22 다음 중 위의 휴가 규정에 대한 올바른 설명이 아닌 것은?

① 출산휴가와 육아시간 및 모성보호시간 휴가는 출산한 여성이 사용할 수 있는 휴가다.

② 15세 이상 자녀가 있는 경우에도 자녀를 돌보기 위하여 휴가를 사용할 수 있다.

③ 재직기간에 따라 휴가 일수가 달라지는 휴가 종류는 연가밖에 없다.

④ 징병검사나 동원훈련에 따른 휴가 일수는 정해져 있지 않다.

⑤ 30년 이상 재직한 직원의 최대 장기재직 특별휴가 일수는 20일이다.

23 C공공기관에 근무하는 T대리는 지난 1년간 다음과 같은 근무기록을 가지고 있다. 다음 기록만을 참고할 때, T대리의 연가 사용 일수에 대한 올바른 설명은?

T대리는 지난 1년간 개인적인 용도로 외출 16시간을 사용하였다. 또한, 반일연가 사용횟수는 없으며, 인사기록지에는 조퇴가 9시간, 지각이 5시간이 각각 기록되어 있다.

① 연가를 4일 사용하였다.

② 연가를 4일 사용하였으며, 외출이 1시간 추가되면 연가일수가 5일이 된다.

③ 연가를 3일 사용하였다.

④ 연가를 3일 사용하였으며, 외출이 2시간 추가되어도 연가일수가 추가되지 않는다.

⑤ 연가를 3일과 반일연가 1회를 사용하였다.

|24~25| 다음은 김치냉장고 매뉴얼 일부이다. 물음에 답하시오.

〈김치에 대한 잦은 질문〉

구분	확인 사항
김치가 얼었어요.	• 김치 종류, 염도에 따라 저장하는 온도가 다르므로 김치의 종류를 확인하여 주세요. • 저염김치나 물김치류는 얼기 쉬우므로 '김치 저장-약냉'으로 보관하세요.
김치가 너무 빨리 시어요.	• 저장 온도가 너무 높지 않은지 확인하세요. 저염김치의 경우는 낮은 온도에서는 얼 수 있으므로 빨리 시어지더라도 '김치저장-약냉'으로 보관하세요. • 김치를 담글 때 양념을 너무 많이 넣으면 빨리 시어질 수 있습니다.
김치가 변색 되었어요.	• 김치를 담글 때 물빼기가 덜 되었거나 숙성되며 양념이 어우러지지 않아 발생할 수 있습니다. • 탈색된 김치는 효모 등에 의한 것이므로 걷어내고, 김치 국물에 잠기도록 하여 저장하세요.
김치 표면에 하얀 것이 생겼어요.	• 김치 표면이 공기와 접촉하면서 생길 수 있으므로 보관 시 공기가 닿지 않도록 우거지를 덮고 소금을 뿌리거나 위생비닐로 덮어 주세요. • 김치를 젖은 손으로 꺼내지는 않으시나요? 외부 수분이 닿을 경우에도 효모가 생길 수 있으니 마른 손 혹은 위생장갑을 사용해 주시고, 남은 김치는 꾹꾹 눌러 국물에 잠기도록 해주세요. • 효모가 생긴 상태에서 그대로 방치하면 더 번질 수 있으며, 김치를 무르게 할 수 있으므로 생긴 부분은 바로 제거해 주세요. • 김치냉장고에서도 시간이 경과하면 발생할 수 있습니다.
김치가 물러졌어요.	• 물빼기가 덜 된 배추를 사용할 경우 혹은 덜 절여진 상태에서 공기에 노출되거나 너무 오래절일 경우 발생할 수 있습니다. 저염 김치의 경우에서 빈번하게 발생하므로 적당히 간을 하는 것이 좋습니다. 또한 설탕을 많이 사용할 경우에도 물러질 수 있습니다. • 무김치의 경우는 무를 너무 오래 절이면 무에서 많은 양의 수분이 빠져나오게 되어 물러질 수 있습니다. 절임 시간은 1시간을 넘지 않도록 하세요. • 김치 국물에 잠긴 상태에서 저장하는 것이 중요합니다. 특히 저염 김치의 경우는 주의해주세요.

| 초기에 마늘, 젓갈 등의 양념에 의해 발생할 수 있으나 숙성되면서 점차 사라질 수 있습니다. 마늘, 양파, 파를 많이 넣으면 노린내나 군덕내가 날 수 있으니 적당히 넣어 주세요. |
| 김치에서 이상한 냄새가 나요. | • 발효가 시작되지 않은 상태에서 김치냉장고에 바로 저장할 경우 발생할 수 있습니다.
• 김치가 공기와 많이 접촉했거나 시어지면서 생기는 효모가 원인이 될 수 있습니다.
• 김치를 담근 후 공기와의 접촉을 막고, 김치를 약간 맛들인 상태에서 저장하면 예방할 수 있습니다. |

| 김치에서 쓴맛이 나요. | • 김치가 숙성되기 전에 나타날 수 있는 현상으로, 숙성되면 줄거나 사라질 수 있습니다.
• 품질이 좋지 않은 소금이나 마그네슘 함량이 높은 소금으로 배추를 절였을 경우에도 쓴맛이 날 수 있습니다.
• 열무김치의 경우, 절인 후 씻으면 쓴맛이 날 수 있으므로 주의하세요. |
| 배추에 양념이 잘 배지 않아요. | • 김치를 담근 직후 바로 낮은 온도에 보관하면 양념이 잘 배지 못하므로 적당한 숙성을 거쳐 보관해 주세요. |

24 다음 상황에 적절한 확인 사항으로 보기 어려운 것은?

> 나영씨는 주말에 김치냉장고에서 김치를 꺼내고는 이상한 냄새에 얼굴을 찌푸렸다. 담근 지 세 달 정도 지났는데도 잘 익은 김치냄새가 아닌 꿉꿉한 냄새가 나서 어떻게 처리해야 할지 고민이다.

① 초기에 마늘, 양파, 파를 많이 넣었는지 확인한다.
② 발효가 시작되지 않은 상태에서 김치냉장고에 바로 넣었는지 확인한다.
③ 김치가 공기와 많이 접촉했는지 확인한다.
④ 김치를 젖은 손으로 꺼냈는지 확인한다.
⑤ 시어지면서 생기는 효모가 원인인지 확인한다.

25 위 매뉴얼을 참고하여 확인할 수 없는 사례는?

① 쓴 맛이 나는 김치
② 양념이 잘 배지 않는 배추
③ 김치의 나트륨 문제
④ 물러진 김치
⑤ 겉면에 하얀 것이 생긴 김치

┃26~27┃ 다음은 특정 시점 A국의 B국에 대한 주요 품목의 수출입 내역을 나타낸 것이다. 이를 보고 이어지는 물음에 답하시오.

(단위 : 천 달러)

수출		수입		합계	
품목	금액	품목	금액	품목	금액
섬유류	352,165	섬유류	475,894	섬유류	828,059
전자전기	241,677	전자전기	453,907	전자전기	695,584
잡제품	187,132	생활용품	110,620	생활용품	198,974
생활용품	88,354	기계류	82,626	잡제품	188,254
기계류	84,008	화학공업	38,873	기계류	166,634
화학공업	65,880	플라스틱/고무	26,957	화학공업	104,753
광산물	39,456	철강금속	9,966	플라스틱/고무	51,038
농림수산물	31,803	농림수산물	6,260	광산물	39,975
플라스틱/고무	24,081	잡제품	1,122	농림수산물	38,063
철강금속	21,818	광산물	519	철강금속	31,784

26 다음 중 위의 도표에서 알 수 있는 A국 ↔ B국간의 주요 품목 수출입 내용이 아닌 것은? (단, 언급되지 않은 품목은 고려하지 않는다)

① A국은 B국과의 교역에서 수출보다 수입을 더 많이 한다.
② B국은 1차 산업의 생산 또는 수출 기반이 A국에 비해 열악하다고 볼 수 있다.
③ 양국의 상호 수출입 액 차이가 가장 적은 품목은 기계류이다.
④ A국의 입장에서, 총 교역액에서 수출액이 차지하는 비중이 가장 큰 품목은 광산물이다.
⑤ 수입보다 수출을 더 많이 하는 품목 수는 A국이 B국보다 많다.

27 A국에서 무역수지가 가장 큰 품목의 무역수지 액은 얼마인가? (단, 무역수지=수출액-수입액)

① 27,007천 달러
② 38,937천 달러
③ 186,010천 달러
④ 25,543천 달러
⑤ 11,852천 달러

28 서울교통공사는 서울지하철 1~8호선, 9호선 2·3단계 구간 (290역, 313.7km)을 운영하는 세계적 수준의 도시철도 운영기관으로서, 하루 600만 명이 넘는 시민에게 안전하고 편리한 도시철도 서비스를 제공하고 있는 공기업이다. 다음 중 서울교통공사에서 수행하는 사업의 범위에 해당하지 않는 것은?

① 도시철도 건설·운영에 따른 도시계획사업

② 「도시철도법」에 따른 도시철도부대사업

③ 시각장애인 등 교통약자를 위한 시설의 개선과 확충

④ 도시철도와 다른 교통수단의 연계수송을 위한 각종 시설의 건설·운영

⑤ 기존 버스운송사업자의 노선과 중복되는 버스운송사업

29 다음에서 설명하고 있는 것은 서울교통공사의 공사이미지 중 무엇에 대한 내용인가?

> 누구나 안전하고 행복하게 이용할 수 있는 서울교통공사가 될 수 있도록 최선을 다하겠습니다.
> 장난꾸러기 지하철 친구
> "또타"
> 또, 또, 타고 싶은 서울지하철!
> 시민들에게 어떻게 웃음을 주나 늘 고민하는 장난꾸러기 친구, "또타"를 소개합니다.
>
> 서울교통공사의 공식 캐릭터 "또타"는 시민 여러분과 늘 함께하는 서울지하철의 모습을 밝고 유쾌한 이미지로 표현합니다.
>
> 전동차 측면 모양으로 캐릭터 얼굴을 디자인하여 일상적으로 이용하는 대중교통수단의 모습을 참신한 느낌으로 담아냈고, 메인 컬러로 사용한 파란색은 시민과 공사 간의 두터운 신뢰를 상징하고 있습니다.
>
> 안전하며 편리한 서울지하철, 개구쟁이 "또타"와 함께라면 자꾸만 타고 싶은 즐겁고 행복한 공간이 됩니다.

① 슬로건　　　　　② 캐릭터

③ 로고송　　　　　④ 홍보영화

⑤ 사이버홍보관

30 다음은 「철도안전법」상 운전업무 종사자와 관제업무 종사자의 준수사항이다. 다음 자료를 참고할 때 희재(운전업무 종사자)와 수호(관제업무 종사자)에 대한 설명으로 옳은 것은?

〈운전업무 종사자의 준수사항〉

㉠ 철도차량이 차량정비기지에서 출발하는 경우 다음의 기능에 대하여 이상 여부를 확인할 것
• 운전제어와 관련된 장치의 기능
• 제동장치 기능
• 그 밖에 운전 시 사용하는 각종 계기판의 기능

㉡ 철도차량이 역시설에서 출발하는 경우 여객의 승하차 여부를 확인할 것. 다만, 여객승무원이 대신하여 확인하는 경우에는 그러하지 아니하다.

㉢ 철도신호에 따라 철도차량을 운행할 것

㉣ 철도차량의 운행 중에 휴대전화 등 전자기기를 사용하지 아니할 것. 다만, 다음의 어느 하나에 해당하는 경우로서 철도운영자가 운행의 안전을 저해하지 아니하는 범위에서 사전에 사용을 허용한 경우에는 그러하지 아니하다.
• 철도사고 등 또는 철도차량의 기능장애가 발생하는 등 비상상황이 발생한 경우
• 철도차량의 안전운행을 위하여 전자기기의 사용이 필요한 경우
• 그 밖에 철도운영자가 철도차량의 안전운행에 지장을 주지 아니한다고 판단하는 경우

㉤ 철도운영자가 정하는 구간별 제한속도에 따라 운행할 것

㉥ 열차를 후진하지 아니할 것. 다만, 비상상황 발생 등의 사유로 관제업무 종사자의 지시를 받는 경우에는 그러하지 아니하다.

㉦ 정거장 외에는 정차를 하지 아니할 것. 다만, 정지신호의 준수 등 철도차량의 안전운행을 위하여 정차를 하여야 하는 경우에는 그러하지 아니하다.

㉧ 운행구간의 이상이 발견된 경우 관제업무 종사자에게 즉시 보고할 것

㉨ 관제업무 종사자의 지시를 따를 것

〈관제업무 종사자의 준수사항〉

㉠ 관제업무 종사자는 다음의 정보를 운전업무 종사자, 여객승무원에게 제공하여야 한다.
• 열차의 출발, 정차 및 노선변경 등 열차 운행의 변경에 관한 정보
• 열차 운행에 영향을 줄 수 있는 다음의 정보
－철도차량이 운행하는 선로 주변의 공사·작업의 변경 정보
－철도사고등에 관련된 정보
－재난 관련 정보
－테러 발생 등 그 밖의 비상상황에 관한 정보

㉡ 철도사고 등이 발생하는 경우 여객 대피 및 철도차량 보호조치 여부 등 사고현장 현황을 파악할 것

㉢ 철도사고 등의 수습을 위하여 필요한 경우 다음의 조치를 할 것
• 사고현장의 열차운행 통제
• 의료기관 및 소방서 등 관계기관에 지원 요청

- 사고 수습을 위한 철도종사자의 파견 요청
- 2차 사고 예방을 위하여 철도차량이 구르지 아니하도록 하는 조치 지시
- 안내방송 등 여객 대피를 위한 필요한 조치 지시
- 전차선(電車線, 선로를 통하여 철도차량에 전기를 공급하는 장치를 말한다)의 전기공급 차단 조치
- 구원(救援)열차 또는 임시열차의 운행 지시
- 열차의 운행간격 조정

① 희재는 차량정비기지에서 자신이 운전하는 철도 차량의 2가지 기능의 이상여부를 확인 후 출발하였다.
② 철도차량의 기능 고장에 따른 비상상황에서도 희재는 핸드폰을 사용할 수 없다.
③ 철도사고의 수습을 위하여 필요한 경우 희재는 전차선의 전기공급 차단 조치를 해야 한다.
④ 수호는 운행구간의 이상이 발생하면 희재에게 보고해야 한다.
⑤ 비상상황에 따른 수호의 지시가 있을 경우 희재는 열차를 후진할 수 있다.

┃31~32┃ 다음은 서울교통공사의 조직도이다. 물음에 답하시오.

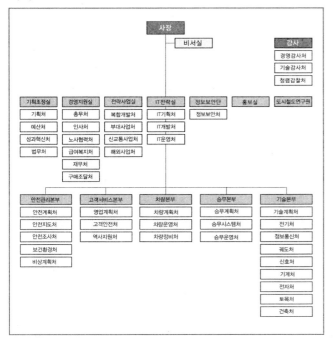

31 위 조직도를 참고하여 다음 빈칸에 들어갈 말로 적절한 것은?

서울교통공사는 (㉠)개의 실과 5개의 본부, (㉡)개의 처로 이루어져 있다.

	㉠	㉡
①	8	42
②	7	43
③	6	44
④	5	45
⑤	4	46

32 다음 중 조직도를 올바르게 이해한 사람을 고르면?

㉠ 진우 : 승무계획처, 역사지원처, 보건환경처는 본부 소속이다.
㉡ 수향 : 경영감사처, 기술감사처, 정보보안처는 같은 소속이다.
㉢ 진두 : 노사협력처, 급여복지처, 성과혁신처는 같은 소속이다.
㉣ 상우 : 도시철도연구원 아래 안전계획처와 안전지도처가 있다.
㉤ 연경 : 홍보실 아래 영업계획처, 해외사업처가 있다.

① 진우
② 수향
③ 진두
④ 상우
⑤ 연경

33 다음은 엑셀 함수의 사용에 따른 결과 값을 나타낸 것이다. 옳은 값을 모두 고른 것은?

㉠ =ROUND(2.145, 2) → 2.15
㉡ =MAX(100, 200, 300) → 200
㉢ =IF(5 > 4, "보통", "미달") → 미달
㉣ =AVERAGE(100, 200, 300) → 200

① ㉠, ㉡
② ㉠, ㉣
③ ㉡, ㉢
④ ㉡, ㉣
⑤ ㉢, ㉣

34 다음 파일/폴더에 관한 특징 중, 올바른 설명을 모두 고른 것은?

(가) 파일은 쉼표(,)를 이용하여 파일명과 확장자를 구분한다.

(나) 폴더는 일반 항목, 문서, 사진, 음악, 비디오 등의 유형을 선택하여 각 유형에 최적화된 폴더로 사용할 수 있다.

(다) 파일/폴더는 새로 만들기, 이름 바꾸기, 삭제, 복사 등이 가능하며, 파일이 포함된 폴더도 삭제할 수 있다.

(라) 파일/폴더의 이름에는 ₩, /, :, *, ?, ", 〈, 〉 등의 문자는 사용할 수 없으며, 255자 이내로(공백 미포함) 작성할 수 있다.

(마) 하나의 폴더 내에 같은 이름의 파일이나 폴더가 존재할 수 없다.

(바) 폴더의 '속성' 창에서 해당 폴더에 포함된 파일과 폴더의 개수를 확인할 수 있다.

① (나), (다), (라), (마)

② (가), (라), (마), (바)

③ (나), (다), (마), (바)

④ (가), (나), (라), (마)

⑤ (나), (라), (마), (바)

35 다음 자료는 '발전량' 필드를 기준으로 발전량과 발전량이 많은 순위를 엑셀로 나타낸 표이다. 태양광의 발전량 순위를 구하기 위한 함수식으로 'C3'셀에 들어가야 할 알맞은 것은 어느 것인가?

	A	B	C
1	<에너지원별 발전량(단위: Mwh)>		
2	에너지원	발전량	순위
3	태양광	88	2
4	풍력	100	1
5	수력	70	4
6	바이오	75	3
7	양수	65	5

① =ROUND(B3,$B$3:$B$7,0)

② =ROUND(B3,$B$3:$B$7,1)

③ =RANK(B3,$B$3:$B$7,1)

④ =RANK(B3,$B$2:$B$7,0)

⑤ =RANK(B3,$B$3:$B$7,0)

36 다음은 B사의 어느 시점 경영 상황을 나타내고 있는 자료이다. 다음 자료를 보고 판단한 의견 중 적절하지 않은 것은?

계정과목			금액(단위 : 백만 원)
1. 매출액			5,882
2. 매출원가			4,818
상품매출원가			4,818
3. 매출총이익			1,064
4. 판매/일반관리비			576
	직접비용	직원급여	256
		복리후생비	56
		보험료	3.7
		출장비	5.8
		시설비	54
	간접비용	지급임차료	44
		통신비	2.9
		세금과공과	77
		잡비	4.5
		여비교통비	3.8
		장비구매비	6
		사무용품비	0.3
		소모품비	1
		광고선전비	33
		건물관리비	28
5. 영업이익			488

① 영업이익이 해당 기간의 최종 순이익이라고 볼 수 없다.

② 여비교통비는 직접비용에 포함되어야 한다.

③ 위와 같은 표는 특정한 시점에서 그 기업의 자본 상황을 알 수 있는 자료이다.

④ 매출원가는 기초재고액에 당기 제조원가를 합하고 기말 재고액을 차감하여 산출한다.

⑤ 지급보험료는 간접비용에 포함되어야 한다.

|37~38| 다음은 명령어에 따른 도형의 변화에 관한 설명이다. 물음에 답하시오.

⟨명령어⟩	
명령어	**도형의 변화**
□	1번과 2번을 180도 회전시킨다.
■	1번과 3번을 180도 회전시킨다.
◇	2번과 3번을 180도 회전시킨다.
◆	2번과 4번을 180도 회전시킨다.
○	1번과 3번의 작동상태를 다른 상태로 바꾼다. (△숫자 → ▲숫자)
●	2번과 4번의 작동상태를 다른 상태로 바꾼다. (△숫자 → ▲숫자)

37 도형이 다음과 같이 변하려면, 어떤 명령어를 입력해야 하는가?

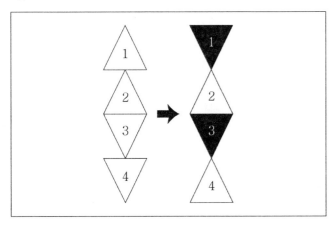

① □ ◆ ○   ② ■ ◇ ●

③ ○ ◇ ◆   ④ ◆ ◇ ■

⑤ ◇ ■ □

38 다음 상태에서 명령어 ◆ ■ ● ○을 입력한 경우의 결과로 적절한 것은?

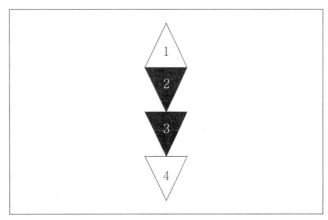

①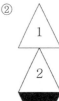

②

③

④

⑤

39 철도 관련 소기업 G사의 사장은 최근 경영상황이 악화되었으나 스마트 트레인과 관련하여 자사가 가지고 있는 기술을 활용할 수 있음을 확인하고 지금의 위기 상황을 탈출하기 위한 방침을 설명하며 절대 사기를 잃지 말 것을 주문하고자 한다. 다음 중 G사의 사장이 바람직한 리더로서 직원들에게 해야 할 연설의 내용으로 적절하지 않은 것은?

① "지금의 어려움뿐 아니라 항상 미래의 지향점을 잊지 않고 반드시 이 위기를 극복하겠습니다."

② "여러분들이 해 주어야 할 일들을 하나하나 제가 지시하기보다 모두가 자발적으로 우러나오는 마음을 가질 수 있는 길이 무엇인지 고민할 것입니다."

③ "저는 어떠한 일이 있어도 위험이 따르는 도전을 거부할 것이니 모두들 안심하고 업무에 만전을 기해주시길 바랍니다."

④ "우리 모두 지금 상황에 안주하지 말고 도전과 혁신을 위해 지속적으로 노력해야 합니다."

⑤ "저는 이 난관을 극복하기 위해 당면한 과제를 어떻게 해결할까 하는 문제보다 무엇을 해야 하는지에 집중하며 여러분을 이끌어 나가겠습니다."

40 직장 내에서의 성희롱 문제는 많은 부분 성희롱의 판단 기준에 대한 확실한 인식 부족에서 기인하기도 한다. 다음 중, 성희롱에 대한 인식과 그 판단 기준으로 적절하지 않은 것은?

① 성희롱은 행위자가 성적 의도를 가지고 한 행동이냐 아니냐를 밝혀내는 것이 가장 중요한 판단 기준으로 인정된다.

② 피해자와 비슷한 조건과 상황에 있는 사람이 피해자의 입장이라면 문제가 되는 성적 언동에 대해 어떻게 반응했을까를 함께 고려하여야 한다.

③ 성적 수치심은 성적 언동 등으로 인해 피해자가 느끼는 불쾌한 감정으로 그 느낌은 행위자가 아닌 피해자의 관점을 기초로 판단되어야 한다.

④ 성적 언동 및 요구는 신체의 접촉이나 성적인 의사표현 뿐만 아니라 성적 함의가 담긴 모든 언행과 요구를 말한다.

⑤ 성희롱은 「남녀차별금지 및 구제에 관한 법률」과 「남녀고용평등법」 등에 명문화 되어 있다.

1 다음의 사례로 미루어 보아 C기업이 제공하는 서비스와 가장 관련성이 높은 사항을 고르면?

스마트폰으로 팔고 싶은 물품의 사진이나 동영상을 인터넷에 올려 당사자끼리 직접 거래할 수 있는 모바일 오픈 마켓 서비스가 등장했다.

C기업은 오쇼핑은 수수료를 받지 않고 개인 간 물품거래를 제공하는 스마트폰 애플리케이션 '오늘 마켓'을 서비스한다고 14일 밝혔다.

기존의 오픈 마켓은 개인이 물건을 팔려면 사진을 찍어 PC로 옮기고, 인터넷 카페나 쇼핑몰에 판매자 등록을 한 뒤 사진을 올리는 복잡한 과정을 거쳐야 했다면, 오늘마켓은 판매자가 휴대전화로 사진이나 동영상을 찍어 앱으로 바로 등록할 수 있고 전화나 문자메시지, e메일, 트위터 등 연락 방법을 다양하게 설정할 수 있다. 구매자는 상품 등록시간이나 인기 순으로 상품을 검색할 수 있고 위치 기반 서비스(LBS)를 바탕으로 자신의 위치와 가까운 곳에 있는 판매자의 상품만 선택해 볼 수도 있다. IOS용으로 우선 제공되며 Android용은 상반기 안으로 서비스될 예정이다.

---

① 정부에서 필요로 하는 조달 물품을 구입할 시에 흔히 사용하는 입찰방식이다.

② 소비자와 소비자 간 물건 등을 매매할 수 있는 형태이다.

③ 홈뱅킹, 방송, 여행 및 각종 예약 등에 활용되는 형태이다.

④ 정보의 제공, 정부문서의 발급, 홍보 등에 주로 활용되는 형태이다.

⑤ 원재료 및 부품 등의 구매 및 판매, 전자문서교환을 통한 문서발주 등에 많이 활용되는 형태이다.

2 아래의 사례는 가치사슬 전반에 걸쳐 있는 정보의 흐름을 관리하는 정보시스템을 도입하여 성공한 사례를 발췌한 내용이다. 아래의 사례를 참조하여 해당 기업이 경쟁력을 확보하기 위해 선택한 정보시스템으로 가장 적절한 것을 고르면?

> A기업과 B기업은 경쟁우위를 달성하기 위해 전략적 제휴와 동시에 정보기술을 도입하여 성공적인 결과를 낳고 있다. A기업 고객이 B기업 제품을 구매하면, 이 시스템은 B기업 공장으로 정보를 보내고, B기업은 제품 재고를 조정한다. 이 시스템은 또한 A기업 유통센터에서 B기업은 재고가 일정 수준 이하가 되면 자동으로 발주를 하도록 되어있다.
> B기업은 이러한 실시간 정보를 이용하여 창고의 재고를 낮추면서 A기업의 요구사항을 효과적으로 충족시켜, 시스템을 통해 시간을 절약하고 재고를 줄이며 주문처리 비용의 부담을 줄일 수 있었고, A기업도 제품을 할인된 가격으로 납품받을 수 있게 되었다.

① Enterprise Resource Planning
② Decision Support System
③ Supply Chain Management
④ Customer Relationship Management
⑤ Business Intelligence '

3 (가)와 (나)에 들어갈 이론을 바르게 짝지은 것은?

(가)	(나)
• 철저한 능률위주의 관리이론 • 작업량에 따라 임금을 결정 • 작업별 표준작업시간을 설정	• 기업조직 전체의 관리원칙을 주장 • 경영의 기능을 6가지로 설명 • 관리 5요소 : 계획, 조직, 명령, 조정, 통제

	(가)	(나)
①	과학적 관리론	관리일반원칙
②	포드 시스템	인간관계론
③	관리일반원칙	관료제 이론
④	포드 시스템	과학적 관리론
⑤	과학적 관리론	포드 시스템

4 파스칼&피터스의 7S 모형에 대한 설명으로 옳지 않은 것은?

① 7S는 공유가치, 구조, 제도, 전략, 구성원, 기술, 복지를 의미한다.
② 전략은 조직의 장기적 목표를 결정한다.
③ 조직의 유효성이 높아지기 위해서는 요소 간 연결성이 높아야 한다.
④ 공유가치는 조직문화형성에 가장 중요한 영향을 미친다.
⑤ 각 요소 간 상호연결성이 높을수록 조직문화는 뚜렷하다.

5 다음 중 호퍼와 센델이 분류한 전략개념의 구성요소에 해당하지 않는 것은?

① 자원전개
② 제품 및 시장분야
③ 영역
④ 시너지
⑤ 경쟁우위성

6 다음 중 페이욜의 관리 5요소에 해당하지 않는 것은?

① 결과
② 명령
③ 계획
④ 조정
⑤ 통제

7 Argyris의 미성숙·성숙 이론의 미성숙단계와 성숙단계를 비교한 표이다. 다음 중 잘못된 것은?

	미성숙단계	성숙단계
①	수동적 행위	증대된 행위
②	의존심	독립심
③	다양한 행동	한정된 행동
④	종속적 위치	대등 또는 우월한 위치
⑤	자아의식 결여	자아의식과 자기통제

8 핵크만과 올드햄의 직무특성이론에서 제시한 직무특성이 아닌 것은?

① 기술다양성　　　② 과업정체성

③ 독립성　　　　　④ 자율성

⑤ 피드백

9 직무충실화에 대한 설명으로 옳지 않은 것은?

① 매슬로우의 욕구단계론과 허즈버그의 2요인 이론 등이 이론의 기반이 된다.

② 직무의 기술수준이 높고 과업의 종류가 다양하며 개인에게 자율성이 많이 부여될수록 낮은 성과를 얻을 수 있다.

③ 사회기술적 접근방법에 해당한다.

④ 작업을 수행하는 과정에서 해당 직무수행과 성과에 책임성이 강하게 요구되나 수행과정에서 자율성이 보장된다.

⑤ 종업원이 일에 대한 보람과 자아성취감을 느끼게 되고, 동기부여를 하여 생산성을 향상시키게 된다.

10 다음의 글을 읽고 문맥 상 괄호 안에 공통적으로 들어갈 말로 가장 적절한 것은?

> (　　　　)가 높은 사람은 자신의 기술과 문제해결 능력과 관련해 도전의식을 주는 과업에 끌린다. 다시 말해 자신의 개별적인 노력에 따라 성과가 좌우되는 과업을 선호하는 것이다. 이들은 과업수행 혹은 과업 자체에서 만족을 구하려고 한다. (　　　　)가 큰 사람은 경영자보다 자기 사업을 하는 기업가 역할에 더 적당하다.

① 친교욕구

② 성취욕구

③ 권력욕구

④ 소유욕구

⑤ 경쟁욕구

11 다음 중 매슬로우의 욕구 단계설에 따른 욕구를 하위 단계부터 바르게 나열한 것은?

① 생리적 욕구→사회적 욕구→안전의 욕구→존경의 욕구 →자아실현의 욕구

② 생리적 욕구→존경의 욕구→안전의 욕구→사회적 욕구 →자아실현의 욕구

③ 생리적 욕구→안전의 욕구→사회적 욕구→존경의 욕구 →자아실현의 욕구

④ 생리적 욕구→사회적 욕구→존경의 욕구→안전의 욕구 →자아실현의 욕구

⑤ 생리적 욕구→존경의 욕구→사회적 욕구→안전의 욕구 →자아실현의 욕구

12 다음 중 개인이 자신의 일을 유능하게 수행할 수 있다는 느낌을 갖도록 하는 활동과 그 결과 그렇게 되는 것을 가리키는 것으로 개인이 일을 하는 과정에서 지속적으로 주도권을 행사하는 것을 중시하는 것을 무엇이라고 하는가?

① Expectancy Theory

② Equity Theory

③ Goal Setting Theory

④ Empowerment

⑤ Interaction Theory

13 재고관리 Q시스템에 대한 설명으로 가장 옳지 않은 것은?

① 주기적으로 재고를 보충하기 때문에 관리하기가 쉽다.

② 품목별로 조사 빈도를 달리할 수 있다.

③ 고정 로트크기는 수량할인으로 나타나기도 한다.

④ 안전재고 수준이 낮아져서 비용을 절감할 수도 있다.

⑤ 계속적인 실사를 해야 한다.

14 다음의 특성을 가지고 있는 집단의사결정 기법은?

첫째, 문제가 제시되고 참가자들 간의 대화는 차단된다.
둘째, 각 참가자들은 자기의 생각과 해결안을 가능한 한 많이
기록한다.
셋째, 참가자들은 돌아가면서 자신의 해결안을 집단을 대상으
로 설명하며 사회자는 칠판에 그 내용을 정리한다.
넷째, 참가자들이 발표한 내용에 대해 보충설명 등이 추가된다.
다섯째, 발표가 끝나면 제시된 의견들의 우선순위를 묻는 비밀
투표를 실시하여 최종적으로 해결안을 선택한다.

① 팀빌딩기법
② 브레인스토밍
③ 델파이기법
④ 명목집단기법
⑤ 변증법적 문의법

15 소요량에 의해 최초의 주문을 계획하는데, 자재소요의 양적
및 시간적인 변화에 맞춰 기주문을 재계획함으로써 정확한 자재의
수요를 계산해 나가는 방법을 MRP(Material Requirement
Planning)라 한다. 이에 대한 특징을 잘못 설명한 것은?

① 소비자에 대한 서비스의 개선
② 의사결정의 자동화에 기여
③ 적시에 최대비용으로 공급
④ 생산계획의 효과적인 도구
⑤ 설비가동능률의 증진

16 다음 중 수요에 영향을 끼치게 되는 주요인 중 통제 가능한
요소에 해당하지 않는 것은?

① 경기의 변동 ② 가격의 할인
③ 신용정책 ④ 품질
⑤ 광고

17 다음 중 경제적주문량(EOQ)의 가정으로 옳지 않은 것을 고르
면?

① 주문량은 일시에 입고된다.
② 조달기간은 없거나 일정하다.
③ 재고부족은 허용되지 않는다.
④ 1회 주문비용은 물량에 상관없이 일정하다.
⑤ 단위 구입가는 물량에 비례하여 일정하지 않다.

18 다음 공정관리에 대한 기능 중에서 통제기능에 해당하는 것을
모두 고르면?

㉠ 일정계획   ㉡ 절차계획
㉢ 작업독촉   ㉣ 작업할당
㉤ 공수계획

① ㉠㉡   ② ㉡㉢
③ ㉢㉣   ④ ㉢㉤
⑤ ㉣㉤

19 다음 중 MRP의 효율적 적용을 위한 가정으로 바르지 않은 것
은?

① 전체 조립 구성품들은 조립착수시점에서 활용이 가능해야
한다.
② 전체 품목들은 저장이 가능해야 하며, 매출행위가 있어야
한다.
③ 일부 자료에 대한 조달기간의 파악이 가능해야 한다.
④ 재고기록서의 자료 및 자재명세서의 자료가 일치해야 한다.
⑤ 제조공정이 독립적이어야 한다.

20 다음 그림을 참조하여 서술된 내용으로 옳지 않은 것은? (단, ㉠은 생산콘셉트, ㉡은 제품콘셉트, ㉢은 판매콘셉트, ㉣은 마케팅 콘셉트, ㉤은 사회적 마케팅콘셉트를 각각 의미한다.)

생산 콘셉트 Production Concept → 제품 콘셉트 Product Concept → 판매 콘셉트 Selling Concept → 마케팅 콘셉트 Marketing Concept → 사회적 마케팅 콘셉트 Societal Marketing Concept

① ㉠의 경우 소비자들이 제품의 활용가능성이나 저가격에만 관심을 지니고 있다.

② ㉡의 경우 기업에서는 질 좋은 제품을 만들고 개선하는 데 관심을 기울인다.

③ ㉢의 경우 저압적 마케팅 방식에 의존하는 경향이 강하다.

④ ㉣의 경우 고객만족을 통한 이익을 실현하고자 한다.

⑤ ㉤의 경우 소비자를 포함해 사회 전체에 미치게 될 영향 에 대해서도 관심을 가져야 한다.

21 다음의 사례들이 공통적으로 시사하는 바와 가장 관련성이 높은 것을 고르면?

> ㉠ 면도기 본체는 저렴하게 팔고 면도날은 비싸게 파는 경우
> ㉡ 레이저프린터나 잉크젯프린터를 저렴하게 팔면서 카트리지 나 튜너는 비싸게 판매하는 경우
> ㉢ 비싼 정수기는 설치비만 받고 설치해주면서 필터교체를 매 달 2만원에 약정하는 경우
> ㉣ 휴대폰은 공짜로 제공하고 통화요금으로 수익을 올리는 경우

① 해당 기업이 제공하는 여러 개의 제품 및 서비스 등을 하 나로 묶어 하나의 가격으로 판매하는 전략이다.

② 기본 사용료 및 추가 사용료 등의 수수료를 결부하여 정 하는 가격방식이다.

③ 좋은 품질 및 서비스를 잘 결합하여 소비자들에게 적정가 격으로 제공하는 가격전략이다.

④ 타 사의 가격에 맞춰 가격인하를 하기보다는 부가적 특성 및 서비스의 추가로 제품의 제공물을 차별화함으로써 더 비싼 가격을 정당화하는 방식이다.

⑤ 본 제품에 대해서는 저렴한 가격을 책정하고 이윤을 줄이 면서 해당 제품의 시장점유율을 늘리고 그 후에 종속제품 의 부속품에 대해 이윤을 추구하는 가격전략이다.

22 다음의 상품가격전략에 대한 설명 중 가장 옳은 것은?

① 목표이익가격결정(target profit pricing)방법은 기업이 설정한 목표이익을 실현하는 매출수준에서 제품가격을 결정하는 방법으로 소비자의 반응을 고려하여 가격을 설 정하는 기법이다.

② 이중요율(captive-product pricing, two-part price) 방 식은 제품의 가격체계를 기본가격과 사용가격으로 구분하 여 책정하는 방법이다.

③ 침투가격정책(penetration pricing policy)은 신제품을 시 장에 도입하는 초기에 저가격으로 신속하게 시장에 침투하 는 전략으로 수요의 가격민감도가 낮은 제품에 적합하다.

④ 가치중심 가격결정(value-based pricing)방법이란 고객 이 지각하는 제품의 가치에 맞춰 제품가격을 결정하는 방법으로 소비자가 제품의 가치를 높게 평가한다면 원가 에 상관없이 고가격을 책정할 수 있다.

⑤ 초기 고가격전략은 타사의 신제품이 자사에 비해 성능, 디자인 등의 면에서 높은 우위를 가질 때 효과적으로 적 용할 수 있다.

23 다음의 설명과 가장 관련이 깊은 것은?

> 이것은 단기적인 소비자의 욕구충족이 장기적으로는 소비자 는 물론 사회의 복지와 상충되어짐에 따라서 기업이 마케팅활동 의 결과가 소비자는 물론 사회전체에 어떤 영향을 미치게 될 것 인가에 대한 관심을 가져야 하며 가급적 부정적 영향을 미치는 마케팅활동을 자제하여야 한다는 사고에서 등장한 개념이다.

① 마케팅 개념

② 사회지향적 마케팅 개념

③ 제품개념

④ 판매개념

⑤ 생산개념

24 통상적으로 소비재는 편의품, 선매품, 전문품 및 비탐색품 등으로 구분되어지는 데 이들 중 전문품에 대한 설명과 가장 거리가 먼 것은?

① 주로 구매력이 있는 소비자들만을 대상으로 판촉활동을 실시하는 것이 효과가 크다.

② 소비자가 특정상표에 대해 가장 강한 상표충성도를 보인다.

③ 제품에 대한 사전 지식에 의존하지 않고 주로 구매시점에 제품특성을 비교평가 후 구매하는 제품이다.

④ 제품차별성과 소비자 관여도가 매우 높은 특성을 지닌다.

⑤ 전속적 혹은 선택적 유통경로의 구축이 더욱 바람직하다.

25 다음의 사례를 보고 괄호 안에 들어갈 말로 가장 적절한 것은?

이는 지난 21일 개최된 '한국지방세학회'에서 만난 지방세 공무원들에게는 이미 희망이 사라진 듯 보였다. '절망감에 가득 찬 그들의 표정에서는 일에 대한 의욕도, 믿음도 사라져 가는 듯 했다. "제 동료는 26세에 공무원이 되어 현재 53세입니다. 7급에서 6급으로 승진이 가능할지 희망이 안 보인다고 합니다. 저는 아예 승진을 포기한 상태입니다", "승진할 수 있을 것이라는 희망이 안 보입니다", '이제는 거의 포기상태입니다'. 이렇게 희망이 사라져 가니, 징세업무에도 소극적이 된다는 것이 그들의 말이다. "열심히 세금 걷어 봤자, 우리가 쓰는 것도 아니고 정부에서 우리의 업무에 대해 보상을 제대로 해 주는 것도 아닌데 그냥 대충대충 하자"는 인식이 팽배해 있다는 것이다. 매슬로우의 욕구단계이론을 적용해 보면 공무원들에게 있어 승진누락, 인사적체 문제는 이러한 (   )를 좌절시키는 중요한 요인이 된다.

① 생리적 욕구

② 안전의 욕구

③ 사회적 소속감의 욕구

④ 존중의 욕구

⑤ 자아실현 욕구

26 아래의 표를 참조하여 시장세분화 조건에 해당하는 것을 모두 고르시오.

㉠ 유지 가능성	㉡ 실행 가능성
㉢ 측정 가능성	㉣ 접근 가능성
㉤ 외부적 동질성	㉥ 내부적 이질성

① ㉠, ㉡

② ㉠, ㉣, ㉤

③ ㉡, ㉢, ㉣

④ ㉢, ㉣, ㉤

⑤ ㉠, ㉡, ㉢, ㉣

27 다음 인적자원관리의 환경에 관한 내용 중 그 성격이 다른 하나는?

① 노동조합의 발전

② 정보기술의 발전

③ 경제여건의 변화

④ 가치관의 변화

⑤ 정부개입의 증대

28 다음은 직무평가의 방법 중 서열법에 관한 내용이다. 이 중 가장 거리가 먼 것을 고르면?

① 쉬우면서도 간편하다.

② 평가대상의 직무수가 많으면, 활용이 어렵다.

③ 절대적인 성과차이를 구별할 수 있다.

④ 평가 시 평가자의 주관이 개입될 수 있다.

⑤ 비용이 저렴하다.

29 다음 중 목표에 의한 관리 (MBO)의 조건에 대한 내용으로 가장 거리가 먼 것은?

① 설정된 목표에 대해서 기대되는 결과를 확인할 수 있는 목표이어야 한다.
② 측정 가능함과 동시에 계량적인 목표이어야 한다.
③ 정해진 시간 안에 달성 가능한 목표이어야 한다.
④ 현실적이면서, 달성 가능한 목표이어야 한다.
⑤ 추상적인 목표 제시가 되어야 한다.

30 다음 인사고과에 대한 설명 중 바르지 않은 것은?

① 강제할당법을 적용할 경우 평가자의 관대화나 중심화 경향이 쉽게 나타날 수 있으므로 이를 방지하기 위한 대안으로 평정척도법이 적용된다.
② 인사고과에 있어 절대평정은 다른 구성원의 성과에 기초하여 평정하는 것이 아니므로 집단 간 비교가 가능하다.
③ 목표관리법은 목표를 설정한다는 점에서 직무분석과 유사하지만, 그 목표가 직무에 대해서가 아니라 개인에 대하여 설정된다는 점에서 다르다.
④ 1차 고과자가 평가한 내용을 반영해 2차 고과자가 적당히 평가하는 행동에서 발생하는 오류는 2차 고과자의 오류이다.
⑤ 연공오류는 피고과자가 내포한 연공속성, 즉 연령, 학력 등이 평가에 영향을 미치는 오류이다.

31 다음의 내용 중 인사관리의 기능에 해당하지 않는 것을 고르면?

① 직무분석 및 설계
② 모집 및 선발
③ 훈련 및 개발
④ 보상 및 후생복지
⑤ 근태율 분석

32 이는 기업 조직의 구성원이 어느 일정한 연령에 이르게 되면 당시의 연봉을 기준으로 해서 임금을 줄여나가는 대신에 반대급부로 지속적인 근무를 할 수 있도록 해 주는 제도를 일컫는 말은?

① 카페테리아 제도
② 임금피크제도
③ 법정 외 복리후생
④ 최저임금제도
⑤ 정답 없음

33 다음 중 이익분배제에 대한 설명으로 바르지 않은 것은?

① 구성원은 이익배당 참여권 및 분배율을 근속년수와 연관시킴으로써, 종업원들의 장기근속을 유도할 수 없다.
② 구성원은 자신의 이윤에 대한 배당을 높이기 위해 작업에 집중하여 능률증진을 기할 수 있다.
③ 기업과 구성원 간 협동정신을 고취, 강화시켜서 노사 간의 관계개선에 도움을 준다.
④ 회계정보를 적당히 처리함으로써, 기업 조직의 결과를 자의적으로 조정할 수 있으므로 신뢰성이 낮아진다.
⑤ 이익분배는 결산기에 가서 확정되는 관계로 구성원들의 작업능률에 대한 자극이 감소될 수 우려가 있다.

34 다음 중 금리 및 환율의 상호관계를 말해주는 개념으로 자본 자유화와 관련해 매우 중요한 정책적 시사점을 주고 있는데, 환율의 예상되는 변화율은 자국과 외국의 금리 차와 같아야 한다는 것을 무엇이라고 하는가?

① 국제자본예산
② 이자율평가이론
③ 국제피셔효과
④ 구매력평가이론
⑤ MM의 배당이론

35 다음 중 우단 자산의 기대수익률 15%, 원모 자산의 기대수익률은 11%일 때 우단 자산과 원모 자산에 각각 투자자금의 60%씩을 투자할 시에 포트폴리오의 기대수익률은 얼마인지 계산하면?

① 0.1   ② 0.156

③ 0.237   ④ 0.31

⑤ 0.59

36 다음 박스 안의 내용이 설명하는 것은?

> 매매쌍방 간 미래의 어떠한 일정시점에 약정된 제품을 기존에 정한 가격에 일정수량을 매매하기로 계약을 하고, 이러한 계약의 만기 이전에 반대매매를 수행하거나 또는 만기일에 현물을 실제로 인수 및 인도함으로써 그러한 계약을 수행하는 것을 말한다.

① 선물거래

② 옵션

③ 스왑

④ 포트폴리오

⑤ 레버리지 효과

37 다음 그림에 대한 설명으로 가장 옳지 않은 것은?

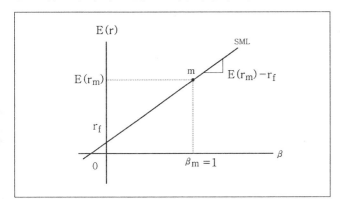

① 증권의 기대수익률의 결정에 있어 오로지 베타만이 중요 역할을 수행한다.

② 증권의 기대수익률은 베타와 선형관계를 이룬다.

③ SML의 기울기인 시장위험프리미엄은 음(−)의 값이다.

④ SML의 절편은 명목무위험이자율을 나타낸다.

⑤ 명목무위험이자율의 크기는 실질무위험이자율과 예상인플레이션율에 따라 결정된다.

38 다음 증권에 대한 설명 중 상환 시기나 방법 등에 따른 분류에 해당하지 않는 것은?

① 감채기금부사채

② 무보증사채

③ 만기전액상환사채

④ 수의상환사채

⑤ 정시분할사채

39 다음 중 효율적 시장에 대한 내용으로 옳지 않은 것은?

① 모든 활용 가능한 정보들이 현재 시장가격에 보다 충분히 반영되어 있는 시장이다.

② 효율적 시장은 완전 시장에 비해 보다 더 현실적이라 할 수 있다.

③ 완전시장은 실제적으로 존재하지 않는 일종의 가상시장이다.

④ 완전시장이란 효율적인 자본 분배기능을 완전하게 실행하게 되는 금융시장이다.

⑤ 효율적 시장에서는 주가수준이 재무정책결정에 있어 많은 영향을 미치게 된다.

40 다음 괄호 안에 들어갈 말을 순서대로 바르게 나열하면?

> (㉠)은/는 거래조건 및 계약조건 등이 표준화되어 있으며, 정해진 장소에서 거래된다는 특징이 있는 반면에, (㉡)은/는 거래 장소에는 구애를 받지 않고 더불어 대상 제품이 표준화되어 있지도 않다는 특성이 있다.

① ㉠ 선물계약, ㉡ 현물거래

② ㉠ 선도계약, ㉡ 현물거래

③ ㉠ 선도계약, ㉡ 선물계약

④ ㉠ 현물거래, ㉡ 선물계약

⑤ ㉠ 선물계약, ㉡ 선도계약

서울교통공사

필기시험 모의고사

제 **2** 회	영 역	직업기초능력평가, 직무수행능력평가(경영학)
	문항수	80문항
	시 간	100분
	비 고	객관식 5지선다형

SEOWONGAK

(주)서원각

제2회 필기시험 모의고사

문항수 : 80문항
시 간 : 100분

>> 직업기초능력평가(40문항/50분)

1 다음 밑줄 친 외래어의 맞춤법이 틀린 것은?

① 서울시가 4차 산업혁명 <u>심포지움</u>을 성공적으로 마쳤다.

② IT기술의 발달로 홍보 및 투자 <u>트렌드</u>가 급격히 변하고 있다.

③ 미국산 <u>로브스터</u>를 캐나다산으로 속이고 판매해 온 온라인 유통업자가 붙잡혔다.

④ 새로 출시된 <u>모션</u> 베드는 국내외 IT 기업들의 기술이 결합된 걸작이다.

⑤ 서울 지하철역 중 가장 긴 <u>에스컬레이터</u>를 가지고 있는 역은 당산역이다.

2 다음 빈칸에 들어갈 말로 가장 적절한 것은?

여름에 아이스케이크 장사를 하다가 가을바람만 불면 단팥죽 장사로 간판을 남 먼저 바꾸는 것을 누가 욕하겠는가. 장사꾼, 기술자, 사무원의 생활 방도는 이 길이 오히려 정도(正道)이기도 하다. 오늘의 변절자도 자기를 이 같은 사람이라 생각하고 또 그렇게 자처한다면 별문제다. 그러나 더러운 변절의 정당화를 위한 엄청난 공언(公言)을 늘어놓은 것은 분반(噴飯)할 일이다. 백성들이 그렇게 사람 보는 눈이 먼 줄 알아서는 안 된다. 백주 대로에 돌아앉아 볼기짝을 까고 대변을 보는 격이라면 점잖지 못한 표현이라 할 것인가.

( )를 지키기란 참으로 어려운 일이다. 자기의 신념에 어긋날 때면 목숨을 걸어 항거하여 타협하지 않고 부정과 불의한 권력 앞에는 최저의 생활, 최악의 곤욕을 무릅쓸 각오가 없으면 섣불리 ( )를 입에 담아서는 안 된다. 정신의 자존 자시(自尊自恃)를 위해서는 자학(自虐)과도 같은 생활을 견디는 힘이 없이는 ( )는 지켜지지 않는다.

① 용기   ② 지조

③ 영지   ④ 거래

⑤ 자조

3 다음 제시된 내용을 토대로 관광회사 직원들이 추론한 내용으로 가장 적합한 것은?

세계여행관광협의회(WTTC)에 따르면 지난해인 2016년 전 세계 국내총생산(GDP) 총합에서 관광산업이 차지한 직접 비중은 2.7%이다. 여기에 고용, 투자 등 간접적 요인까지 더한 전체 비중은 9.1%로, 금액으로 따지면 6조 3,461억 달러에 이른다. 직접 비중만 놓고 비교해도 관광산업의 규모는 자동차 산업의 2배이고 교육이나 통신 산업과 비슷한 수준이다. 아시아를 제외한 전 대륙에서는 화학 제조업보다도 관광산업의 규모가 큰 것으로 나타났다.

서비스 산업의 특성상 고용을 잣대로 삼으면 그 차이는 더욱 더 벌어진다. 지난해 전세계 관광산업 종사자는 9,800만 명으로 자동차 산업의 6배, 화학 제조업의 5배, 광업의 4배, 통신 산업의 2배로 나타났다. 간접 고용까지 따지면 2억 5,500만 명이 관광과 관련된 일을 하고 있어, 전 세계적으로 근로자 12명 가운데 1명이 관광과 연계된 직업을 갖고 있는 셈이다. 이러한 수치는 향후 2~3년간은 계속 유지될 것으로 보인다. 실제 백만 달러를 투입할 경우, 관광산업에서는 50명분의 일자리가 추가로 창출되어 교육 부문에 이어 두 번째로 높은 고용 창출효과가 있는 것으로 조사되었다.

유엔세계관광기구(UNWTO)의 장기 전망에 따르면 관광산업의 성장은 특히 한국이 포함된 동북아시아에서 두드러질 것으로 예상된다. UNWTO는 2010년부터 2030년 사이 이 지역으로 여행하는 관광객이 연평균 9.7% 성장하여 2030년 5억 6,500만이 동북아시아를 찾을 것으로 전망했다. 전 세계 시장에서 차지하는 비율도 현 22%에서 2030년에는 30%로 증가할 것으로 예측했다.

그런데 지난해 한국의 관광산업 비중(간접 분야 포함 전체 비중)은 5.2%로 세계 평균보다 훨씬 낮다. 관련 고용자수(간접 고용 포함)도 50만 3,000여 명으로 전체의 2%에 불과하다. 뒤집어 생각하면 그만큼 성장의 여력이 크다고 할 수 있다.

① 상민 : 2016년 전 세계 국내총생산(GDP) 총합에서 관광산업이 차지한 직접 비중을 금액으로 따지면 2조 달러가 넘는다.

② 대현 : 2015년 전 세계 통신 산업의 종사자는 자동차 산업의 종사자의 약 3배 정도이다.

③ 동근 : 2017년 전 세계 근로자 수는 20억 명을 넘지 못한다.

④ 수진 : 한국의 관광산업 수준이 간접 고용을 포함하는 고용 수준에서 현재의 세계 평균 수준 비율과 비슷해지려면 3백억 달러 이상을 관광 산업에 투자해야 한다.

⑤ 영수 : 2020년에는 동북아시아를 찾는 관광객의 수가 연간 약 2억 8,000명을 넘을 것이다.

4 다음 빈칸에 들어갈 말은?

> 모든 사회문제는 양면성을 가지고 있습니다. 한쪽 이야기만 듣고 그쪽 논리를 따라가면 오히려 속이 편하지만, 양쪽 이야기를 듣고 나면 머리가 아픕니다. 그런 헷갈리는 상황에서 기억할 만한 원칙이 바로 '의심스러울 때는 (   )의 이익으로' 해석하라는 것입니다. 전세 분쟁에서 세입자의 이익을 우선으로 하는 것이 그 예입니다.

① 행위자 ② 약자
③ 다수자 ④ 타자
⑤ 화자

5 다음 글에 대한 이해로 적절하지 않은 것은?

> 외국 통화에 대한 자국 통화의 교환 비율을 의미하는 환율은 장기적으로 한 국가의 생산성과 물가 등 기초 경제 여건을 반영하는 수준으로 수렴된다. 그러나 단기적으로 환율은 이와 괴리되어 움직이는 경우가 있다. 만약 환율이 예상과는 다른 방향으로 움직이거나 또는 비록 예상과 같은 방향으로 움직이더라도 변동 폭이 예상보다 크게 나타날 경우 경제 주체들은 과도한 위험에 노출될 수 있다. 환율이나 주가 등 경제 변수가 단기에 지나치게 상승 또는 하락하는 현상을 오버슈팅(overshooting)이라고 한다. 이러한 오버슈팅은 물가 경직성 또는 금융 시장 변동에 따른 불안 심리 등에 의해 촉발되는 것으로 알려져 있다. 여기서 물가 경직성은 시장에서 가격이 조정되기 어려운 정도를 의미한다.
>
> 물가 경직성에 따른 환율의 오버슈팅을 이해하기 위해 통화를 금융 자산의 일종으로 보고 경제 충격에 대해 장기와 단기에 환율이 어떻게 조정되는지 알아보자. 경제에 충격이 발생할 때 물가나 환율은 충격을 흡수하는 조정 과정을 거치게 된다. 물가는 단기에는 장기 계약 및 공공요금 규제 등으로 인해 경직적이지만 장기에는 신축적으로 조정된다. 반면 환율은 단기에서도 신축적인 조정이 가능하다. 이러한 물가와 환율의 조정 속도 차이가 오버슈팅을 초래한다. 물가와 환율이 모두 신축적으로 조정되는 장기에서의 환율은 구매력 평가설에 의해 설명되는데, 이에 의하면 장기의 환율은 자국 물가 수준을 외국 물가 수준으로 나눈 비율로 나타나며, 이를 균형 환율로 본다. 가령 국내 통화량이 증가하여 유지될 경우 장기에서는 자국 물가도 높아져 장기의 환율은 상승한다. 이때 통화량을 물가로 나눈 실질 통화량은 변하지 않는다.
>
> 그런데 단기에는 물가의 경직성으로 인해 구매력 평가설에 기초한 환율과는 다른 움직임이 나타나면서 오버슈팅이 발생할 수 있다. 가령 국내 통화량이 증가하여 유지될 경우, 물가가 경직적이어서 실질 통화량은 증가하고 이에 따라 시장 금리는 하락한다. 국가 간 자본 이동이 자유로운 상황에서, 시장 금리 하락은 투자의 기대 수익률 하락으로 이어져, 단

> 기성 외국인 투자 자금이 해외로 빠져나가거나 신규 해외 투자 자금 유입을 위축시키는 결과를 초래한다. 이 과정에서 자국 통화의 가치는 하락하고 환율은 상승한다. 통화량의 증가로 인한 효과는 물가가 신축적인 경우에 예상되는 환율 상승에, 금리 하락에 따른 자금의 해외 유출이 유발하는 추가적인 환율 상승이 더해진 것으로 나타난다. 이러한 추가적인 상승 현상이 환율의 오버슈팅인데, 오버슈팅의 정도 및 지속성은 물가 경직성이 클수록 더 크게 나타난다. 시간이 경과함에 따라 물가가 상승하여 실질 통화량이 원래 수준으로 돌아오고 해외로 유출되었던 자금이 시장 금리의 반등으로 국내로 복귀하면서, 단기에 과도하게 상승했던 환율은 장기에는 구매력 평가설에 기초한 환율로 수렴된다.

① 환율의 오버슈팅이 발생한 상황에서 물가 경직성이 클수록 구매력 평가설에 기초한 환율로 수렴되는 데 걸리는 기간이 길어질 것이다.

② 환율의 오버슈팅이 발생한 상황에서 외국인 투자 자금이 국내 시장 금리에 민감하게 반응할수록 오버슈팅 정도는 커질 것이다.

③ 물가 경직성에 따른 환율의 오버슈팅은 물가의 조정 속도보다 환율의 조정 속도가 빠르기 때문에 발생하는 것이다.

④ 물가가 신축적인 경우가 경직적인 경우에 비해 국내 통화량 증가에 따른 국내 시장 금리 하락 폭이 작을 것이다.

⑤ 국내 통화량이 증가하여 유지될 경우 장기에는 실질 통화량이 변하지 않으므로 장기의 환율도 변함이 없을 것이다.

6 다음은 스마트 트레인과 관련된 내용의 글이다. 다음 글에 대한 설명으로 옳은 것은?

부산국제철도기술산업전의 'Digital Railway' 부스에서는 현대로템 열차 운전 시스템의 현재와 발전 진행 상황을 알아볼 수 있었다. CBTC는 'Communication-Based Train Control'의 약자로 중앙관제센터에서 통신을 기반으로 열차를 중앙집중식으로 원격 제어하는 철도 신호시스템을 이야기하는데 한국에서는 RF-CBCT 타입인 KRTCS-1을 사용하고 있다. 현재 신분당선이나 우이신설선, 인천지하철 2호선 등 무인운전 차량들도 KRTCS-1을 탑재하고 있다.

차량에 탑재된 KRTCS-1 시스템은 지상 신호 장치인 WATC, 차상 신호 장치, 관제실로 구분되는데 관제실에서 명령 신호가 오면 지상 신호 장치 WATC는 경로가 운행 가능한 상태인지를 빠르게 판단하고 차량에게 이동 권한을 부여한다. 이를 받은 차량 신호 장치는 정해진 목적지까지 안전하고 빠르게 운행하며 지상 신호 장치와 관제실과 실시간으로 운행 데이터를 주고받을 수 있다. 이는 운전자 개입 없이 관제실에서 원격 제어만으로 기동과 출발 전 워밍업, 본선 운행과 스케줄링까지 모두 자동으로 이루어지는 무인 시스템이며 영국의 국제공인 인증기관 '리카르도'로부터 ATP(Automatic Train Protection, 열차자동방호) 부분에 대해서 안전등급 중 최고인 SIL Level 4 인증까지 취득했다. 이뿐만 아니라, 출퇴근 시간 등 배차 간격이 좁은 시간대가 아닐 때는 친환경 모드인 '에코-드라이빙' 모드로 추진·제동제어, 출입문 자동 제어 등의 기능을 활용하여 최적의 운행패턴으로 운행 가능하도록 지원할 수 있다.

한편 현재 현대로템이 개발 중인 운전 시스템으로 KRTCS-2가 있다. KRTCS-1이 도시철도용 신호 시스템이었다면 KRTCS-2는 도시와 도시를 연결하는 간선형 철도나 고속철도용으로 개발되고 있는 것이 특징이다. KRTCS-2는 유럽 철도 표준인 ETCS-2에 기반을 두고 있으며 KTX나 SRT 등에 향후 ETCS-2 도입이 예정된 만큼, KRTCS-2 역시 적용 가능한 시스템으로 볼 수 있다.

KRTCS-2 시스템은 차량과 지상, 관제실 통신에 초고속 무선 인터넷 LTE-R을 이용한다. KRTCS-1이 지상 센서만으로 차량의 이동을 감지하고 컨트롤했다면, KRTCS-2는 LTE-R 무선통신을 도입해 열차가 어느 구간(폐색)에 위치하는지를 실시간으로 감지하고 좀 더 효율적으로 스케줄링할 수 있다는 장점이 있다. KRTCS-2 역시 SIL Level 4등급을 독일의 시험인증 기관인 'TUV-SUD'로부터 인증받아 그 안전성과 정확성을 입증했다. 현재 KRTCS-2에서 열차를 안전하게 보호하는 ATP 시스템이 개발을 마쳤고, 자동운전 기능을 추가하기 위한 작업에 박차를 가하고 있다. 따라서 가까운 시일 내에 한국의 고속철도에 KRTCS-2 시스템이 적용되어 도시철도뿐만 아니라 일반·고속철도에서도 무인운전이 현실화될 것으로 기대된다.

① KRTCS-1는 한국의 철도 신호시스템이며 현재 무인운전 차량에는 탑재되어 있지 있다.
② SIL Level 4 인증을 취득한 시스템은 KRTCS-2뿐이다.
③ KRTCS-2는 간선형 철도나 고속철도용으로 개발되고 있다.
④ KRTCS-1 시스템은 LTE-R 무선통신을 도입해 열차가 어느 구간에 위치하는지를 실시간으로 감지하고 좀 더 효율적으로 스케줄링할 수 있다는 장점이 있다.
⑤ 무인운전의 경우 고속철도에서는 현실화되기 어렵다.

│7~8│ 다음 글을 읽고 이어지는 물음에 답하시오.

경쟁의 승리는 다른 사람의 재산권을 침탈하지 않으면서 이기는 경쟁자의 능력, 즉 경쟁력에 달려 있다. 공정경쟁에서 원하는 물건의 소유주로부터 선택을 받으려면 소유주가 원하는 대가를 치를 능력이 있어야 하고 남보다 먼저 신 자원을 개발하거나 신 발상을 창안하려면 역시 그렇게 해낼 능력을 갖추어야 한다. 다른 기업보다 더 좋은 품질의 제품을 더 값싸게 생산하는 기업은 시장경쟁에서 이긴다. 우수한 자질을 타고났고, 탐사 또는 연구개발에 더 많은 노력을 기울인 개인이나 기업은 새로운 자원이나 발상을 대체로 남보다 앞서서 찾아낸다.

개인의 능력은 천차만별한데 그 차이는 타고나기도 하고 후천적 노력에 의해 결정되기도 한다. 능력이 후천적 노력만의 소산이라면 능력의 우수성에 따라 결정되는 경쟁 결과를 불공정하다고 불평하기는 어렵다. 그런데 능력의 많은 부분은 타고난 것이거나 부모에게서 직간접적으로 물려받은 유무형적 재산에 의한 것이다. 후천적 재능 습득에서도 그 성과는 보통 개발자가 타고난 자질에 따라 서로 다르다. 타고난 재능과 후천적 능력을 딱 부러지게 구분하기도 쉽지 않은 것이다.

어쨌든 내가 능력 개발에 소홀했던 탓에 경쟁에서 졌다면 패배를 승복해야 마땅하다. 그러나 순전히 타고난 불리함 때문에 불이익을 당했다면 억울함이 앞선다. 이 점을 내세워 타고난 재능으로 벌어들이는 소득은 그 재능 보유자의 몫으로 인정할 수 없다는 필자의 의견에 동의하는 학자도 많다. 자신의 재능을 발휘하여 경쟁에서 승리하였다 하더라도 해당 재능이 타고난 것이라면 승자의 몫이 온전히 재능 보유자의 것일 수 없고 마땅히 사회에 귀속되어야 한다는 말이다.

그런데 재능도 노동해야 발휘할 수 있으므로 재능발휘를 유도하려면 그 노고를 적절히 보상해주어야 한다. 이론상으로는 재능발휘로 벌어들인 수입에서 노고에 대한 보상만큼은 재능 보유자의 소득으로 인정하고 나머지만 사회에 귀속시키면 된다.

7 윗글을 읽고 나눈 다음 대화의 ㉠~㉤ 중, 글의 내용에 따른 합리적인 의견 제기로 볼 수 없는 것은?

> A : "타고난 재능과 후천적 노력에 대하여 어떻게 보아야 할지에 대한 필자의 의견이 담겨 있는 글입니다."
>
> B : "맞아요. 필자의 의견에 따르면 앞으로는 ㉠선천적인 재능에 대한 경쟁이 더욱 치열해질 것 같습니다."
>
> A : "그런데 우리가 좀 더 확인해야 할 것은, ㉡과연 얼마만큼의 보상이 재능 발휘 노동의 제공에 대한 몫이냐 하는 점입니다."
>
> B : "그와 함께, ㉢얻어진 결과물에서 어떻게 선천적 재능에 의한 부분을 구별해낼 수 있을까에 대한 물음 또한 과제로 남아 있다고 볼 수 있겠죠."
>
> A : "그뿐이 아닙니다. ㉣타고난 재능이 어떤 방식으로 사회에 귀속되어야 공정한 것인지, ㉤특별나게 열심히 재능을 발휘할 유인은 어떻게 찾을 수 있을지에 대한 고민도 함께 이루어져야 하겠죠."

① ㉠

② ㉡

③ ㉢

④ ㉣

⑤ ㉤

8 윗글에서 필자가 주장하는 내용과 견해가 다른 것은 어느 것인가?

① 경쟁에서 승리하기 위해서는 능력이 필요하다.

② 능력에 의한 경쟁 결과가 불공정하다고 불평할 수 없다.

③ 선천적인 능력이 우수한 사람은 경쟁에서 이길 수 있는 확률이 높다.

④ 후천적인 능력이 모자란 결과에 대해서는 승복해야 한다.

⑤ 타고난 재능에 의해 얻은 승자의 몫은 일정 부분 사회에 환원해야 한다.

9 한 학년에 세 반이 있는 학교가 있다. 학생수가 A반은 20명, B반은 30명, C반은 50명이다. 수학 점수 평균이 A반은 70점, B반은 80점, C반은 60점일 때, 이 세 반의 평균은 얼마인가?

① 62점

② 64점

③ 66점

④ 68점

⑤ 70점

10 바른 항공사는 서울—상해 직항 노선에 50명이 초과로 예약 승객이 발생하였다. 승객 모두는 비록 다른 도시를 경유해서라도 상해에 오늘 도착하기를 바라고 있다. 아래의 그림이 경유 항공편의 여유 좌석 수를 표시한 항공로일 때, 타 도시를 경유하여 상해로 갈 수 있는 최대의 승객 수는 구하면?

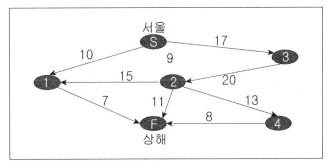

① 24

② 29

③ 30

④ 33

⑤ 37

11 다음은 S공사에서 사원에게 지급하는 수당에 대한 자료이다. 2019년 7월 현재 부장 甲의 근무연수는 12년 2개월이고, 기본급은 300만 원이다. 2019년 7월 甲의 월급은 얼마인가? (단, S공사 사원의 월급은 기본급과 수당의 합으로 계산되고 제시된 수당 이외의 다른 수당은 없으며, 10년 이상 근무한 직원의 정근수당은 기본급의 50%를 지급한다)

구분	지급 기준	비고
정근수당	근무연수에 따라 기본급의 0~50% 범위 내 차등 지급	매년 1월, 7월 지급
명절휴가비	기본급의 60%	매년 2월(설), 10월(추석) 지급
가계지원비	기본급의 40%	매년 홀수 월에 지급
정액급식비	130,000원	매월 지급
교통보조비	• 부장 : 200,000원 • 과장 : 180,000원 • 대리 : 150,000원 • 사원 : 130,000원	매월 지급

① 5,830,000원

② 5,880,000원

③ 5,930,000원

④ 5,980,000원

⑤ 6,030,000원

12 다음은 성인 남녀 1천 명을 대상으로 실시한 에너지원별 국민 인식 조사 결과이다. 다음 자료를 올바르게 해석한 것은 어느 것인가?

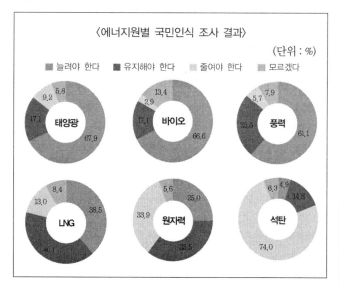

〈에너지원별 국민인식 조사 결과〉

(단위 : %)

■ 늘려야 한다   ■ 유지해야 한다   ▨ 줄여야 한다   ▨ 모르겠다

태양광: 5.8, 9.2, 17.1, 67.9
바이오: 13.4, 2.9, 17.1, 66.6
풍력: 7.9, 5.7, 25.6, 61.1
LNG: 8.4, 13.0, 38.5, 40.1
원자력: 5.6, 25.0, 33.9, 35.5
석탄: 6.3, 4.9, 14.8, 74.0

① 모든 에너지원에 대하여 줄여야 한다는 의견이 압도적으로 많다.

② 유지하거나 늘려야 한다는 의견은 모든 에너지원에서 절반 이상을 차지한다.

③ 한 가지 의견이 절반 이상의 비중을 차지하는 에너지원은 모두 4개이다.

④ 늘려야 한다는 의견이 더 많은 에너지원일수록 줄여야 한다는 의견도 더 많다.

⑤ LNG와 원자력에 대한 국민 인식 현황은 동일한 순서로 나타난다.

13 다음은 S공사 직원의 출장 횟수에 관한 자료이다. 이에 대한 설명 중 옳지 않은 것을 고르면? (단, 회당 출장 인원은 동일하며 제시된 자료에 포함되지 않은 해외 출장은 없다)

〈제습기 A ~ E의 습도별 연간소비전력량〉

(단위 : kWh)

습도 제습기	40%	50%	60%	70%	80%
A	550	620	680	790	840
B	560	640	740	810	890
C	580	650	730	800	880
D	600	700	810	880	950
E	660	730	800	920	970

㉠ 습도가 70%일 때 연간소비전력량이 가장 적은 제습기는 A이다.

㉡ 각 습도에서 연간소비전력량이 많은 제습기부터 순서대로 나열하면, 습도 60%일 때와 습도 70%일 때의 순서를 동일하다.

㉢ 습도가 40%일 때 제습기 E의 연산소비전력량은 습도가 50%일 때 제습기 B의 연간소비전력량보다 많다.

㉣ 제습기 각각에서 연간소비전력량은 습도가 80%일 때가 40%일 때의 1.5배 이상이다.

① ㉠, ㉡
② ㉠, ㉢
③ ㉡, ㉣
④ ㉠, ㉢, ㉣
⑤ ㉡, ㉢, ㉣

┃14~15┃ 다음은 서울교통공사에서 제공하고 있는 유아수유실 현황에 관한 자료이다. 물음에 답하시오.

〈유아수유실 현황〉

○ 1호선

역명	역명
종로3가역	동대문역

○ 2호선

역명	역명
시청역	성수역
강변역	잠실역
삼성역	강남역
신림역	대림역
신촌역	영등포구청역
신설동역	

○ 3호선

역명	역명
구파발역	독립문역
옥수역	고속터미널역
양재역	도곡역

○ 4호선

역명	역명
노원역	미아사거리역
길음역	동대문역사문화공원역
서울역	이촌역
사당역	

○ 5호선

역명	역명
김포공항역	우장산역
까치산역	목동역
영등포구청역	신길역
여의도역	여의나루역
충정로역	광화문역
동대문역사문화공원역	청구역
왕십리역	답십리역
군자역	아차산역
천호역	강동역
고덕역	올림픽공원역
거여역	

○ 6호선

역명	역명
응암역	불광역
월드컵경기장역	합정역
대흥역	공덕역
삼각지역	이태원역
약수역	상월곡역
동묘앞역	안암역

○ 7호선

역명	역명
수락산역	노원역
하계역	태릉입구역
상봉역	부평구청역
어린이대공원역	뚝섬유원지역
논현역	고속터미널역
이수역	대림역
가산디지털단지역	광명사거리역
온수역	까치울역
부천종합운동장역	춘의역
신중동역	부천시청역
상동역	삼산체육관역
굴포천역	

○ 8호선

역명	역명
모란역	몽촌토성역
잠실역	가락시장역
장지역	남한산성입구역

※ 해당 역에 하나의 유아수유실을 운영 중이다.

14 다음 중 2호선 유아수유실이 전체에서 차지하는 비율은?

① 10.5% ② 11.5%

③ 12.5% ④ 13.5%

⑤ 14.5%

15 다음 중 가장 많은 유아수유실을 운영 중인 지하철 호선 ㉮와 가장 적은 유아수유실을 운영 중인 지하철 호선 ㉯로 적절한 것은?

	㉮	㉯		㉮	㉯
①	7호선	1호선	②	6호선	2호선
③	5호선	3호선	④	4호선	4호선
⑤	3호선	5호선			

16 다음의 ㈎, ㈏는 100만 원을 예금했을 때 기간에 따른 이자에 대한 표이다. 이에 대한 설명으로 옳은 것은? (단, 예금할 때 약정한 이자율은 변하지 않는다)

구분	1년	2년	3년
㈎	50,000원	100,000원	150,000원
㈏	40,000원	81,600원	124,864원

㉠ ㈎는 단순히 원금에 대한 이자만을 계산하는 이자율이 적용되었다.

㉡ ㈎의 경우, 매년 물가가 5% 상승할 경우(원금+이자)의 구매력을 모든 기간에 같다.

㉢ ㈏의 경우, 매년 증가하는 이자액은 기간이 길어질수록 커진다.

㉣ ㈏와 달리 ㈎와 같은 이자율 계산 방법은 현실에서는 볼 수 없다.

① ㉠, ㉢ ② ㉠, ㉣

③ ㉡, ㉣ ④ ㉡, ㉢

⑤ ㉠, ㉡, ㉢

17 다음의 내용에 따라 두 번의 재배정을 한 결과, 병이 홍보팀에서 수습 중이다. 다른 신입사원과 최종 수습부서를 바르게 연결한 것은?

신입사원을 뽑아서 1년 동안의 수습 기간을 거치게 한 후, 정식사원으로 임명을 하는 한 회사가 있다. 그 회사는 올해 신입사원으로 2명의 여자 직원 갑과 을, 그리고 2명의 남자 직원 병과 정을 뽑았다. 처음 4개월의 수습기간 동안 갑은 기획팀에서, 을은 영업팀에서, 병은 총무팀에서, 정은 홍보팀에서 각각 근무하였다. 그 후 8개월 동안 두 번의 재배정을 통해서 신입사원들은 다른 부서에서도 수습 중이다. 재배정할 때마다 다음의 세 원칙 중 한 가지 원칙만 적용되었고, 같은 원칙은 다시 적용되지 않았다.

〈원칙〉
1. 기획팀에서 수습을 거친 사람과 총무팀에서 수습을 거친 사람은 서로 교체해야 하고, 영업팀에서 수습을 거친 사람과 홍보팀에서 수습을 거친 사람은 서로 교체한다.
2. 총무팀에서 수습을 거친 사람과 홍보팀에서 수습을 거친 사람만 서로 교체한다.
3. 여성 수습사원만 서로 교체한다.

① 갑 – 총무팀 　　② 을 – 영업팀

③ 을 – 총무팀 　　④ 정 – 영업팀

⑤ 정 – 총무팀

18 A, B, C, D, E, F가 달리기 경주를 하여 보기와 같은 결과를 얻었다. 1등부터 6등까지 순서대로 나열한 것은?

㉠ A는 D보다 먼저 결승점에 도착하였다.
㉡ E는 B보다 더 늦게 도착하였다.
㉢ D는 C보다 먼저 결승점에 도착하였다.
㉣ B는 A보다 더 늦게 도착하였다.
㉤ E가 F보다 더 앞서 도착하였다.
㉥ C보다 먼저 결승점에 들어온 사람은 두 명이다.

① A – D – C – B – E – F

② A – D – C – E – B – F

③ F – E – B – C – D – A

④ B – F – C – E – D – A

⑤ C – D – B – E – F – A

19 다음 글의 내용이 참일 때, 반드시 참인 것만을 모두 고른 것은?

전통문화 활성화 정책의 일환으로 일부 도시를 선정하여 문화관광특구로 지정할 예정이다. 특구 지정 신청을 받아본 결과, A, B, C, D, 네 개의 도시가 신청하였다. 선정과 관련하여 다음 사실이 밝혀졌다.
• A가 선정되면 B도 선정된다.
• B와 C가 모두 선정되는 것은 아니다.
• B와 D 중 적어도 한 도시는 선정된다.
• C가 선정되지 않으면 B도 선정되지 않는다.

㉠ A와 B 가운데 적어도 한 도시는 선정되지 않는다.
㉡ B도 선정되지 않고, C도 선정되지 않는다.
㉢ D는 선정된다.

① ㉠

② ㉡

③ ㉠, ㉢

④ ㉡, ㉢

⑤ ㉠, ㉡, ㉢

20 100명의 근로자를 고용하고 있는 ○○기관 인사팀에 근무하는 S는 고용노동법에 따라 기간제 근로자를 채용하였다. 제시된 법령의 내용을 참고할 때, 기간제 근로자로 볼 수 없는 경우는?

제10조

① 이 법은 상시 5인 이상의 근로자를 사용하는 모든 사업 또는 사업장에 적용한다. 다만 동거의 친족만을 사용하는 사업 또는 사업장과 가사사용인에 대하여는 적용하지 아니한다.

② 국가 및 지방자치단체의 기관에 대하여는 상시 사용하는 근로자의 수에 관계없이 이 법을 적용한다.

제11조

① 사용자는 2년을 초과하지 아니하는 범위 안에서(기간제 근로계약의 반복갱신 등의 경우에는 계속 근로한 총 기간이 2년을 초과하지 아니하는 범위 안에서) 기간제 근로자※를 사용할 수 있다. 다만 다음 각 호의 어느 하나에 해당하는 경우에는 2년을 초과하여 기간제 근로자로 사용할 수 있다.

1. 사업의 완료 또는 특정한 업무의 완성에 필요한 기간을 정한 경우
2. 휴직·파견 등으로 결원이 발생하여 당해 근로자가 복귀할 때까지 그 업무를 대신할 필요가 있는 경우
3. 전문적 지식·기술의 활용이 필요한 경우와 박사 학위를 소지하고 해당 분야에 종사하는 경우

② 사용자가 제1항 단서의 사유가 없거나 소멸되었음에도 불구하고 2년을 초과하여 기간제 근로자로 사용하는 경우에는 그 기간제 근로자는 기간의 정함이 없는 근로계약을 체결한 근로자로 본다.

※ 기간제 근로자라 함은 기간의 정함이 있는 근로계약을 체결한 근로자를 말한다.

---

① 수습기간 3개월을 포함하여 1년 6개월간 A를 고용하기로 근로계약을 체결한 경우

② 근로자 E의 휴직으로 결원이 발생하여 2년간 B를 계약직으로 고용하였는데, E의 복직 후에도 B가 계속해서 현재 3년 이상 근무하고 있는 경우

③ 사업 관련 분야 박사학위를 취득한 C를 계약직(기간제) 연구원으로 고용하여 C가 현재 3년간 근무하고 있는 경우

④ 국가로부터 도급받은 3년간의 건설공사를 완성하기 위해 D를 그 기간 동안 고용하기로 근로계약을 체결한 경우

⑤ 근로자 F가 해외 파견으로 결원이 발생하여 돌아오기 전까지 3년간 G를 고용하기로 근로계약을 체결한 경우

21 ◇◇자동차그룹 기술개발팀은 수소연료전지 개발과 관련하여 다음의 자료를 바탕으로 회의를 진행하고 있다. 잘못된 분석을 하고 있는 사람은?

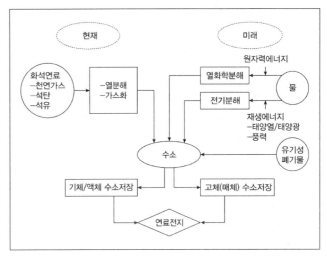

① 甲 : 현재는 석유와 천연가스 등 화석연료에서 수소를 얻고 있지만, 미래에는 재생에너지나 원자력을 활용한 수소 제조법이 사용될 것이다.

② 乙 : 수소는 기체, 액체, 고체 등 저장 상태에 관계없이 연료전지에 활용할 수 있다는 장점을 갖고 있다.

③ 丙 : 수소저장기술은 기체나 액체 상태로 저장하는 방식과 고체(매체)로 저장하는 방식으로 나눌 수 있다.

④ 丁 : 수소를 제조하는 기술에는 화석연료를 전기분해하는 방법과 재생에너지를 이용하여 물을 열분해하는 두 가지 방법이 있다.

⑤ 戊 : 수소는 물, 석유, 천연가스 및 유기성 폐기물 등에 함유되어 있으므로, 다양한 원료로부터 생산할 수 있다는 장점을 갖고 있다.

22 사람들은 살아가면서 많은 소비를 하게 되며, 그에 따른 의사 결정을 하게 된다. 이렇듯 소비자 의사 결정이라고 불리는 이 과정은 크게 문제 인식, 정보 탐색, 대안 평가 및 선택, 결정, 구매 및 평가의 순서로 진행된다. 하지만 모든 소비자가 이러한 과정을 준수하여 소비하지는 않으며, 순서가 바뀌거나 또는 건너뛰는 경우도 있다. 다음의 사례는 5명의 사람이 여름휴가철을 맞아 드넓은 동해바다 앞의 게스트 하우스를 예약하고 이를 찾아가기 위해 활용할 교통수단을 놓고 선택에 대한 고민을 하고 있다. 이 부분은 소비자 의사 결정과정 중 대안평가 및 선택에 해당하는 부분인데, 아래의 조건들은 대안을 평가하는 방식들을 나열한 것이다. 이들 중 ㉠의 내용을 참고하여 보완적 평가방식을 활용해 목적지까지 가는 동안의 이동수단으로 가장 적절한 것을 고르면?

```
Ⅰ. 조건
㉠ 보완적 평가방식이란 각각의 상표에 있어 어떤 속성의 약점
   을 다른 속성의 강점에 의해 보완하여 전반적인 평가를 내
   리는 방식을 말한다.
㉡ 사전편집식이란 가장 중요시하는 평가기준에서 최고로 평가
   되는 상표를 선택하는 방식을 말한다.
㉢ 순차적 제거식이란 중요하게 생각하는 특정 속성의, 최소
   수용기준을 설정하고 난 뒤에 그 속성에서 수용 기준을 만
   족시키지 못하는 상표를 제거해 나가는 방식을 말한다.
㉣ 결합식이란, 상표 수용을 위한 최소 수용기준을 모든 속성에
   대해 마련하고, 각 상표별로 모든 속성의 수준이 최소한의
   수용 기준을 만족시키는가에 따라 평가하는 방식을 말한다.
```

```
Ⅱ. 내용
```

평가기준	중요도	이동수단들의 가치 값				
		비행기	고속철도	고속버스	오토바이	도보
속도감	40	9	8	2	1	1
경제성	30	2	5	8	9	1
승차감	20	4	5	6	2	1

① 고속철도
② 비행기
③ 오토바이
④ 고속버스
⑤ 도보

23 다음은 철도운행 안전관리자의 자격취소·효력정지 처분에 대한 내용이다. 다음의 내용을 참고하였을 때 옳지 않은 설명은? (단, 사고는 모두 철도운행 안전관리자의 고의 또는 중과실로 일어났다고 본다.)

```
1. 일반기준
㉠ 위반행위가 둘 이상인 경우로서 그에 해당하는 각각의 처분
   기준이 다른 경우에는 그중 무거운 처분기준에 따르며, 위
   반행위가 둘 이상인 경우로서 그에 해당하는 각각의 처분
   기준이 같은 경우에는 무거운 처분기준의 2분의 1까지 가
   중하되, 각 처분기준을 합산한 기간을 초과할 수 없다.
㉡ 위반행위의 횟수에 따른 행정처분의 기준은 최근 1년간 같
   은 위반행위로 행정처분을 받은 경우에 적용한다. 이 경우
   행정처분 기준의 적용은 같은 위반행위에 대하여 최초로
   행정처분을 한 날과 그 처분 후의 위반행위가 다시 적발된
   날을 기준으로 한다.
2. 개별기준
```

위반사항 및 내용	처분기준		
	1차 위반	2차 위반	3차 위반
• 거짓이나 그 밖의 부정한 방법으로 철도운행 안전관리자 자격을 받은 경우	자격 취소		
• 철도운행 안전관리자 자격의 효력정지 기간 중 철도운행 안전관리자 업무를 수행한 경우	자격 취소		
• 철도운행 안전관리자 자격을 다른 사람에게 대여한 경우	자격 취소		
• 철도운행 안전관리자의 업무 수행 중 고의 또는 중과실로 인한 철도사고가 일어난 경우			
1) 사망자가 발생한 경우	자격 취소		
2) 부상자가 발생한 경우	효력 정지 6개월	자격 취소	
3) 1천만 원 이상 물적 피해가 발생한 경우	효력 정지 3개월	효력 정지 6개월	자격 취소
• 약물을 사용한 상태에서 철도운행 안전 관리자 업무를 수행한 경우	자격 취소		
• 술을 마신 상태의 기준을 넘어서 철도 운행 안전관리자 업무를 하다가 철도사 고를 일으킨 경우	자격 취소		
• 술을 마신상태에서 철도운행 안전관리 자 업무를 수행한 경우	효력 정지 3개월	자격 취소	
• 술을 마시거나 약물을 사용한 상태에서 업무를 하였다고 인정할만한 상당한 이 유가 있음에도 불구하고 확인이나 검사 요구에 불응한 경우	자격 취소		

① 영호씨는 부정한 방법으로 철도운행 안전관리자 자격을 얻은 사실이 확인되어 자격이 취소되었다.

② 6개월 전 중과실 사고로 인해 효력정지 3개월의 처분을 받은 민수씨가 다시 철도운행 안전관리자의 업무 수행 중 2천만 원의 물적 피해를 입히는 사고를 일으켰다면 효력정지 6개월의 처분을 받게 된다.

③ 지만씨는 업무 수행 도중 사망자가 발생하는 사고를 일으켜 철도운행 안전관리자의 자격이 취소되었다.

④ 입사 후 처음으로 음주 상태에서 철도운행 안전관리자 업무를 수행한 정혜씨는 효력정지 3개월 처분을 받았다.

⑤ 위반행위가 없었던 경호씨는 이번 달 업무 수행 중 1천만 원의 물적 피해와 부상자가 발생하는 사고를 일으켰고 효력정지 3개월의 처분을 받았다.

---

24 다음 〈조건〉을 근거로 판단할 때, 〈보기〉에서 옳은 것만을 모두 고르면?

〈조건〉

· 인공지능 컴퓨터와 매번 대결할 때마다, 甲은 A, B, C전략 중 하나를 선택할 수 있다.

· 인공지능 컴퓨터는 대결을 거듭할수록 학습을 통해 각각의 전략에 대응하므로, 동일한 전략을 사용할수록 甲이 승리할 확률은 하락한다.

· 각각의 전략을 사용한 횟수에 따라 각 대결에서 甲이 승리할 확률은 아래와 같고, 甲도 그 사실을 알고 있다.

· 전략별 사용횟수에 따른 甲의 승률

(단위 : %)

전략별 사용횟수 전략종류	1회	2회	3회	4회
A전략	60	50	40	0
B전략	70	30	20	0
C전략	90	40	10	0

㉠ 甲이 총 3번의 대결을 하면서 각 대결에서 승리할 확률이 가장 높은 전략부터 순서대로 선택한다면, 3가지 전략을 각각 1회씩 사용해야 한다.

㉡ 甲이 총 5번의 대결을 하면서 각 대결에서 승리할 확률이 가장 높은 전략부터 순서대로 선택한다면, 5번째 대결에서는 B전략을 사용해야 한다.

㉢ 甲이 1개의 전략만을 사용하여 총 3번의 대결을 하면서 3번 모두 승리할 확률을 가장 높이려면, A전략을 선택해야 한다.

㉣ 甲이 1개의 전략만을 사용하여 총 2번의 대결을 하면서 2번 모두 패배할 확률을 가장 낮추려면, A전략을 선택해야 한다.

① ㉠, ㉡

② ㉠, ㉢

③ ㉡, ㉣

④ ㉠, ㉢, ㉣

⑤ ㉡, ㉢, ㉣

---

25 어느 날 진수는 직장선배로부터 '직장 내에서 서열과 직위를 고려한 소개의 순서'를 정리하라는 요청을 받았다. 진수는 다음의 내용처럼 정리하고 직장선배에게 보여 주었다. 하지만 직장선배는 세 가지 항목이 틀렸다고 지적하였다. 지적을 받은 세 가지 항목은 무엇인가?

㉠ 연소자를 연장자보다 먼저 소개한다.

㉡ 같은 회사 관계자를 타 회사 관계자에게 먼저 소개한다.

㉢ 상급자를 하급자에게 먼저 소개한다.

㉣ 동료임원을 고객, 방문객에게 먼저 소개한다.

㉤ 임원을 비임원에게 먼저 소개한다.

㉥ 되도록 성과 이름을 동시에 말한다.

㉦ 상대방이 항상 사용하는 경우라면 Dr, 등의 칭호를 함께 언급한다.

㉧ 과거 정부 고관일지라도, 전직인 경우 호칭사용은 결례이다.

① ㉠, ㉡, ㉥

② ㉢, ㉤, ㉧

③ ㉣, ㉤, ㉥

④ ㉣, ㉤, ㉧

⑤ ㉣, ㉦, ㉧

---

26 다음 조직도를 올바르게 이해한 사람은 누구인가?

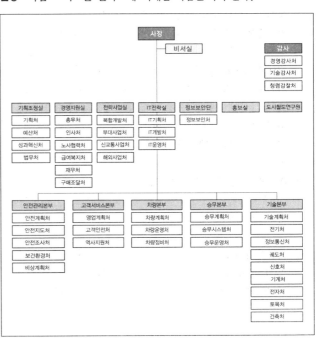

① 경영감사처는 사장 직속이 아니라 감사 산하에 별도로 소속되어 있다.

② 5본부가 사장 직속으로 구성되어 있다.

③ 7실 44처로 구성되어 있다.

④ 사장, 감사, 본부, 실, 단, 원, 처로 분류할 수 있다.

⑤ 기술본부는 9개의 처로 구성되어 있다.

제○○조(결재)

① 기안한 문서는 결재권자의 결재를 받아야 효력이 발생한다.

② 결재권자는 업무의 내용에 따라 이를 위임하여 전결하게 할 수 있으며, 이에 대한 세부사항은 따로 규정으로 정한다. 결재권자가 출장, 휴가, 기타의 사유로 상당한 기간 동안 부재중일 때에는 그 직무를 대행하는 자가 대결할 수 있되, 내용이 중요한 문서는 결재권자에게 사후에 보고(후열)하여야 한다.

③ 결재에는 완결, 전결, 대결이 있으며 용어에 대한 정의와 결재방법은 다음과 같다.

   1. 완결은 기안자로부터 최종 결재권자에 이르기까지 관계자가 결재하는 것을 말한다.

   2. 전결은 사장이 업무내용에 따라 각 부서장에게 결재권을 위임하여 결재하는 것을 말하며, 전결하는 경우에는 전결하는 자의 서명 란에 '전결'표시를 하고 맨 오른쪽 서명 란에 서명하여야 한다.

   3. 대결은 결재권자가 부재중일 때 그 직무를 대행하는 자가 하는 결재를 말하며, 대결하는 경우에는 대결하는 자의 서명 란에 '대결'표시를 하고 맨 오른쪽 서명 란에 서명하여야 한다.

제○○조(문서의 등록)

① 문서는 당해 마지막 문서에 대한 결재가 끝난 즉시 결재 일자순에 따라서 번호를 부여하고 처리과별로 문서등록대장에 등록하여야 한다. 동일한 날짜에 결재된 문서는 조직내부 원칙에 의해 우선순위 번호를 부여한다. 다만, 비치문서는 특별한 규정이 있을 경우를 제외하고는 그 종류별로 사장이 정하는 바에 따라 따로 등록할 수 있다.

② 문서등록번호는 일자별 일련번호로 하고, 내부결재문서인 때에는 문서등록대장의 수신처란에 '내부결재'표시를 하여야 한다.

③ 처리과는 당해 부서에서 기안한 모든 문서, 기안형식 외의 방법으로 작성하여 결재권자의 결재를 받은 문서, 기타 처리과의 장이 중요하다고 인정하는 문서를 제1항의 규정에 의한 문서등록대장에 등록하여야 한다.

④ 기안용지에 의하여 작성하지 아니한 보고서 등의 문서는 그 문서의 표지 왼쪽 위의 여백에 부서기호, 보존기간, 결재일자 등의 문서등록 표시를 한 후 모든 내용을 문서등록대장에 등록하여야 한다.

27 다음 중 '갑'사의 결재 및 문서의 등록 규정을 올바르게 이해하지 못한 것은?

① '대결'은 결재권자가 부재중일 경우 직무대행자가 행하는 결재 방식이다.

② 최종 결재권자는 여건에 따라 상황에 맞는 전결권자를 지정할 수 있다.

③ '전결'과 '대결'은 문서 양식상의 결재방식이 동일하다.

④ 문서등록대장은 매년 1회 과별로 새롭게 정리된다.

⑤ 기안문과 보고서 등 모든 문서는 결재일자가 기재되며 그 일자에 따라 문서등록대장에 등록된다.

28 '갑'사에 근무하는 직원의 다음과 같은 결재 문서 관리 및 조치 내용 중 규정에 따라 적절하게 처리한 것은?

① A 대리는 같은 날짜에 결재된 문서 2건을 같은 문서번호로 분류하여 등록하였다.

② B 대리는 중요한 내부 문서에는 '내부결재'를 표시하였고, 그 밖의 문서에는 '일반문서'를 표시하였다.

③ C 과장은 부하 직원에게 문서등록대장에 등록된 문서 중 결재 문서가 아닌 것도 포함될 수 있다고 알려주었다.

④ D 사원은 문서의 보존기간은 보고서에 필요한 사항이며 기안 문서에는 기재할 필요가 없다고 판단하였다.

⑤ 본부장이 최종 결재권자로 위임된 문서를 본부장 부재 시에 팀장이 최종 결재하게 되면, 팀장은 '전결' 처리를 한 것이다.

29 다음 시트의 [D10]셀에서 =DCOUNT(A2:F7,4,A9:B10)을 입력했을 때 결과 값으로 옳은 것은?

	A	B	C	D	E	F
1	4차 산업혁명 주요 테마별 사업체당 종사자 수					
2		2015	2016	2017	2018	2019
3	자율주행	24.2	21.2	21.9	20.6	20
4	인공지능	22.6	17	19.2	18.7	18.7
5	빅데이터	21.8	17.5	18.9	17.8	18
6	드론	43.8	37.2	40.5	39.6	39.7
7	3D프린팅	25	18.6	21.8	22.7	22.6
8						
9	2015	2019				
10	<25	>19				

① 0

② 1

③ 2

④ 3

⑤ 4

30 원모와 친구들은 여름휴가를 와서 바다에 입수하기 전 팬션 1층에 모여 날씨가 궁금해 인터넷을 통해 날씨를 보고 있다. 이때 아래에 주어진 조건을 참조하여 원모와 친구들 중 주어진 날씨 데이터를 잘못 이해한 사람을 고르면?

(조건 1) 현재시간은 월요일 오후 15시이다.
(조건 2) 5명의 휴가기간은 월요일 오후 15시(팬션 첫날)부터 금요일 오전 11시(팬션 마지막 날)까지이다.

① 원모 : 우리 팬션 퇴실하는 날에는 우산을 준비 해야겠어.
② 형일 : 내일 오전에는 비가 와서 우산 없이는 바다를 보며 산책하기는 어려울 것 같아.
③ 우진 : 우리들이 휴가 온 이번 주 날씨 중에서 수요일 오후 온도가 가장 높아.
④ 연철 : 자정이 되면 지금보다 온도가 더 높아져서 열대야 현상으로 인해 오늘밤 잠을 자기가 힘들 거야.
⑤ 규호 : 오늘 미세먼지는 보통수준이야.

31 다음의 알고리즘에서 인쇄되는 S는?

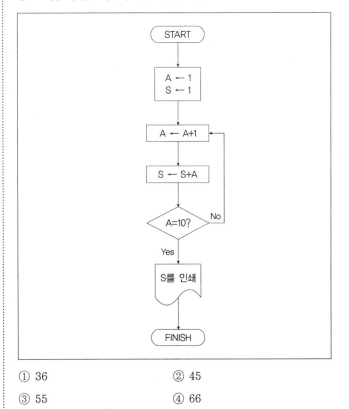

① 36
② 45
③ 55
④ 66
⑤ 75

32 다음은 총무팀 오 과장이 팀장으로부터 지시받은 이번 주 업무 내역이다. 팀장은 오 과장에게 가급적 급한 일보다 중요한 일을 먼저 처리해 줄 것을 당부하며 아래의 일들에 대한 시간 분배를 잘 해 줄 것을 지시하였는데, 팀장의 지시사항을 참고로 오 과장이 처리해야 할 업무를 순서대로 바르게 나열한 것은?

Ⅰ 긴급하면서 중요한 일	Ⅱ 긴급하지 않지만 중요한 일
- 부서 손익실적 정리(A) - 개인정보 유출 방지책 마련(B) - 다음 주 부서 야유회 계획 수립(C)	- 월별 총무용품 사용현황 정리(D) - 부산 출장계획서 작성(E) - 내방 고객 명단 작성(F)
Ⅲ 긴급하지만 중요하지 않은 일	Ⅳ 긴급하지 않고 중요하지 않은 일
- 민원 자료 취합 정리(G) - 영업부 파티션 교체 작업 지원(H) - 출입증 교체 인원 파악(I)	- 신입사원 신규 출입증 배부(J) - 프린터기 수리 업체 수배(K) - 정수기 업체 배상 청구 자료 정리(L)

① (D) - (A) - (G) - (K)
② (B) - (E) - (J) - (H)
③ (A) - (G) - (E) - (K)
④ (B) - (F) - (G) - (L)
⑤ (I) - (E) - (C) - (J)

33 다음과 같은 상황에서 길동이가 '맛나 음식점'에서 계속 일하기 위한 최소한의 연봉은 얼마인가?

현재 '맛나 음식점'에서 일하고 있는 길동이는 내년도 연봉 수준에 대해 '맛나 음식점' 사장과 협상을 하고 있다. 길동이는 협상이 결렬될 경우를 대비하여 퓨전 음식점 T의 개업을 고려하고 있다. 시장 조사 결과는 다음과 같다.
• 보증금 3억 원(은행에서 연리 7.5%로 대출 가능)
• 임대료 연 3,000만 원
• 연간 영업비용
 − 직원 인건비 8,000만 원
 − 음식 재료비 7,000만 원
 − 기타 경비 6,000만 원
• 연간 기대 매출액 3.5억 원

① 8,600만 원   ② 8,650만 원
③ 8,700만 원   ④ 8,750만 원
⑤ 8,800만 원

34 다음 표는 E통신사에서 시행하는 이동 통화 요금제 방식이다. 다음과 같은 방식으로 통화를 할 경우, 한 달 평균 이동전화 사용 시간이 몇 분 초과일 때부터 B요금제가 유리한가?

요금제	기본 요금(원)	1분당 전화 요금(원)
A	15,000	180
B	18,000	120

① 35분   ② 40분
③ 45분   ④ 50분
⑤ 55분

35 다음은 장식품 제작 공정을 나타낸 것이다. 이에 대한 설명으로 옳은 것만을 〈보기〉에서 있는 대로 고른 것은? (단, 주어진 조건 이외의 것은 고려하지 않는다)

〈조건〉
• A~E의 모든 공정 활동을 거쳐 제품이 생산되며, 제품 생산은 A 공정부터 시작된다.
• 각 공정은 공정 활동별 한 명의 작업자가 수행하며, 공정 간 부품의 이동 시간은 고려하지 않는다.

〈작업순서〉

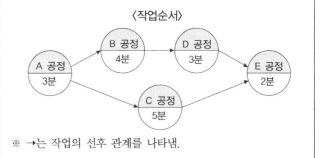

※ →는 작업의 선후 관계를 나타냄.

〈보기〉
㉠ 첫 번째 완제품은 생산 시작 12분 후에 완성된다.
㉡ 제품은 최초 생산 후 매 3분마다 한 개씩 생산될 수 있다.
㉢ C 공정의 소요 시간이 2분 지연되어도 첫 번째 완제품을 생산하는 총소요시간은 변화가 없다.

① ㉠
② ㉡
③ ㉠, ㉢
④ ㉡, ㉢
⑤ ㉠, ㉡, ㉢

36 다음은 ㈜달라의 휴대폰 매뉴얼 중 주의사항 일부를 나타낸 것이다. 아래의 내용을 참조하여 서술한 내용으로 가장 적절하지 않은 것을 고르면?

㈜달라의 휴대폰 사용 시 주의사항

본 기기 사용 전 아래의 지시사항을 지키지 않을 경우 사용자는 심각한 상해를 입거나 사망할 수 있으므로 주의를 요합니다.

□ 화재주의
- 충전단자나 외부접속단자 (microUSB 접속단자)에 전도성 이물질 (금속 조각, 연필심 등)을 접촉시키거나 내부로 넣지 마세요.
- 사용 중이나 충전 중에 이불 등으로 덮거나 또는 감싸지 마세요.
- 배터리가 새거나 냄새가 날 때는 즉시 사용을 중지하고 화기에서 멀리 두세요. 새어 나온 액체에 불이 붙거나 발화, 파열의 원인이 될 수 있습니다.
- 일반 쓰레기와 같이 버리지 마세요. 발화 및 환경파괴의 원인이 됩니다.

□ 피부손상 주의
- 휴대전화의 인터넷, 동영상, 게임 등을 장시간 사용 시에 제품 표면의 온도가 올라갈 수 있으므로 사용을 잠시 중단하세요.
- 신체의 일부가 오랜 시간 휴대전화에 닿지 않도록 하세요. 휴대전화 장시간 사용 중 오랫동안 피부에 접촉 시 피부가 약한 분들은 저온화상의 우려가 있기 때문에 사용에 있어서 주의를 요합니다.

□ 충전 시 주의
- USB 아이콘이 위로 향한 채 꽂으세요. 반대로 하게 되면 제품에 치명적인 손상을 줄 수 있습니다.
- 충전 중에 사용 시 감전의 우려가 있을 수 있으니 반드시 충전기와 분리 후에 사용하세요.
- 충전기 또는 배터리 단자 등에 이상이 있을 시에 무리한 충전을 하지 말고 ㈜달라 고객 상담실 (Tel : 1544-1234)로 문의하신 후에 가까운 ㈜달라 서비스센터로 가서 제품을 확인 받으시기 바랍니다. (화재의 위험이 있습니다.)

---

① 해당 제품은 환경파괴의 원인으로 작용하므로 일반 쓰레기하고 같이 버리면 안 된다.

② 해당 제품의 오랜 사용으로 인해 피부에 장시간 맞닿아 있게 되면 피부가 약한 사람의 경우 저온화상을 입을 수 있다.

③ 핸드폰 충전 시 치명적인 손상을 방지하기 위해 USB 아이콘이 위로 향하는 방향으로 꽂아야 한다.

④ 해당 제품인 핸드폰을 게임이나 동영상 등에 오래 사용할 경우 제품에 온도가 높아질 수 있으므로 이러한 경우에는 핸드폰의 사용을 중단해야 한다.

⑤ 핸드폰 사용 시에 배터리 부분에서 냄새가 나게 되는 경우에 핸드폰 전원을 꺼야 한다.

37 다음은 A, B 사원의 직업 기초 능력을 평가한 결과이다. 이에 대한 설명으로 가장 적절한 것은?

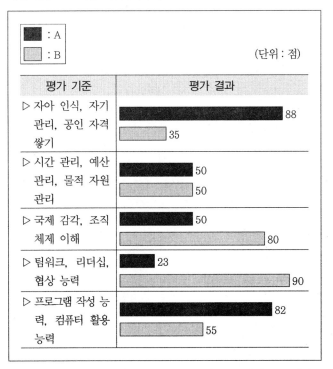

① A는 B보다 스스로를 관리하고 개발하는 능력이 우수하다.

② A는 B보다 조직의 체제와 경영을 이해하는 능력이 우수하다.

③ A는 B보다 업무 수행 시 만나는 사람들과 원만하게 지내는 능력이 우수하다.

④ B는 A보다 정보를 검색하고 정보 기기를 활용하는 능력이 우수하다.

⑤ B는 A보다 업무 수행에 필요한 시간, 자본 등의 자원을 예측 계획하여 할당하는 능력이 우수하다.

38 다음 중 팀워크에 관한 설명에 부합하는 사례로 옳은 것은?

> 팀워크란 팀 구성원이 공동의 목적을 달성하기 위해 상호 관계성을 가지고 서로 협력하여 일을 해나가는 것을 말한다. 좋은 팀워크를 유지한다고 해서 의견충돌이나 갈등이 없는 것이 아니지만 구성원은 상호 신뢰하고 존중하고 각자 역할과 책임을 다하므로 의견충돌이나 갈등상황이 지속되지 않고 효율적으로 업무를 추진하다. 이러한 조직에서는 이기주의 또는 자의식 과잉 등 개인을 우선하는 분위기, 팀 내 분열을 조장하는 파벌주의, 비효율적 업무처리 등 팀워크를 저해하는 요소를 찾을 수 없다.

> 〈사례〉
> ㉠ 평소 구성원 간 협동 또는 교류보다는 경쟁을 모토로 삼는 A팀은 올 상반기 매출실적이 사내 1위였다.
> ㉡ B팀은 지난주 회의 때 ○○제품의 출시일자를 두고 의견이 갈려 결론을 내지 못했지만, 이번 회의에서는 토론 및 설득을 통해 출시일자를 늦추자는 방안을 만장일치로 채택하였다.
> ㉢ C팀은 팀원 간 사적으로 친밀하고 단합을 중시하여 화기애애한 분위기이지만 사적인 관계로 인해 업무처리 속도가 다른 팀에 비하여 떨어지고 실수가 잦다.

① ㉠
② ㉡
③ ㉢
④ ㉠, ㉢
⑤ ㉡, ㉢

39 스마트 트레인과 관련하여 CBM 시스템을 설명하는 甲과 乙의 말에서 알 수 있는 직업윤리의 덕목은 무엇인가?

> 甲 : "CBM(Condition Based Maintenance) 시스템은 4차산업혁명의 핵심인 ABC 산업으로 불리는 AI, Big Data, Cloud 이 세 가지가 모두 집약되어 최적의 차량 유지보수를 가능하게 합니다. CBM 시스템과 연결된 운전실 디스플레이나 운영자 및 정비자에게 태블릿 PC로 열차상태를 실시간으로 확인할 수 있습니다. 이런 경우, 정해진 방법에 따라 운전자는 조속한 고장 조치를 취할 수 있으며, 이러한 정보는 서버를 통해 자동으로 운영자 및 유지보수자에게 전달되어 열차의 운행일정과 유지보수 일정의 효율적인 계획을 수립할 수 있습니다. 저는 이러한 CBM 시스템을 개발하는 것이 누구나 할 수 있는 것은 아니며 교육을 통한 지식과 경험을 갖추어야만 가능한 것임을 알고 있기에 제가 알고 있는 지식을 총 동원하여 최고의 시스템을 개발하기 위해 앞으로 더욱 노력할 것입니다."
>
> 乙 : "CBM 시스템은 차량과 지상 양쪽에서 모두 열차 상태에 대해 실시간 모니터링이 가능합니다. 현재 운행되는 열차는 유지보수 매뉴얼 등 별도의 문서 없이는 정비 인력이 설계나 유지보수 방법을 모두 파악하기 어렵습니다. 여기서 CBM 시스템을 이용하면 이러한 문제도 쉽게 해결할 수 있습니다. CBM 시스템에 연결된 모바일 장비 또는 사무실의 PC에서 웹 기반의 빅데이터 분석 플랫폼에 접속하여 각 고장에 대한 유지보수 메뉴를 클릭하면 고장과 관련된 데이터와 작업 지시서를 확인할 수 있습니다. 작업지시서에는 작업 매뉴얼과 관련 부품 재고, 위치 등 유지보수 작업에 필요한 모든 정보가 표시되어 엔지니어가 차량의 고장에 효율적으로 대처할 수 있습니다. 차량의 부품에도 각각 센서를 부착해 마모 상태 등을 측정한 후 정말 문제가 있을 때에 한해서 교체하게 되면 불필요한 비용을 절감할 수 있게 됩니다. 저는 평소에도 스마트 트레인 분야에 관심이 많았는데 이러한 시스템을 개발하는 것은 저에게 딱 맞는 일이라고 생각합니다. 앞으로도 긍정적인 생각을 갖고 업무 수행을 원활히 하도록 노력할 것입니다."

	甲	乙
①	전문가의식	천직의식
②	전문가의식	직분의식
③	천직의식	전문가의식
④	천직의식	소명의식
⑤	소명의식	직분의식

40 당신은 서울교통공사 입사 지원자이다. 서류전형 통과 후, NCS 기반의 면접을 보기 위해 면접장에 들어가 있는데, 면접관이 당신에게 다음과 같은 질문을 하였다. 다음 중 면접관의 질문에 대한 당신의 대답으로 가장 적절한 것은?

> 면접관 : 최근 많은 회사들이 윤리경영을 핵심 가치로 내세우며, 개혁을 단행하고 있습니다. 그건 저희 회사도 마찬가지입니다. 윤리경영을 단행하고 있는 저희 회사에 도움이 될 만한 개인 사례를 말씀해 주시기 바랍니다.
>
> 당신 : (   )

① 저는 시간관념이 철저하므로 회의에 늦은 적이 한 번도 없습니다.

② 저는 총학생회장을 역임하면서, 맡은 바 책임이라는 것이 무엇인지 잘 알고 있습니다.

③ 저는 상담사를 준비한 적이 있어서, 타인의 말을 귀 기울여 듣는 것이 얼마나 중요한지 알고 있습니다.

④ 저는 동아리 생활을 할 때, 항상 동아리를 사랑하는 마음으로 남들보다 먼저 동아리실을 청소하고, 시설을 유지하기 위해 노력했습니다.

⑤ 저는 모든 일이 투명하게 이뤄져야 한다고 생각합니다. 그래서 어린 시절 반에서 괴롭힘을 당하는 친구가 있으면 일단 선생님께 말씀드리곤 했습니다.

1 아래의 내용을 주장한 학자와 그에 대한 설명으로 옳은 것은?

> ㉠ 안정적이면서 명확한 권한계층
> ㉡ 태도 및 대인관계의 비개인성
> ㉢ 과업전문화에 기반한 체계적인 노동의 분화
> ㉣ 규제 및 표준화된 운용절차의 일관된 시스템

① 메이요 – 호손실험으로 인간에 대한 관심을 높이는 계기를 마련하였다.

② 테일러 – 기계적, 폐쇄적 조직관 및 경제적 인간관이라는 가정을 기반으로 과학적 관리론을 제시하였다.

③ 페이욜 – 기업조직의 전체적인 관리의 측면에서 관리원칙을 주장하였다.

④ 막스 베버 – 권한구조에 대한 이론에 기반을 둔 관료제 이론을 제시하였다.

⑤ 민츠버그 – 기업경영조직의 형태를 단순구조, 기계적 관료제, 전문적 관료제, 사업부제, 애드호크라시로 구분하였다.

2 아래의 그림과 같은 커뮤니케이션 네트워크 유형에 대한 설명으로 가장 바르지 않은 것은?

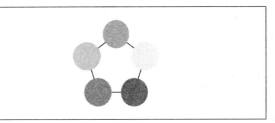

① 문제해결 속도는 느린 편에 속한다.

② 단순한 문제일 경우 높은 정확성을 보이지만, 문제가 복잡해질수록 정확성이 낮아진다.

③ 구성원들의 만족감은 대체적으로 높은 편이다.

④ 리더 등장 가능성이 없다.

⑤ 집단 구성원 간에 뚜렷한 서열이 없는 경우에 나타나는 형태이다.

3 다음의 내용은 기업결합의 유형 중 어느 것에 대한 것인가?

> 생산은 독립성을 유지, 판매는 공동판매회사를 통해 이루어진다.

① 카르텔(Kartell)
② 트러스트(Trust)
③ 콤비나트(Kombinat)
④ 신디케이트(Syndicate)
⑤ 콘체른(Concern)

4 기업의 형태에 대한 각 설명 중 옳지 않은 것은?

① 합명회사 : 무한책임사원은 회사에 출자를 해야 하고, 지분 양도 시에 다른 사원의 동의가 필요하여 회사 자본의 유출을 방지할 수 있다.
② 합자회사 : 유한책임사원과 무한책임사원이 혼합되어 있는 회사로, 전자는 업무집행, 후자는 감시의 역할을 맡는다.
③ 주식회사 : 소유는 주주, 경영은 이사가 하는 소유와 경영이 분리된 형태로, 주주총회, 이사회, 감사 등이 특징이다.
④ 유한책임회사 : 1인 이상의 유한책임사원으로만 구성되어 있으며, 회사를 대표하는 업무집행자를 선정하여 회사를 운영한다.
⑤ 유한회사 : 주식회사에 비해 설립 절차가 비교적 간단하지만, 사채발행이 불가능하기 때문에 투자 유치 또는 대규모의 자본 조달이 어려운 편이다.

5 다음 중 마이클 포터(M. E. Porter)의 경쟁전략 5요소에 해당하지 않는 것은?

① 구매자
② 대체품
③ 공급자
④ 산업 내 경쟁자
⑤ 중간상

6 다음 괄호 안에 들어갈 말을 순서대로 바르게 묶은 것을 고르면?

> • 기술적 활동 : 생산, 제조, 가공
> • 재무적 활동 : 자본의 조달 및 운용
> • (㉠) 활동 : 판매, 구매, 교환
> • 회계적 활동 : 원가, 통계, 대차대조표
> • (㉡) 활동 : 재산 및 구성원의 보호
> • 관리적 활동 : 계획, 조직, 명령, 조정, 통제

① ㉠ 보전적, ㉡ 상업적
② ㉠ 물류적, ㉡ 보전적
③ ㉠ 통제적, ㉡ 물류적
④ ㉠ 보전적, ㉡ 통제적
⑤ ㉠ 상업적, ㉡ 보전적

7 로크(Locke)의 목표설정이론(goal-setting theory)에 기초한 주장으로 옳지 않은 것은?

① 추상적인 목표의 제시는 목표 실행자의 창의력을 증진시켜 성과를 높일 수 있게 해 준다.
② 적절한 피드백의 제공은 성과 향상의 필요조건이다.
③ 목표 실행자의 목표설정과정 참여는 목표에 대한 이해도를 향상시켜 성과를 높일 수 있게 해 준다.
④ 목표달성에 대한 적절한 보상은 성과 향상을 위한 필요조건이다.
⑤ 효과의 장기간 유지가 힘들고 목표를 계량적으로 측정하기 힘든 직무에는 적용하기 어렵다..

8 MBO에 대한 다음의 설명 중 바르지 않은 것은?

① 평가의 근거는 목표의 달성여부가 된다.
② 맥그리거의 X이론을 발전시켜 적용하였다.
③ 과정은 설정 → 활동 → 평가 등 크게 3단계로 나누어진다.
④ 조직의 목표달성에 집중하므로 효율성이 높인다는 장점이 있다.
⑤ 단기적인 목표를 강조하며, 그 목표 역시 비탄력적이라는 단점이 있다.

9 조직행동론에서 구체적인 목표는 여러 의존적 변수 (Dependent Variables)들을 어떠한 좋은 방향으로 관리할 것인가에 달려 있는데, 이에 해당하지 않는 것은 무엇인가?

① 결근여부   ② 생산성
③ 급여   ④ 직업만족도
⑤ 이직

10 다음 중 기대이론에 대한 설명으로 바르지 않은 것은?

① 수단성이론, 기대 – 유의성이론 이라고도 한다.
② 성과 = F [M(모티베이션) × A(능력)]으로 나타낸다.
③ 기대이론은 내용구성이 단순하여 검증자체가 용이하다.
④ 기대이론은 개인목표와 조직목표를 합치시키기 위한 많은 전략과 전술을 제시해 주고 있다.
⑤ 동기부여(M) = 기대(E) × 수단성(I) × 유의성(V)으로 나타낸다.

11 다음 중 Maslow의 욕구 단계설을 수정해서 인간의 욕구를 존재욕구(Existence Needs), 관계욕구(Relatedness Needs), 성장욕구(Growth Needs)의 3단계로 구분한 ERG이론을 제시한 학자는?

① Simon   ② Locke
③ Mcclleland   ④ Alderfer
⑤ Kotler

12 다음 괄호 안에 들어갈 말을 순서대로 바르게 나열한 것은?

> (㉠)은/는 직무분석자가 직무수행을 하는 종업원의 행동을 관찰한 것을 토대로 직무를 판단하는 것을 말하고, (㉡)은/는 해당 직무를 수행하는 종업원과 직무분석자가 서로 대면해서 직무정보를 취득하는 방법을 말하며, (㉢)은/는 질문지를 통해 종업원에 대한 직무정보를 취득하는 방법을 말한다.

① ㉠ 관찰법, ㉡ 워크샘플링법, ㉢ 중요사건서술법
② ㉠ 관찰법, ㉡ 작업기록법, ㉢ 질문지법
③ ㉠ 관찰법, ㉡ 중요사건서술법, ㉢ 질문지법
④ ㉠ 관찰법, ㉡ 면접법, ㉢ 질문지법
⑤ ㉠ 관찰법, ㉡ 워크샘플링법, ㉢ 질문지법

13 소품종 대량생산시스템에서 품목의 수를 증대시키기 위해 사용되는 방식은?

① 모듈러 설계
② 제조 용이성 설계
③ 로버스트 설계
④ 재고보충 설계
⑤ 공정 설계

14 다음 중 성격이 다른 하나는?

① 경기지표법   ② 최소자승법
③ 지수평활법   ④ 이동평균법
⑤ 목측법

15 다음 중 MRP의 효율적 적용을 위한 가정으로 보기 어려운 것은?

① 모든 조립구성품은 조립을 착수하는 시점에서부터 활용이 가능해야 한다.
② 제조공정은 상호보완적이어야 한다.
③ 자재명세서의 자료와 재고기록서의 자료가 일치해야 한다.
④ 모든 자료에 대한 조달기간의 파악이 이루어질 수 있어야 한다.
⑤ 모든 품목은 저장이 가능해야 하고, 매출행위가 있어야 한다.

16 다음 중 델파이법(Delphi Method)에 대한 설명으로 바르지 않은 것은?

① 델파이법은 가능성 있는 미래기술개발 방향과 시기 등에 대한 정보를 취득하기 위한 방식이다.
② 델파이법은 생산예측의 방법 중에서 인과적 방법에 해당하는 방식이다.
③ 주로 집단의 의견들을 조정 및 통합하거나 개선시키기 위해 활용한다.
④ 델파이법은 회합 시에 발생하기 쉬운 심리적 편기의 배제가 가능하다.
⑤ 델파이법은 회답자들에 따른 가중치를 부여하기 어렵다는 단점이 있다.

17 다음 내용을 읽고 괄호 안에 들어갈 말을 순서대로 바르게 나열한 것을 고르면?

(㉠)은/는 제품 생산에 직접적으로 사용하기 위해 외부에서 구입하는 모든 자재를 말하고, (㉡)은/는 최종 제품에 사용되기 이전의 제조 공정 내의 모든 품목 제품을 최상위 계층으로 하고 최하위 계층에 원자재가 위치하는 소요 자재 명세서의 중간 계층의 모든 품목을 말하며, (㉢)은/는 최종 품목 또는 최종 제품이라고도 하며 소비자에게 판매되는 제품을 말한다.

① ㉠ 원자재, ㉡ 완성품, ㉢ 재공품
② ㉠ 재공품, ㉡ 원자재, ㉢ 완성품
③ ㉠ 완성품, ㉡ 재공품, ㉢ 원자재
④ ㉠ 원자재, ㉡ 재공품, ㉢ 완성품
⑤ ㉠ 재공품, ㉡ 완성품, ㉢ 원자재

18 다음 중 경제적주문량(EOQ)의 기본가정에 해당하지 않는 것은?

① 품절 및 과잉재고는 허용된다.
② 제품의 수요가 일정하고 균일하다.
③ 조달이 일시에 이루어진다.
④ 주문비와 재고유지비가 일정하다.
⑤ 재고유지비는 평균재고에 기초를 두게 된다.

19 다음 중 총괄생산계획에서의 결정변수들로만 바르게 묶은 것은?

㉠ 원가의 조정　　　　㉡ 유통채널의 조정
㉢ 고정비의 조정　　　㉣ 노동인력의 조정
㉤ 생산율의 조정　　　㉥ 재고의 수준

① ㉠, ㉡, ㉢
② ㉠, ㉢, ㉣
③ ㉡, ㉣, ㉤
④ ㉢, ㉤, ㉥
⑤ ㉣, ㉤, ㉥

20 다음은 제품계획에 따른 제품의 분류를 표로 정리한 것이다. 이 중 괄호 안에 들어갈 말로 가장 적절한 것을 고르면?

구분	Convenience Goods	Shopping Goods	Specialty Goods
가격	저가이다.	중&고가이다.	최고가이다.
구매 전 계획정도	거의 없다.	있다.	상당히 있다.
고객쇼핑노력	(㉠)	보통이다.	(㉡)
브랜드충성도	거의 없다.	있다.	특정상표를 선호한다.
제품회전율	빠르다.	느리다.	가장 느리다.

① ㉠ 최소한이다. – ㉡ 최대한이다.
② ㉠ 최대한이다. – ㉡ 최소한이다.
③ ㉠ 최소한이다. – ㉡ 최소한이다.
④ ㉠ 최대한이다. – ㉡ 최대한이다.
⑤ ㉠ 중간이다. – ㉡ 중간이다.

21 다음 중 확률표본추출에 해당하는 것끼리 바르게 묶은 것은?

㉠ 판단 표본추출법　　　㉡ 단순무작위 표본추출법
㉢ 군집 표본추출법　　　㉣ 체계적 표본추출법
㉤ 편의 표본추출법

① ㉠㉡㉢
② ㉠㉣㉤
③ ㉡㉢㉣
④ ㉡㉢㉤
⑤ ㉢㉣㉤

22 다음의 내용은 시장세분화 변수 중 무엇에 대한 것인가?

• Maxwell House 커피는 제품을 전국적으로 생산, 판매하고 있으나, 맛을 지역적으로 다르게 하고 있다. 강한 커피를 좋아하는 서부지역에는 진한 커피를 팔고, 동부지역에는 그 보다 약한 커피를 판매한 사례
• 학생 교복회사의 경우에 강남과 강북 학생 교복의 가격을 서로 다르게 책정하고 있어, 지역별 시장세분화 전략을 수행한 사례

① 취미에 따른 세분화
② 인지 및 행동적 세분화
③ 심리행태적 세분화
④ 인구통계적 세분화
⑤ 지리적 세분화

23 다음은 넬슨이 주장한 소매상점 입지의 원칙 8가지 중에서 그 일부를 발췌하여 설명한 것이다. 이를 참조하여 각각이 의미하는 바를 정확하게 나열한 것을 고르면?

- 수익을 올릴 수 있는 잠재력을 가진 상권이어야 한다. → 상권의 잠재력
- 소비자를 실질적으로 확보할 수 있어야 한다. → (㉠)
- 서로 보완되는 상품을 취급하는 점포와 양립하면 유리하다. → 양립성
- 고객의 주거지와 기존 점포의 중간에 위치하는 것이 좋다. → 중간저지성
- 비슷하거나 같은 점포가 몰려 있어야 한다. → (㉡)
- 향후 성장할 수 있어야 한다. → 성장가능성

① ㉠은 누적적 흡인력을 의미하고, ㉡은 접근가능성을 의미한다.
② ㉠은 경쟁회피성을 의미하고, ㉡은 경제성을 의미한다.
③ ㉠은 접근가능성을 의미하고, ㉡은 누적적인 흡인력을 의미한다.
④ ㉠은 경제성을 의미하고, ㉡은 경쟁회피성을 의미한다.
⑤ ㉠은 장애요소를 의미하고, ㉡은 공생가능성을 의미한다.

24 소비자 구매행동 유형 중 부조화 감소 구매행동 (Dissonance-Reducing Behavior)과 가장 거리가 먼 것은?

① 소비자의 관여도가 높은 제품을 구매할 때 주로 발생한다.
② 구매 후 결과에 대하여 위험부담이 높은 제품에서 빈번하게 발생한다.
③ 주로 고가의 제품이나 전문품을 구매할 때 빈번하게 발생한다.
④ 주기적, 반복적으로 구매해야 하는 제품을 구매할 때 빈번하게 발생한다.
⑤ 각 상표 간 차이가 미미한 제품을 구매할 때 빈번하게 발생한다.

25 다음 지문을 읽고 괄호 안에 들어갈 말로 가장 적합한 것을 고르면?

( )가 필요한 이유는 기업이 현재 당면한 마케팅 문제와 상황, 조사목적 또는 필요한 정보에 대한 정확한 정의 없이 조사 진행을 하면, 도출된 결과가 마케팅 문제를 해결하는 데 도움이 되지 못하고, 오히려 비용과 시간 및 노력을 낭비한 결과를 초래할 확률이 커지기 때문이다.

① 인과조사
② 기술조사
③ 탐색조사
④ 마케팅조사
⑤ 역학조사

26 다음 중 광고에서 유머소구의 효과로 볼 수 없는 것만을 나열한 것은?

㉠ 비유머 메시지보다 설득력이 높다.
㉡ 주의를 끄는데 효과적이다.
㉢ 광고물과 광고하는 브랜드에 호감을 증가시킨다.
㉣ 전달자의 신뢰성을 높여준다.
㉤ 브랜드에 대한 이해를 방해한다.

① ㉠, ㉡, ㉢, ㉣, ㉤
② ㉠, ㉡, ㉢, ㉣
③ ㉡, ㉣, ㉤
④ ㉡, ㉢, ㉣, ㉤
⑤ ㉠, ㉣, ㉤

27 다음 인적자원의 보상에 관한 설명 중 바르지 않은 것은?

① 판매가격 순응임률제는 기업 조직의 이윤 및 임금을 결부시키는 것으로, 기업의 이윤지수가 변할 때에는 그에 순응하여 임률을 변동 및 조정하도록 하는 제도를 의미한다.
② 집단자극제는 집단의 조화가 중요하므로, 서로 간 팀워크와 협동심이 높아진다.
③ 럭커플랜은 노사협력체제에 의해 달성된 생산성의 향상분을 해당 기업의 안정적 부가가치 분배율로 노사 간 배분하는 방식이다.
④ 스캔론플랜은 구성원들의 참여의식을 독려하기 위해 구성원들의 참여 및 개선된 생산의 판매 가치를 기반으로 한 성과배분제이다.
⑤ 순응임률제란 조건이 변동하게 되면, 이에 순응하여 임금률도 자동적으로 변동 내지 조정되는 제도를 의미한다.

28 다음 중 단순한 배치가 아닌 기업 조직에 필요한 시기 및 직무를 계획적으로 체험시키기 위한 인사관리 상의 구조를 말하는 것으로 업무내용의 변화가 아닌 다른 업무로의 로테이션 또는 동종의 직군에서 다른 직무로의 로테이션, 또는 동종의 직군에서 장소적으로 다른 곳으로의 로테이션을 의미하는 것은?

① 대용승진   ② 직무순환

③ 직무분석   ④ 직무기술서

⑤ 직무명세서

29 다음 중 현대적인 인사고과시스템 설계에 있어서의 기본원칙으로 바르지 않은 것은?

① 기업중시의 원칙   ② 협동 및 경쟁의 원칙

③ 다면평가의 원칙   ④ 수용성의 원칙

⑤ 계량화의 원칙

30 다음 중 인적자원계획의 효과에 대한 설명으로 바르지 않은 것은?

① 효율적 인적자원 계획으로 인해 구성원들의 사기 및 만족도가 증가한다.

② 구성원들에 대한 적절한 교육훈련계획의 수립이 가능해진다.

③ 새로운 사업기회에 대한 확보능력이 상승된다.

④ 적정 수의 인적자원 확보를 통한 노동의 비용이 감소된다.

⑤ 불필요한 노동력의 감소 및 증대에 따른 통제가 어렵다.

31 다음 박스 안의 내용이 설명하는 것으로 바른 것을 고르면?

> 이 제도는 기업 조직의 경우에 종업원에 대한 임금률을 일정한 수준에 고정하면 임금과 관련되는 물가의 변동, 기업의 성쇠가 있을 때엔 이 같은 현실에 부합할 수 없기 때문에 이러한 경우에 대비해서 고안된 제도이다.

① Cost Of Living Sliding Scale Plan

② Profit Sharing Plan

③ Sliding Scale Wage Plan

④ Profit Sliding Scale Plan

⑤ Selling Price Sliding Scale Plan

32 다음 중 집단자극제에 관련한 내용으로 가장 거리가 먼 것을 고르면?

① 업무의 요령 등을 타인에게 감추지 않는다.

② 업무배치를 함에 있어 구성원들의 불만을 감소시킨다.

③ 집단의 조화가 중요하기 때문에 구성원 서로 간 팀워크 및 협동심 등이 증대된다.

④ 집단의 노력이지만, 개개인의 노력 및 성과로도 직접적으로 반영된다.

⑤ 새로 들어온 신입 직원의 경우 훈련에 상당히 적극적으로 임하게 된다.

33 다음 중 직무의 수행에 있어 필요로 하는 종업원의 능력이나 행동, 지식 등을 일정한 문서에 기록한 양식을 지칭하는 것은?

① 직무기술서   ② 직무분석

③ 직무순환   ④ 직무명세서

⑤ 직무평가

34 다음 재무관리계획에 대한 내용 중 그 의미가 다른 하나는?

① 설비자본계획   ② 운전자본계획

③ 현금수지계획   ④ 수입계획

⑤ 고정자본계획

35 다음 중 MM의 자본구조이론에 대한 설명으로 가장 옳지 않은 것은?

① 모딜리아니와 밀러가 자본구조 무관계론을 발표하면서 시작된 이론이다.

② 기업 조직의 가치는 해당 기업이 하고 있는 사업의 수익성 및 위험도에 의해 결정될 뿐 투자에 있어 필요한 자금을 어떠한 방식으로 조달하였는지 무관하다.

③ MM의 수정이론에서는 자기자본에 대한 배당은 비용처리가 되지 않기 때문에 부채를 많이 사용할수록 기업의 가치가 감소하는 것을 의미한다.

④ MM의 명제 중 기업 가치는 자본구조와는 무관하다.

⑤ MM의 명제 중 투자안 평가는 자본조달과는 관련이 없으며, 가중평균자본비용에 의한다.

36 다음 중 재무비율분석의 특징으로 가장 옳지 않은 것은?

① 기존의 회계정보에 의존하는 특징이 있다.

② 종합적인 분석에는 어렵다는 단점이 있다.

③ 기업의 경영성과를 용이하게 알아볼 수 있다.

④ 비교의 기준이 되는 표준비율에 대한 선정이 까다롭다는 문제점이 있다.

⑤ 기업 조직의 재무 상태를 알아보기 어렵다는 문제점이 있다.

37 다음은 CAPM의 가정에 대한 설명이다. 이 중 바르지 않은 것을 고르면?

① 전체 투자자들은 자본자산에 관련한 의사결정에 필요로 하는 변수 등에 대해 동질적인 예측을 하고 있다.

② 전체 투자자들은 무위험이자율로 항상 자유롭게 투자자금에 대한 차입 및 대출 등이 가능하다.

③ 자본시장은 완전시장으로 전체 투자자들은 가격수용자이다.

④ 전체 투자자들은 마코위츠의 이론과 같이 자본자산의 기대수익률 및 표준편차에 따라 투자를 결정한다.

⑤ 자본시장은 불균형상태이다.

38 PER(Price Earnings Ratio)는 현 주가가 주당이익의 몇 배인지를 나타내는 정보이다. 다음 중 이에 대한 내용으로 바르지 않은 것은?

① PER는 해당 기업조직에 대한 시장의 신뢰도 지표로는 활용이 불가능하다.

② PER가 높으면 높을수록 주가가 고평가되어 있다고 할 수 있다.

③ PER는 구성요소에 대한 예측이 배당평가모형에 비해서 용이하다.

④ PER는 이익의 크기가 다른 비슷한 기업 조직들의 주가수준을 쉽게 비교할 수 있는 특징을 지니고 있다.

⑤ 주가수익비율 자체는 현 주가를 이익에 의해 상대적으로 표현하는 것으로 좋은 투자지표가 된다고 할 수 있다.

39 다음 중 괄호 안에 들어갈 말을 순서대로 바르게 나열한 것을 고르면?

> 콜 옵션의 만기가치는 기초자산인 주식의 가격이 (㉠), 행사가격이 (㉡), 위험이자율이 커질수록, 만기가 길수록, 분산이 클수록 콜 옵션의 가격은 높아지게 된다.

① ㉠ 높을수록, ㉡ 낮을수록

② ㉠ 낮을수록, ㉡ 높을수록

③ ㉠ 높을수록, ㉡ 높을수록

④ ㉠ 낮을수록, ㉡ 낮을수록

⑤ ㉠ 낮을수록, ㉡ 같을수록

40 무차별곡선은 위험 및 수익률의 결합이 서로 동일하게 효용을 가져다주는 투자안들의 집합을 평균-표준편차 평면에 나타낸 것을 의미한다. 이 때 투자자가 위험선호적인 경우에 무차별곡선의 형태는 어떻게 되는가?

① 가파른 형태가 된다.

② 아래로 오목하게 된다.

③ 위로 볼록하게 된다.

④ 아래로 볼록하게 된다.

⑤ 직선형태가 된다.

서울교통공사

필기시험 모의고사

제 3 회	영 역	직업기초능력평가, 직무수행능력평가(경영학)
	문항수	80문항
	시 간	100분
	비 고	객관식 5지선다형

SEOWONGAK
(주)서원각

제3회 필기시험 모의고사

》 직업기초능력평가(40문항/50분)

1 밑줄 친 부분의 표기가 가장 적절한 것은?

① 엄마는 첫째를 <u>각별이</u> 아꼈다.

② 강사원은 정대리와 유부장의 지시가 달라 입장이 <u>곤난해졌다.</u>

③ 새신발이 잘 맞지 않는지 <u>발뒷꿈치가</u> 온통 까져서 걷기가 힘들다.

④ 열이 끓는 아이의 엉덩이에 주사를 <u>맞혔다.</u>

⑤ 머리를 한올한올 <u>반드시</u> 넘기고 무대로 올랐다.

2 다음 중 밑줄 친 단어와 같은 의미로 사용된 문장은?

종묘(宗廟)는 조선시대 역대 왕과 왕비, 그리고 추존(追尊)된 왕과 왕비의 신주(神主)를 봉안하고 제사를 <u>지내는</u> 왕실의 사당이다. 신주는 사람이 죽은 후 하늘로 돌아간 신혼(神魂)이 의지하는 것으로, 왕과 왕비의 사후에도 그 신혼이 의지할 수 있도록 신주를 제작하여 종묘에 봉안했다. 조선 왕실의 신주는 우주(虞主)와 연주(練主) 두 종류가 있는데, 이 두 신주는 모양은 같지만 쓰는 방식이 달랐다. 먼저 우주는 묘호(廟號), 상시(上諡), 대왕(大王)의 순서로 붙여서 썼다. 여기에서 묘호와 상시는 임금이 승하한 후에 신위(神位)를 종묘에 봉안할 때 올리는 것으로서, 묘호는 '태종', '세종', '문종' 등과 같은 추존 칭호이고 상시는 8글자의 시호로 조선의 신하들이 정해 올렸다.

한편 연주는 유명증시(有明贈諡), 사시(賜諡), 묘호, 상시, 대왕의 순서로 붙여서 썼다. 사시란 중국이 조선의 승하한 국왕에게 내려준 시호였고, 유명증시는 '명나라 왕실이 시호를 내린다'는 의미로 사시 앞에 붙여 썼던 것이었다. 하지만 중국 왕조가 명나라에서 청나라로 바뀐 이후에는 연주의 표기 방식이 바뀌었는데, 종래의 표기 순서 중에서 유명증시와 사시를 빼고 표기하게 되었다. 유명증시를 뺀 것은 더 이상 시호를 내려줄 명나라가 존재하지 않았기 때문이었고, 사시를 뺀 것은 청나라가 시호를 보냈음에도 불구하고 조선이 청나라를 오랑캐의 나라로 치부하여 그것을 신주에 반영하지 않았기 때문이었다.

① 그는 산속에서 <u>지내면서</u> 혼자 공부를 하고 있다.

② 둘은 전에 없이 친하게 <u>지내고</u> 있었다.

③ 그는 이전에 시장을 <u>지내고</u> 지금은 시골에서 글을 쓰며 살고 있다.

④ 비가 하도 오지 않아 기우제를 <u>지내기로</u> 했다.

⑤ 아이들은 휴양지에서 여름 방학을 <u>지내기를</u> 소원하였다.

3 다음 서식을 보고 빈칸에 들어갈 알맞은 단어를 고른 것은?

납품(장착) 확인서

1. 제　　품　　명 : 슈퍼터빈(연료과급기)
2. 회　　사　　명 : 서원각
3. 사업자등록번호 : 123-45-67890
4. 주　　　　　소 : 경기도 고양시 일산서구 가좌동 846
5. 대　　표　　자 : 정 확 한
6. 공 급 받 는 자 : ㈜소정 코리아
7. 납품(계약)단가 : 일금 이십육만원정(₩ 260,000)
8. 납품(계약)금액 : 일금 이백육십만원정(₩ 2,600,000)
9. 장착차량 현황

차종	연식	차량 번호	사용 연료	규격 (size)	수량	비고
스타렉스			경유	72mm	4	
카니발			경유		2	
투싼			경유	56mm	2	
야무진			경유		1	
이스타나			경유		1	
합계					10	₩2,600,000

귀사 제품 슈퍼터빈을 테스트한 결과 연료절감 및 매연저감에 효과가 있으므로 당사 차량에 대해 (　　　) 장착하였음을 확인합니다.

납　품　　　처 : ㈜소정 코리아
사업자등록번호 : 987-65-43210
상　　　　　호 : ㈜소정 코리아
주　　　　　소 : 서울시 강서구 가양동 357-9
대　　표　　자 : 장 착 해

① 일절

② 일체

③ 전혀

④ 반품

⑤ 환불

4 다음 글을 읽고 이 글을 뒷받침할 수 있는 주장으로 가장 적합한 것은?

X선 사진을 통해 폐질환 진단법을 배우고 있는 의과대학 학생을 생각해 보자. 그는 암실에서 환자의 가슴을 찍은 X선 사진을 보면서, 이 사진의 특징을 설명하는 방사선 전문의의 강의를 듣고 있다. 그 학생은 가슴을 찍은 X선 사진에서 늑골뿐만 아니라 그 밑에 있는 폐, 늑골의 음영, 그리고 그것들 사이에 있는 아주 작은 반점들을 볼 수 있다. 하지만 처음부터 그럴 수 있었던 것은 아니다. 첫 강의에서는 X선 사진에 대한 전문의의 설명을 전혀 이해하지 못했다. 그가 가리키는 부분이 무엇인지, 희미한 반점이 과연 특정질환의 흔적인지 전혀 알 수가 없었다. 전문의가 상상력을 동원해 어떤 가상적 이야기를 꾸며내는 것처럼 느껴졌을 뿐이다. 그러나 몇 주 동안 이론을 배우고 실습을 하면서 지금은 생각이 달라졌다. 그는 문제의 X선 사진에서 이제는 늑골 뿐 아니라 폐와 관련된 생리적인 변화, 흉터나 만성 질환의 병리학적 변화, 급성질환의 증세와 같은 다양한 현상들까지도 자세하게 경험하고 알 수 있게 될 것이다. 그는 전문가로서 새로운 세계에 들어선 것이고, 그 사진의 명확한 의미를 지금은 대부분 해석할 수 있게 되었다. 이론과 실습을 통해 새로운 세계를 볼 수 있게 된 것이다.

① 관찰은 배경지식에 의존한다.
② 과학에서의 관찰은 오류가 있을 수 있다.
③ 과학 장비의 도움으로 관찰 가능한 영역은 확대된다.
④ 관찰정보는 기본적으로 시각에 맺혀지는 상에 의해 결정된다.
⑤ X선 사진의 판독은 과학데이터 해석의 일반적인 원리를 따른다.

5 다음 A~F에 대한 평가로 적절하지 못한 것은?

어느 때부터 인간으로 간주할 수 있는가와 관련된 주제는 인문학뿐만 아니라 자연과학에서도 흥미로운 주제이다. 특히 태아의 인권 취득과 관련하여 이러한 주제는 다양하게 논의되고 있다. 과학적으로 볼 때, 인간은 수정 후 시간이 흐름에 따라 수정체, 접합체, 배아, 태아의 단계를 거쳐 인간의 모습을 갖추게 되는 수준으로 발전한다. 수정 후에 태아가 형성되는 데까지는 8주 정도가 소요되는데 배아는 2주 경에 형성된다. 10달의 임신 기간은 태아 형성기, 두뇌의 발달 정도 등을 고려하여 4기로 나뉘는데, 1~3기는 3개월 단위로 나뉘고 마지막 한 달은 4기에 해당한다. 이러한 발달 단계의 어느 시점에서부터 그 대상을 인간으로 간주할 것인지에 대해서는 다양한 견해들이 있다.

A에 따르면 태아가 산모의 뱃속으로부터 밖으로 나올 때 즉 태아의 신체가 전부 노출이 될 때부터 인간에 해당한다. B에 따르면 출산의 진통 때부터는 태아가 산모로부터 독립해 생존이 가능하기 때문에 그때부터 인간에 해당한다. C는 태아가 형성된 후 4개월 이후부터 인간으로 간주한다. 지각력이 있는 태아는 보호받아야 하는데 지각력이 있어서 필수 요소인 전뇌가 2기부터 발달하기 때문이다. D에 따르면 정자와 난자가 합쳐졌을 때, 즉 수정체부터 인간에 해당한다. 그 이유는 수정체는 생물학적으로 인간으로 태어날 가능성을 갖고 있기 때문이다. E에 따르면 합리적 사고를 가능하게 하는 뇌가 생기는 시점 즉 배아에 해당하는 때부터 인간에 해당한다. F는 수정될 때 영혼이 생기기 때문에 수정체부터 인간에 해당한다고 본다.

① A가 인간으로 간주하는 대상은 B도 인간으로 간주한다.
② C가 인간으로 간주하는 대산은 E도 인간으로 간주한다.
③ D가 인간으로 간주하는 대상은 E도 인간으로 간주한다.
④ D가 인간으로 간주하는 대상은 F도 인간으로 간주하지만, 그렇게 간주하는 이유는 다르다.
⑤ 접합체에도 영혼이 존재할 수 있다는 연구결과를 얻더라도 F의 견해는 설득력이 떨어지지 않는다.

┃6~7┃ (가)는 카드 뉴스, (나)는 신문 기사이다. 물음에 답하시오.

(가)

─[카드뉴스]─

노약자석?
NO
교통약자석!

▶ 버스나 지하철 '노약자석'의 정식 명칭은 '교통약자석'입니다.

여기서 '교통약자'란 고령자 뿐만 아니라 장애인, 임산부, 영유아 동반자 등을 말합니다.

◀ 교통약자의 이동편의 증진법 [명칭 교통약자법]

교통약자석의 설치 근거는 '교통약자의 이동편의 증진법' 입니다.

그러나 이에 대한 인식부족으로 교통약자석이 제 기능을 못하고 있습니다.

▶ 교통약자에 대한 배려와 평등권 보장이라는 의의를 지닌 교통약자석에 대해 올바른 인식이 필요한 때입니다.

(나)

─ 교통약자석, 본래의 기능 다하고 있나? ─
좌석에 대한 올바른 인식 필요

요즘 대중교통 교통약자석이 논란이 되고 있다. 실제로 서울 지하철 교통약자석 관련 민원이 2014년 117건에서 2016년 400건 이상으로 대폭 상승했다. 다음은 교통약자석과 관련된 인터뷰 내용이다.

"저는 출근 전 아이를 시댁에 맡길 때 지하철을 이용해요. 가끔 교통약자석에 앉곤 하는데, 그 자리가 어르신들을 위한 자리 같아 마음이 불편해요. 자리다툼이 있었다는 뉴스를 본 후 앉는 것이 더 망설여져요." (회사원 김○○ 씨 (여, 32세))

'교통약자의 이동편의 증진법'에 따라 설치된 교통약자석은 장애인, 고령자, 임산부, 영유아를 동반한 사람, 어린이 등 일상생활에서 이동에 불편을 느끼는 사람이라면 누구나 이용할 수 있다. 그러나 위 인터뷰에서처럼 시민들이 교통약자석에 대해 제대로 알지 못해 교통약자석이 본래의 기능을 다하고 있지 못하는 실정이다. 교통약자석이 제 기능을 다하기 위해서는 이에 대한 시민들의 올바른 인식이 필요하다.

– 2017. 10. 24. ○○신문, □□□기자

6 (가)에 대한 이해로 적절하지 않은 것은?

① 의문을 드러내고 그에 답하는 방식을 통해 교통약자석에 대한 잘못된 통념을 환기하고 있다.

② 교통약자석과 관련된 법을 제시하여 글의 정확성과 신뢰성을 높이고 있다.

③ 용어에 대한 설명을 통해 '교통약자'의 의미를 이해하도록 돕고 있다.

④ 교통약자석에 대한 인식 부족으로 인해 발생하는 문제점들을 원인에 따라 분류하고 있다.

⑤ 교통약자석의 설치 의의를 언급함으로써 글의 주제에 대해 공감할 수 있도록 유도하고 있다.

7 (가)와 (나)를 비교한 내용으로 적절한 것은?

① (가)와 (나)는 모두 다양한 통계 정보를 활용하여 주제를 뒷받침하고 있다.

② (가)는 (나)와 달리 글과 함께 그림들을 비중 있게 제시하여 의미 전달을 용이하게 하고 있다.

③ (가)는 (나)와 달리 제목을 표제와 부제의 방식으로 제시하여 뉴스에 담긴 의미를 강조하고 있다.

④ (나)는 (가)와 달리 비유적이고 함축적인 표현들을 주로 사용하여 주제 전달의 효과를 높이고 있다.

⑤ (나)는 (가)와 달리 표정이나 몸짓 같은 비언어적 요소를 활용하여 내용을 실감 나게 전달하고 있다.

8 응시자가 모두 30명인 시험에서 20명이 합격하였다. 이 시험의 커트라인은 전체 응시자의 평균보다 5점이 낮고, 합격자의 평균보다는 30점이 낮았으며, 또한 불합격자의 평균 점수의 2배보다는 2점이 낮았다. 이 시험의 커트라인을 구하면?

① 90점   ② 92점

③ 94점   ④ 96점

⑤ 98점

9 어느 인기 그룹의 공연을 준비하고 있는 기획사는 다음과 같은 조건으로 총 1,500장의 티켓을 판매하려고 한다. 티켓 1,500장을 모두 판매한 금액이 6,000만 원이 되도록 하기 위해 판매해야 할 S석 티켓의 수를 구하면?

> ㈎ 티켓의 종류는 R석, S석, A석 세 가지이다.
> ㈏ R석, S석, A석 티켓의 가격은 각각 10만 원, 5만 원, 2만 원이고, A석 티켓의 수는 R석과 S석 티켓의 수의 합과 같다.

① 450장
② 600장
③ 750장
④ 900장
⑤ 1,050장

10 다음은 이 대리가 휴가 기간 중 할 수 있는 활동 내역을 정리한 표이다. 집을 출발한 이 대리가 활동을 마치고 다시 집으로 돌아올 경우 전체 소요시간이 가장 짧은 것은 어느 것인가?

활동	이동수단	거리	속력	목적지 체류시간
당구장	전철	12km	120km/h	3시간
한강공원 라이딩	자전거	30km	15km/h	–
파워워킹	도보	5.4km	3km/h	–
북카페 방문	자가용	15km	50km/h	2시간
강아지와 산책	도보	3km	3km/h	1시간

① 당구장
② 한강공원 라이딩
③ 파워워킹
④ 북카페 방문
⑤ 강아지와 산책

11 다음은 산업재산권 유지를 위한 등록료에 관한 자료이다. 다음 중 권리 유지비용이 가장 많이 드는 것은? (단, 특허권, 실용신안권의 기본료는 청구범위의 항 수와는 무관하게 부과되는 비용으로 청구범위가 1항인 경우 기본료와 1항에 대한 가산료가 부과된다)

(단위 : 원)

구분 / 권리	설정등록료 (1~3년분)		연차등록료			
			4~6년차	7~9년차	10~12년차	13~15년차
특허권	기본료	81,000	매년 60,000	매년 120,000	매년 240,000	매년 480,000
	가산료 (청구범위의 1항마다)	54,000	매년 25,000	매년 43,000	매년 55,000	매년 68,000
실용신안권	기본료	60,000	매년 40,000	매년 80,000	매년 160,000	매년 320,000
	가산료 (청구범위의 1항마다)	15,000	매년 10,000	매년 15,000	매년 20,000	매년 25,000
디자인권	75,000		매년 35,000	매년 70,000	매년 140,000	매년 280,000
상표권	211,000 (10년분)		10년 연장 시 256,000			

① 청구범위가 3항인 특허권에 대한 3년간의 권리 유지
② 청구범위가 1항인 특허권에 대한 4년간의 권리 유지
③ 청구범위가 3항인 실용신안권에 대한 5년간의 권리 유지
④ 한 개의 디자인권에 대한 7년간의 권리 유지
⑤ 한 개의 상표권에 대한 10년간의 권리 유지

12 다음은 물품 A~E의 가격에 대한 자료이다. 아래 조건에 부합하는 물품의 가격으로 가장 가능한 것은?

(단위 : 원/개)

물품	가격
A	24,000
B	㉠
C	㉡
D	㉢
E	16,000

- 갑, 을, 병이 가방에 담긴 물품은 각각 다음과 같다.
  - 갑 : B, C, D
  - 을 : A, C
  - 병 : B, D, E
- 가방에는 해당 물품이 한 개씩만 담겨 있다.
- 가방에 담긴 물품 가격의 합이 높은 사람부터 순서대로 나열하면 갑 > 을 > 병 순이다.
- 병의 가방에 담긴 물품 가격의 합은 44,000원이다.

	㉠	㉡	㉢
①	11,000	23,000	14,000
②	12,000	14,000	16,000
③	12,000	19,000	16,000
④	13,000	19,000	15,000
⑤	13,000	23,000	15,000

13 다음은 ○○그룹의 1997년도와 2008년도 7개 계열사의 영업이익률이다. 자료 분석 결과로 옳은 것은?

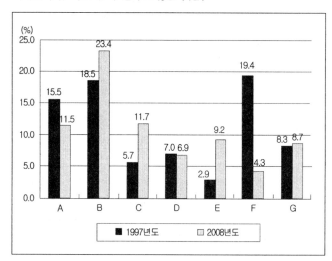

① B계열사의 2008년 영업이익률은 나머지 계열사의 영업이익률의 합보다 많다.

② 1997년도에 가장 높은 영업이익률을 낸 계열사는 2008년에도 가장 높은 영업이익률을 냈다.

③ 2008년 G계열사의 영업이익률은 1997년 E계열사의 영업이익률의 2배가 넘는다.

④ 7개 계열사 모두 1997년 대비 2008년의 영업이익률이 증가하였다.

⑤ 1997년과 2008년 모두 영업이익률이 10%을 넘은 계열사는 3곳이다.

┃14~15┃ 다음은 우리나라의 연도별 지역별 수출입액을 나타낸 자료이다. 물음에 답하시오.

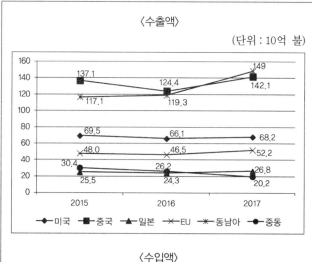

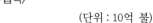

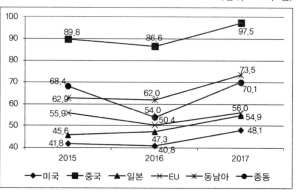

※ 무역수지는 수출액에서 수입액을 뺀 것을 의미한다. 무역수지가 양수이면 흑자, 음수이면 적자를 나타내며, 무역수지의 수치가 작아질수록 무역수지가 '악화'된 것이다.

14 위 내용을 참고할 때, 연도별 무역수지 증감내역을 올바르게 설명한 것은 어느 것인가?

① 무역수지 악화가 지속적으로 심해진 무역 상대국(지역)은 일본뿐이다.

② 매년 무역수지 흑자를 나타낸 무역 상대국(지역)은 2개국(지역)이다.

③ 무역수지 흑자가 매년 감소한 무역 상대국(지역)은 미국과 중국이다.

④ 무역수지가 흑자에서 적자 또는 적자에서 흑자로 돌아선 무역 상대국(지역)은 1개국(지역)이다.

⑤ 매년 무역수지 적자규모가 가장 큰 무역 상대국(지역)은 일본이다.

15 2018년 동남아 수출액은 전년대비 20% 증가하고 EU 수입액은 20% 감소하였다면, 2018년 동남아 수출액과 EU 수입액의 차이는 얼마인가?

① 1,310억 불
② 1,320억 불
③ 1,330억 불
④ 1,340억 불
⑤ 1,350억 불

16 수인이와 혜인이는 주말에 차이나타운(인천역)에 가서 자장면도 먹고 쇼핑도 할 계획이다. 지하철노선도를 보고 계획을 짜고 있는 상황에서 아래의 노선도 및 각 조건에 맞게 상황을 대입했을 시에 두 사람의 개인 당 편도 운임 및 역의 수가 바르게 짝지어진 것은? (단, 출발역과 도착역의 수를 포함한다)

(조건 1) 두 사람의 출발역은 청량리역이며, 환승하지 않고 직통으로 간다. (1호선)
(조건 2) 추가요금은 기본운임에 연속적으로 더한 금액으로 한다. 청량리~서울역 구간은 1,250원(기본운임)이며, 서울역~구로역까지 200원 추가, 구로역~인천역까지 300원씩 추가된다.

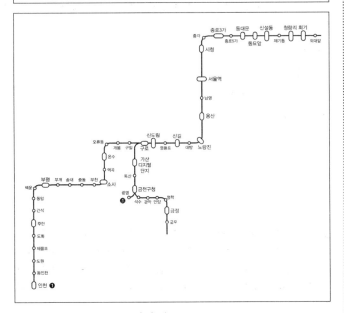

	편도 금액	역의 수
①	㉠ 1,600원	㉡ 33개 역
②	㉠ 1,650원	㉡ 38개 역
③	㉠ 1,700원	㉡ 31개 역
④	㉠ 1,750원	㉡ 38개 역
⑤	㉠ 1,800원	㉡ 35개 역

17 갑, 을, 병, 정, 무 다섯 사람은 일요일부터 목요일까지 5일 동안 각각 이틀 이상 아르바이트를 한다. 다음 조건을 모두 충족시켜야 할 때, 다음 중 항상 옳지 않은 것은?

㉠ 가장 적은 수가 아르바이트를 하는 요일은 수요일뿐이다.
㉡ 갑은 3일 이상 아르바이트를 하는데 병이 아르바이트를 하는 날에는 쉰다.
㉢ 을과 정 두 사람만이 아르바이트 일수가 같다.
㉣ 병은 평일에만 아르바이트를 하며, 연속으로 이틀 동안만 한다.
㉤ 무는 항상 갑이나 병과 같은 요일에 함께 아르바이트를 한다.

① 어느 요일이든 아르바이트 인원수는 확정된다.
② 갑과 을, 병과 정의 아르바이트 일수를 합한 값은 같다.
③ 두 사람만이 아르바이트를 하는 요일이 확정된다.
④ 어떤 요일이든 아르바이트를 하는 인원수는 짝수이다.
⑤ 일요일에 아르바이트를 하는 사람은 항상 같다.

18 다음 글에서 추론할 수 있는 내용만을 바르게 나열한 것은?

빌케와 블랙은 얼음이 녹는점에 있다 해도 이를 완전히 물로 녹이려면 상당히 많은 열이 필요함을 발견하였다. 당시 널리 퍼진 속설은 얼음이 녹는점에 이르면 즉시 녹는다는 것이었다. 빌케는 쌓여있는 눈에 뜨거운 물을 끼얹어 녹이는 과정에서 이 속설에 오류가 있음을 알게 되었다. 눈이 녹는점에 있음에도 불구하고 많은 양의 뜨거운 물은 눈을 조금밖에 녹이지 못했기 때문이다.

블랙은 1757년에 이 속설의 오류를 설명할 수 있는 실험을 수행하였다. 블랙은 따뜻한 방에 두 개의 플라스크 A와 B를 두었는데, A에는 얼음이, B에는 물이 담겨 있었다. 얼음과 물은 양이 같고 모두 같은 온도, 즉 얼음의 녹는점에 있었다. 시간이 지남에 따라 B에 있는 물의 온도는 계속해서 올라갔다. 하지만 A에서는 얼음이 녹으면서 생긴 물과 녹고 있는 얼음의 온도가 녹는점에서 일정하게 유지되었는데 이 상태는 얼음이 완전히 녹을 때까지 지속되었다. 얼음을 녹이는 데 필요한 열량은 같은 양의 물의 온도를 녹는점에서 화씨 140도까지 올릴 수 있는 정도의 열량과 같았다. 블랙은 이 열이 실제로 온도계에 변화를 주지 않기 때문에 이를 '잠열(潛熱)'이라 불렀다.

㉠ A의 온도계로는 잠열을 직접 측정할 수 없었다.
㉡ 얼음이 녹는점에 이르러도 완전히 녹지 않는 것은 잠열 때문이다.
㉢ A의 얼음이 완전히 물로 바뀔 때까지, A의 얼음물 온도는 일정하게 유지된다.

① ㉠ ② ㉡

③ ㉠, ㉢ ④ ㉡, ㉢

⑤ ㉠, ㉡, ㉢

19 다음은 L공사의 토지판매 알선장려금 산정 방법에 대한 표와 알선장려금을 신청한 사람들의 정보이다. 이를 바탕으로 지급해야 할 알선장려금이 잘못 책정된 사람을 고르면?

[토지판매 알선장려금 산정 방법]

□ 일반토지(산업시설용지 제외) 알선장려금(부가가치세 포함된 금액)

계약기준금액	수수료율(중개알선장려금)	한도액
4억 원 미만	계약금액 × 0.9%	360만 원
4억 원 이상~ 8억 원 미만	360만 원 + (4억 초과 금액 × 0.8%)	680만 원
8억 원 이상~ 15억 원 미만	680만 원 + (8억 초과 금액 × 0.7%)	1,170만 원
15억 원 이상~ 40억 원 미만	1,170만 원 + (15억 초과 금액 × 0.6%)	2,670만 원
40억 원 이상	2,670만 원 + (40억 초과 금액 × 0.5%)	3,000만 원 (최고한도)

□ 산업·의료시설용지 알선장려금(부가가치세 포함된 금액)

계약기준금액	수수료율(중개알선장려금)	한 도 액
해당 없음	계약금액 × 0.9%	5,000만 원 (최고한도)

□ 알선장려금 신청자 목록
- 김유진 : 일반토지 계약금액 3억 5천만 원
- 이영희 : 산업용지 계약금액 12억 원
- 심현우 : 일반토지 계약금액 32억 8천만 원
- 이동훈 : 의료시설용지 계약금액 18억 1천만 원
- 김원근 : 일반용지 43억 원

① 김유진 : 315만 원

② 이영희 : 1,080만 원

③ 심현우 : 2,238만 원

④ 이동훈 : 1,629만 원

⑤ 김원근 : 3,000만 원

┃20~21┃ 다음 자료를 보고 이어지는 물음에 답하시오.

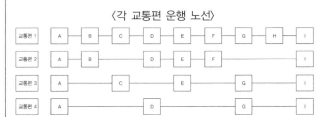

〈각 교통편 운행 노선〉

※ 전체 노선의 길이는 모든 교통편이 500km이며, 각 지점 간의 거리는 모두 동일하다.

※ A~I는 정차하는 지점을 의미하며 B~H 지점마다 공히 15분씩의 정차 시간이 소요된다.

〈교통편별 운행 정보 내역〉

구분	평균속도(km/h)	연료	연료비/리터	연비(km/L)
교통편 1	60	무연탄	1,000	4.2
교통편 2	80	중유	1,200	4.8
교통편 3	120	디젤	1,500	6.2
교통편 4	160	가솔린	1,600	5.6

20 다음 중 A 지점에서 I 지점까지 이동할 경우, 총 연료비가 가장 적게 드는 교통편과 가장 많이 드는 교통편이 순서대로 올바르게 짝지어진 것은 어느 것인가?

① 교통편 2, 교통편 3

② 교통편 1, 교통편 2

③ 교통편 3, 교통편 2

④ 교통편 1, 교통편 4

⑤ 교통편 2, 교통편 4

21 교통편 1~4를 이용하는 교통수단이 같은 시각에 A 지점을 출발하여 I 지점까지 이동할 경우, 가장 빨리 도착하는 교통편과 가장 늦게 도착하는 교통편과의 시간 차이는 얼마인가? (단, 시간의 계산은 반올림하여 소수 첫째 자리까지 표시하며, 0.1시간은 6분으로 계산한다.)

① 5시간 50분 ② 6시간 5분

③ 6시간 15분 ④ 6시간 30분

⑤ 6시간 45분

〈SWOT 분석방법〉

구분		내부환경요인	
		강점 (Strengths)	약점 (Weaknesses)
외부 환경 요인	기회 (Opportunities)	SO 내부강점과 외부기회 요인을 극대화	WO 외부기회를 이용하여 내부약점을 강점으로 전환
	위협 (Threats)	ST 강점을 이용한 외부환경 위협의 대응 및 전략	WT 내부약점과 외부위협을 최소화

〈사례〉

S	편의점 운영 노하우 및 경험 보유, 핵심 제품 유통채널 차별화로 인해 가격 경쟁력 있는 제품 판매 가능
W	아르바이트 직원 확보 어려움, 야간 및 휴일 등 시간에 타 지역 대비 지역주민 이동이 적어 매출 증가 어려움
O	주변에 편의점 개수가 적어 기본 고객 확보 가능, 매장 앞 휴게 공간 확보로 소비 유발 효과 기대
T	지역주민의 생활패턴에 따른 편의점 이용률 저조, 근거리에 대형 마트 입점 예정으로 매출 급감 우려 존재

22 다음 중 위의 SWOT 분석방법을 올바르게 설명하지 못한 것은 어느 것인가?

① 외부환경요인 분석 시에는 자신을 제외한 모든 것에 대한 요인을 기술하여야 한다.

② 구체적인 요인부터 시작하여 점차 객관적이고 상식적인 내용으로 기술한다.

③ 같은 데이터도 자신에게 미치는 영향에 따라 기회요인과 위협요인으로 나뉠 수 있다.

④ 외부환경요인 분석에는 SCEPTIC 체크리스트가, 내부환경 요인 분석에는 MMMITI 체크리스트가 활용될 수 있다.

⑤ 내부환경 요인은 경쟁자와 비교한 나의 강점과 약점을 분석하는 것이다.

23 다음 중 위의 SWOT 분석 사례에 따른 전략으로 적절하지 않은 것은 어느 것인가?

① 가족들이 남는 시간을 투자하여 인력 수급 및 인건비 절감을 도모하는 것은 WT 전략으로 볼 수 있다.

② 저렴한 제품을 공급하여 대형 마트 등과의 경쟁을 극복하고자 하는 것은 SW 전략으로 볼 수 있다.

③ 다년간의 경험을 활용하여 지역 내 편의점 이용 환경을 더욱 극대화시킬 수 있는 방안을 연구하는 것은 SO 전략으로 볼 수 있다.

④ 매장 앞 공간을 쉼터로 활용해 지역 주민 이동 시 소비를 유발하도록 하는 것은 WO 전략으로 볼 수 있다.

⑤ 고객 유치 노하우를 바탕으로 사은품 등 적극적인 홍보활동을 통해 편의점 이용에 대한 필요성을 부각시키는 것은 ST 전략으로 볼 수 있다.

24 조직문화에 관한 다음 글의 말미에서 언급한 밑줄 친 '몇 가지 기능'에 해당한다고 보기 어려운 것은 어느 것인가?

개인의 능력과 가능성을 판단하는데 개인의 성격이나 특성이 중요하듯이 조직의 능력과 가능성을 판단할 때 조직문화는 중요한 요소가 된다. 조직문화는 주어진 외부환경 속에서 오랜 시간 경험을 통해 형성된 기업의 고유한 특성을 말하며, 이러한 기업의 나름대로의 특성을 조직문화란 형태로 표현하고 있다. 조직문화에 대한 연구가 활발하게 전개된 이유 가운데 하나는 '조직문화가 기업경쟁력의 한 원천이며, 조직문화는 조직성과에 영향을 미치는 중요한 요인'이라는 기본 인식에 바탕을 두고 있다.

조직문화는 한 개인의 독특한 성격이나 한 사회의 문화처럼 조직의 여러 현상들 중에서 분리되어질 수 있는 성질의 것이 아니라, 조직의 역사와 더불어 계속 형성되고 표출되며 어떤 성과를 만들어 나가는 종합적이고 총체적인 현상이다. 또한 조직문화의 수준은 조직문화가 조직 구성원들에게 어떻게 전달되어 지각하는가를 상하부구조로서 설명하는 것이다. 조직문화의 수준은 그것의 체계성으로 인하여 조직문화를 쉽게 이해하는데 도움을 준다.

한편, 세계적으로 우수성이 입증된 조직들은 그들만의 고유의 조직문화를 조성하고 지속적으로 다듬어 오고 있다. 그들에게 조직문화는 언제나 중요한 경영자원의 하나였으며 일류조직으로 성장할 수 있게 하는 원동력이었던 것이다. 사업의 종류나 사회 및 경영환경, 그리고 경영전략이 다른데도 불구하고 일류조직은 나름의 방식으로 조직문화적인 특성을 공유하고 있는 것으로 확인되었다.

기업이 조직문화를 형성, 개발, 변화시키려고 노력하는 것은 조직문화가 기업경영에 효율적인 작용과 기능을 하기 때문이다. 즉, 조직문화는 기업을 경영함에 있어 매우 중요한 몇 가지 기능을 수행하고 있다.

① 조직의 영역을 정의하여 구성원에 대한 정체성을 제공한다.
② 이직률을 낮추고 외부 조직원을 흡인할 수 있는 동기를 부여한다.
③ 조직의 성과를 높이고 효율을 제고할 수 있는 역할을 한다.
④ 개인적 이익보다는 조직을 위한 몰입을 촉진시킨다.
⑤ 조직 내의 사회적 시스템의 안정을 도모한다.

25 다음 S사의 업무분장표이다. 업무분장표를 참고할 때, 창의력과 분석력을 겸비한 경영학도인 신입사원이 배치되기에 가장 적합한 팀은 다음 중 어느 것인가?

팀	주요 업무	필요 자질
영업관리	영업전략 수립, 단위조직 손익 관리, 영업인력 관리 및 지원	마케팅/유통/회계지식, 대외 섭외력, 분석력
생산관리	원가/재고/외주 관리, 생산 계획 수립	제조공정/회계/통계/제품 지식, 분석력, 계산력
생산기술	공정/시설 관리, 품질 안정화, 생산 검증, 생산력 향상	기계/전기 지식, 창의력, 논리력, 분석력
연구개발	신제품 개발, 제품 개선, 원재료 분석 및 기초 연구	연구 분야 전문지식, 외국어 능력, 기획력, 시장분석력, 창의/집중력
기획	중장기 경영전략 수립, 경영정보 수집 및 분석, 투자사 관리, 손익 분석	재무/회계/경제/경영 지식, 창의력, 분석력, 전략적 사고
영업 (국내/해외)	신시장 및 신규고객 발굴, 네트워크 구축, 거래선 관리	제품지식, 협상력, 프리젠테이션 능력, 정보력, 도전정신
마케팅	시장조사, 마케팅 전략수립, 성과 관리, 브랜드 관리	마케팅/제품/통계지식, 분석력, 통찰력, 의사결정력
총무	자산관리, 문서관리, 의전 및 비서, 행사 업무, 환경 등 위생관리	책임감, 협조성, 대외 섭외력, 부동산 및 보험 등 일반지식
인사/교육	채용, 승진, 평가, 보상, 교육, 인재개발	조직구성 및 노사 이해력, 교육학 지식, 객관성, 사회성
홍보/광고	홍보, 광고, 언론/사내 PR, 커뮤니케이션	창의력, 문장력, 기획력, 매체의 이해

① 연구개발팀　　　② 홍보/광고팀
③ 마케팅팀　　　　④ 기획팀
⑤ 영업팀

▮26~27▮ 다음 한국 주식회사의 〈조직도〉 및 〈전결규정〉을 보고 이어지는 물음에 답하시오.

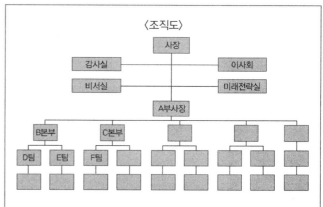

〈조직도〉

〈전결규정〉

업무내용	결재권자			
	사장	부사장	본부장	팀장
주간업무보고				○
팀장급 인수인계		○		
백만 불 이상 예산집행	○			
백만 불 이하 예산집행		○		
이사회 위원 위촉	○			
임직원 해외 출장	○(임원)		○(직원)	
임직원 휴가	○(임원)		○(직원)	
노조관련 협의사항		○		

※ 결재권자가 출장, 휴가 등 사유로 부재중일 경우에는 결재권자의 차상급 직위자의 전결사항으로 하되, 반드시 결재권자의 업무 복귀 후 후결로 보완한다.

26 한국 주식회사의 업무 조직도로 보아 사장에게 직접 보고를 할 수 있는 조직원은 모두 몇 명인가?

① 1명　　　　　　② 2명
③ 3명　　　　　　④ 4명
⑤ 5명

27 한국 주식회사 임직원들의 다음과 같은 업무 처리 내용 중 사내 규정에 비추어 적절한 행위로 볼 수 있는 것은 어느 것인가?

① C본부장은 해외 출장을 위해 사장 부재 시 비서실장에게 최종 결재를 득하였다.

② B본부장과 E팀 직원의 동반 출장 시 각각의 출장신청서에 대해 사장에게 결재를 득하였다.

③ D팀에서는 50만 불 예산이 소요되는 프로젝트의 최종 결재를 위해 부사장 부재 시 본부장의 결재를 득하였고, 중요한 결재 서류인 만큼 결재 후 곧바로 문서보관함에 보관하였다.

④ E팀에서는 그간 심혈을 기울여 온 300만 불의 예산이 투입되는 해외 프로젝트의 최종 계약 체결을 위해 사장에게 동반 출장을 요청하기로 하였다.

⑤ F팀 직원 甲은 해외 출장을 위해 사장 부재 시 부사장에게 최종 결재를 득한 후 후결로 보완하였다.

28 [조건]을 참고하여 스프레드시트(엑셀) 문서를 작성하였다. (가)에 사용된 함수와 (나)의 결과를 바르게 연결한 것은?

```
[조건]
• 성별은 주민등록번호의 8번째 문자가 '1'이면 '남자', '2'이면 '여자'로 출력한다.
• [G5]셀의 수식은 아래와 같다.
  =IF(AND(D5>=90,OR(E5>=80,F5>=90)),"합격","불합격")
```

	A	B	C	D	E	F	G	
1		00회사 신입사원 선발 시험						
2								
3	이름	주민등록번호	성별	면접	회화	전공	평가	
4	김유신	900114-1010×××	남자	90	80	90	합격	← (가)
5	송시열	890224-1113×××	남자	90	80	70		← (나)
6	최시라	881029-2335×××	여자	90	70	80	불합격	
7	이순신	911201-1000×××	남자	90	90	90	합격	
8	강려나	890707-2067×××	여자	80	80	80	불합격	

	(가)	(나)
①	=IF(MID(B4,8,1)="1","남자","여자")	합격
②	=IF(MID(B4,8,1)="1","여자","남자")	불합격
③	=IF(RIGHT(B4,8)="1","남자","여자")	합격
④	=IF(RIGHT(B4,8)="1","여자","남자")	불합격
⑤	=IF(LEFT(B4,8)="1","남자","여자")	합격

29 다음 [조건]에 따라 작성한 [함수식]에 대한 설명으로 옳은 것을 〈보기〉에서 고른 것은?

```
[조건]
• 품목과 수량에 대한 위치는 행과 열로 표현한다.
```

행 \ 열	A	B
1	품목	수량
2	설탕	5
3	식초	6
4	소금	7

```
[함수 정의]
• IF(조건식, ㉠, ㉡) : 조건식이 참이면 ㉠ 내용을 출력하고,
  거짓이면 ㉡ 내용을 출력한다.
• MIN(B2, B3, B4) : B2, B3, B4 중 가장 작은 값을 반환한다.
```

```
[함수식]
= IF(MIN(B2, B3, B4) > 3, "이상 없음", "부족")
```

```
〈보기〉
㉠ 반복문이 사용되고 있다.
㉡ 조건문이 사용되고 있다.
㉢ 출력되는 결과는 '부족'이다.
㉣ 식초의 수량(B3) 6을 1로 수정할 때 출력되는 결과는 달라진다.
```

① ㉠, ㉡

② ㉠, ㉢

③ ㉡, ㉢

④ ㉡, ㉣

⑤ ㉢, ㉣

▌30~31▐ 다음 글을 읽고 이어지는 물음에 답하시오.

A사와 B사는 동일한 S제품을 생산하는 경쟁 관계에 있는 두 기업이며, 다음과 같은 각기 다른 특징을 가지고 마케팅을 진행하였다.

A사

후발 주자로 업계에 뛰어든 A사는 우수한 품질과 생산 설비의 고급화를 이루어 S제품 공급을 고가 정책에 맞추어 진행하기로 하였다. 이미 S제품의 개발이 완료되기 이전부터 A사의 잠재력을 인정한 해외의 K사로부터 장기 공급계약을 체결하는 등의 실적을 거두며 대내외 언론으로부터 조명을 받았다. A사는 S제품의 개발 단계에서, 인건비 등 기타 비용을 포함한 자체 마진을 설비 1대당 1천만 원, 연구개발비를 9천만 원으로 책정하고 총 1억 원에 K사와 계약을 체결하였으나 개발 완료 시점에서 알게 된 실제 개발에 투입된 연구개발비가 약 8천 5백만 원으로 집계되어 추가의 이익을 보게 되었다.

B사

A사보다 먼저 시장에 진입한 B사는 상대적으로 낮은 인건비의 기술 인력을 확보할 수 있어서 동일한 S제품을 생산하는 데 A사보다 다소 저렴한 가격 구조를 형성할 수 있었다. B사는 당초 설비 1대당 5백만 원의 자체 마진을 향유하며 연구개발비로 약 8천만 원이 소요될 것으로 예상, 총 8천 5백만 원으로 공급가를 책정하고, 저가 정책에 힘입어 개발 완료 이전부터 경쟁자들을 제치고 많은 거래선들과 거래 계약을 체결하게 되었다. 그러나 S제품 개발이 완료된 후 비용을 집계해 본 결과, 당초 예상과는 달리 A사와 같은 8천 5백만 원의 연구개발비가 투입되었음을 알게 되어 개발 단계에서 5백만 원의 추가 손실을 보게 되었다.

30 다음 중 위와 같은 상황 속에서 판단할 수 있는 설명으로 적절하지 않은 것은?

① A사는 결국 높은 가격으로 인하여 시장점유율이 하락할 것이다.

② B사는 물건을 만들면 만들수록 계속 손실이 커지게 될 것이다.

③ A사가 경쟁력을 확보하려면 가격을 인하하여야 한다.

④ 비용을 가급적 적게 책정한다고 모두 좋은 것은 아니다.

⑤ 결국 실제 들어가는 비용보다 조금 높은 개발비를 책정하여야 한다.

31 예산자원 관리의 측면에서 볼 때, 윗글이 암시하고 있는 예산 관리의 특징으로 적절하지 않은 것은?

① 예산만 정확하게 수립되면 실제 활동이나 사업 진행하는 과정상 관리가 크게 개입될 필요가 없다.

② 개발 비용 > 실제 비용의 경우 결국 해당 기업은 경쟁력을 상실하게 된다.

③ 실제 비용 > 개발 비용의 경우 결국 해당 기업은 지속 적자가 발생한다.

④ 실제 비용 = 개발 비용으로 유지하는 것이 가장 바람직하다.

⑤ 예산관리는 최소의 비용으로 최대의 이익을 얻기 위해 요구되는 능력이다.

32 신입사원 甲은 각 부서별 소모품 구매업무를 맡게 되었다. 아래 자료를 참고할 때, 가장 저렴한 가격에 소모품을 구입할 수 있는 곳은 어디인가?

〈소모품별 1회 구매수량 및 구매 제한가격〉

구분	A 물품	B 물품	C 물품	D 물품	E 물품
1회 구매수량	2 묶음	3 묶음	2 묶음	2 묶음	2 묶음
구매 제한가격	25,000원	5,000원	5,000원	3,000원	23,000원

※ 물품 신청 시 1회 구매수량은 부서에 상관없이 매달 일정하다. 예를 들어, A 물품은 2 묶음, B 물품은 3 묶음 단위이다.
※ 물품은 제한된 가격 내에서 구매해야 하며, 구매 제한가격을 넘는 경우에는 구매할 수 없다. 단, 총 구매 가격에는 제한이 없다.

〈소모품 구매 신청서〉

구분	A 물품	B 물품	C 물품	D 물품	E 물품
부서 1	○		○		○
부서 2		○	○	○	
부서 3	○		○	○	○
부서 4		○	○		○
부서 5	○		○	○	○

〈업체별 물품 단가〉

구분	A 물품	B 물품	C 물품	D 물품	E 물품
가 업체	12,400	1,600	2,400	1,400	11,000
나 업체	12,200	1,600	2,450	1,400	11,200
다 업체	12,400	1,500	2,550	1,500	11,500
라 업체	12,500	1,500	2,400	1,300	11,300

(물품 단가는 한 묶음당 가격)

① 가 업체
② 나 업체
③ 다 업체
④ 라 업체
⑤ 모두 동일하다

33 다음은 프린터의 에러표시과 이에 대한 조치사항을 설명한 것이다. 에러표시에 따른 조치로 적절하지 못한 것은?

에러표시	원인 및 증상	조치
Code 02	용지 걸림	프린터를 끈 후, 용지나 이물질을 제거하고 프린터의 전원을 다시 켜십시오.
	용지가 급지되지 않거나 한 번에 두 장 이상의 용지가 급지됨	용지를 다시 급지하고 ◎버튼을 누르십시오.
	조절레버 오류	급지된 용지에 알맞은 위치와 두께로 조절레버를 조정하십시오.
Code 03	잉크 잔량이 하단선에 도달	새 잉크 카트리지로 교체하십시오.
	잉크 잔량 부족	잉크 잔량이 하단선에 도달할 때까지 계속 사용할 것을 권장합니다.
	잉크카트리지가 인식되지 않음	• 잉크 카트리지의 보호 테이프가 제거되었는지 확인하십시오. • 잉크 카트리지를 아래로 단단히 눌러 딸깍 소리가 나는 것을 확인하십시오.
	지원하지 않는 잉크 카트리지가 설치됨	프린터와 카트리지 간의 호환 여부를 확인하십시오.
	잉크패드의 수명이 다 되어감	잉크패드를 고객지원센터에서 교체하십시오. ※ 잉크패드는 사용자가 직접 교체할 수 없습니다.
Code 04	메모리 오류	• 메모리에 저장된 데이터를 삭제하십시오. • 해상도 설정을 낮추십시오. • 스캔한 이미지의 파일 형식을 변경하십시오.

① Code 02 : 프린터를 끈 후 용지가 제대로 급지되었는지 확인하였다.
② Code 03 : 잉크 카트리지 잔량이 부족하지만 그대로 사용하였다.
③ Code 03 : 카트리지의 보호테이프가 제거되었는지 확인 후 다시 단단히 결합하였다.
④ Code 03 : 잉크패드 수명이 다 되었으므로 고객지원센터에서 정품으로 구매하여 교체하였다.
⑤ Code 04 : 스캔한 이미지를 낮은 메모리방식의 파일로 변경하였다.

34 다음은 새로운 맛의 치킨을 개발하는 과정이다. 단계 1~5를 프로그래밍 절차에 비유했을 경우, 이에 대한 설명으로 옳은 것을 모두 고른 것은?

단계 1 : 소비자가 어떤 맛의 치킨을 선호하는지 온라인으로 설문 조사한 결과 ○○ 소스 맛을 가장 좋아한다는 것을 알게 되었다. 단계 2 : ○○ 소스 맛 치킨을 만드는 과정을 이해하기 쉽도록 약속된 기호로 작성하였다. 단계 3 : 단계 2의 결과에 따라 ○○ 소스를 개발하여 새로운 맛의 치킨을 완성하였다. 단계 4 : 새롭게 만든 치킨을 손님들에게 무료로 시식할 수 있도록 제공하였다. 단계 5 : 시식 결과 손님들의 반응이 좋아 새로운 메뉴로 결정하였다.

㉠ 단계 1은 '문제 분석' 단계이다. ㉡ 단계 2는 '코딩 · 입력' 단계이다. ㉢ 단계 4는 '논리적 오류'를 발견할 수 있는 단계이다. ㉣ 단계 5는 '프로그램 모의 실행' 단계이다.

① ㉠, ㉡

② ㉠, ㉢

③ ㉡, ㉢

④ ㉡, ㉣

⑤ ㉢, ㉣

35 다음 매뉴얼의 종류는 무엇인가?

• 물기나 습기가 없는 건조한 곳에 두세요. – 습기 또는 액체 성분은 부품과 회로에 손상을 줄 수 있습니다. – 물에 젖은 경우 전원을 켜지 말고(켜져 있다면 끄고, 꺼지지 않는다면 그대로 두고, 배터리가 분리될 경우 배터리를 분리하고) 마른 수건으로 물기를 제거한 후 서비스 센터에 가져가세요. – 제품 또는 배터리가 물이나 액체 등에 젖거나 잠기면 제품 내부에 부착된 침수 라벨의 색상이 바뀝니다. 이러한 원인으로 발생한 고장은 무상 수리를 받을 수 없으므로 주의하세요. • 제품을 경사진 곳에 두거나 보관하지 마세요. 떨어질 경우 충격으로 인해 파손될 수 있으며 고장의 원인이 됩니다. • 제품을 동전, 열쇠, 목걸이 등의 금속 제품과 함께 보관하지 마세요. – 제품이 변형되거나 고장 날 수 있습니다. – 배터리 충전 단자에 금속이 닿을 경우 화재의 위험이 있습니다. • 걷거나 이동 중에 제품을 사용할 때 주의하세요. 장애물 등에 부딪혀 다치거나 사고가 날 수 있습니다. • 제품을 뒷주머니에 넣거나 허리 등에 차지 마세요. 제품이 파손되거나 넘어졌을 때 다칠 수 있습니다.

① 제품 매뉴얼

② 업무 매뉴얼

③ 외식 매뉴얼

④ 부품 매뉴얼

⑤ 작업량 매뉴얼

36 아래의 기사는 기자와 어느 국회의원과의 일문일답 중 한 부분을 발췌한 것이다. 다음 중 인터뷰에 응하는 A 국회의원이 중요하게 여기는 리더십에 대한 설명으로 옳은 것을 고르면?

> 기자 : 역대 대통령들은 지역 기반이 확고했습니다. A 의원님 처럼 수도권이 기반이고, 지역 색이 옅은 정치인은 대권에 도전하기 쉽지 않다는 지적이 있습니다. 이에 대해 어떻게 생각 하시는지요
>
> A 의원 : 여러 가지 면에서 수도권 후보는 새로운 시대정신에 부합한다고 생각합니다.
>
> 기자 : 통일은 언제쯤 가능하다고 보십니까. 남북이 대치한 상황에서 남북 간 관계는 어떻게 운용해야 한다고 생각하십니까?
>
> A 의원 : 누가 알겠습니까? 통일이 언제 갑자기 올지…. 다만 언제가 될지 모르는 통일에 대한 준비와 함께, 통일을 앞당기려는 노력이 필요하다고 생각합니다.
>
> 기자 : 최근 읽으신 책 가운데 인상적인 책이 있다면 두 권만 꼽아주십시오.
>
> A 의원 : 댄 세노르, 사울 싱어의 「창업국가」와 최재천 교수의 「손잡지 않고 살아남은 생명은 없다」입니다. 「창업국가」는 이전 정부의 창조경제 프로젝트 덕분에 이미 많은 분들이 접하셨을 것이라 생각하는데요. 이 책에는 정부 관료와 기업인들은 물론 혁신적인 리더십이 필요한 사람들이 참고할만한 내용들이 풍부하게 담겨져 있습니다. 특히 인텔 이스라엘 설립자 도브 프로먼의 '리더의 목적은 저항을 극대화시키는 일이다. 그래야 의견차이나 반대를 자연스럽게 드러낼 수 있기 때문이다'라는 말에서, 서로의 의견 차이를 존중하면서도 끊임없는 토론을 자극하는 이스라엘 문화의 특징이 인상 깊었습니다. 뒤집어 생각해보면, 다양한 사람들의 반대 의견까지 청취하고 받아들이는 리더의 자세가, 제가 중요하게 여기는 '경청의 리더십, 서번트 리더십'과도 연결되지 않나 싶습니다.

(후략)

① 탁월한 리더가 되기 위해서는 차가운 지성만이 아닌 뜨거운 가슴도 함께 가지고 있어야 한다.

② 리더 자신의 특성에서 나오는 힘과 부하들이 리더와 동일시하려는 심리적 과정을 통해서 영향력을 행사하며, 부하들에게 미래에 대한 비전을 제시하거나 공감할 수 있는 가치체계를 구축하여 리더십을 발휘하게 하는 것이다.

③ 리더가 직원을 보상 및 처벌 등으로 촉진시키는 것이다.

④ 자신에게 실행하는 리더십을 말하는 것으로 자신이 스스로에게 영향을 미치는 지속적인 과정이다.

⑤ 기업 조직에 적용했을 경우 기업에서는 팀원들이 목표달성뿐만이 아닌 업무와 관련하여 개인이 서로 성장할 수 있도록 지원하고 배려하는 것이라고 할 수 있다.

37 N팀 직원들은 4차 산업혁명 기술을 이용한 서비스 방법에 대해 토의를 진행하며 다음과 같은 의견들을 제시하였다. 다음 중 토의를 위한 기본적인 태도를 제대로 갖추지 못한 사람은 누구인가?

> A : "고객 정보 빅데이터 구축에 관련해서 추가 진행 사항 있습니까?"
>
> B : "시스템 관련부서와 논의를 해보았는데요. 고객 정보의 보안문제도 중요하기 때문에 모든 정보를 개방하여 빅데이터를 구축하기엔 한계가 있다는 의견입니다."
>
> C : "입사한지 얼마 안 돼서 그런지 모르겠지만 일의 추진력이 부족하시네요. 일단은 시험 서비스를 진행하고 그런 문제는 추후에 해결하는 게 좋겠습니다."
>
> D : "철도자율주행 시스템을 도입하는 것은 어떻습니까?"
>
> E : "자율주행 시스템이 도입되면 도착, 출발 시간이 더욱 정확해져 알림 서비스의 질도 높아 질 것 같습니다."
>
> F : "저도 관련 자료를 찾아봤는데요. 한 번 같이 보시고 이야기 나눠보죠."

① B
② C
③ D
④ E
⑤ F

38 대인관계의 가장 중요한 요인 중 하나는 협력이라고 할 수 있다. 다음 중 협력을 장려하는 환경을 조성하기 위한 노력으로 적절하지 않은 것은?

① 아이디어가 상식에서 벗어난다고 해도 공격적인 비판은 삼간다.

② 팀원들이 침묵하지 않도록 자극을 주어야 한다.

③ 팀원들의 말에 흥미를 가져야 한다.

④ 아이디어를 개발하도록 팀원들을 고무시켜야 한다.

⑤ 관점을 바꿔야 한다.

39 다음의 기사를 읽고 제시된 사항 중 올바른 명함교환예절로 볼 수 없는 항목을 모두 고르면?

직장인의 신분을 증명하는 명함. 명함을 주고받는 간단한 행동 하나가 나의 첫인상을 결정짓기도 한다. 나의 명함을 받은 상대방은 한 달 후에 내 명함을 보관할 수도 버릴 수도 있다. 명함을 어떻게 활용하느냐에 따라 기억이 되는 사람이 될 수도, 잊히는 사람이 될 수도 있다는 것. 그렇다면 나에 대한 첫인상을 좋게 남기기 위한 명함 예절에는 어떤 것들이 있을까?

명함은 나를 표현하는 얼굴이며, 상대방의 명함 역시 그의 얼굴이다. 메라비언 법칙에 따르면 첫인상을 결정짓는 가장 큰 요소는 바디 랭귀지(표정·태도) 55%, 목소리 38%, 언어·내용 7% 순이라고 한다. 단순히 명함을 주고받을 때의 배려있는 행동만으로도 상대방에게 좋은 첫인상을 심어 줄 수 있다. 추후 상대방이 나의 명함을 다시 보게 됐을 때 교양 있는 사람으로 기억되고 싶다면 명함 예절을 꼭 기억해 두는 것이 좋다.

㉠ 명함은 오른손으로 받는 것이 원칙이다.
㉡ 거래를 위한 만남인 경우 판매하는 쪽이 먼저 명함을 건넨다.
㉢ 자신의 소속 및 이름 등을 명확하게 밝힌다.
㉣ 명함을 맞교환 할 시에는 왼손으로 받고 오른손으로 건넨다.
㉤ 손윗사람이 먼저 건넨다.

① ㉠, ㉡, ㉢, ㉣, ㉤

② ㉠, ㉡, ㉣, ㉤

③ ㉡, ㉢, ㉣, ㉤

④ ㉢, ㉣

⑤ ㉤

40 A사에 입사한 원모는 근무 첫날부터 지각을 하는 상황에 놓이게 되었다. 급한 마음에 계단이 아닌 엘리베이터를 이용하게 되었고 다행히도 지각을 면한 원모는 교육 첫 시간에 엘리베이터 및 계단 이용에 관한 예절교육을 듣게 되었다. 다음 중 원모가 수강하고 있는 엘리베이터 및 계단 이용 시의 예절 교육에 관한 내용으로써 가장 옳지 않은 내용을 고르면?

① 방향을 잘 인지하고 있는 여성 또는 윗사람과 함께 엘리베이터를 이용할 시에는 여성이나 윗사람이 먼저 타고 내려야 한다.

② 엘리베이터의 경우에 버튼 방향의 뒤 쪽이 상석이 된다.

③ 계단의 이용 시에 상급자 또는 연장자가 중앙에 서도록 한다.

④ 안내원은 엘리베이터를 탈 시에 손님들보다는 나중에 타며, 내릴 시에는 손님들보다 먼저 내린다.

⑤ 계단을 올라갈 시에는 남성이 먼저이며, 내려갈 시에는 여성이 앞서서 간다.

1 앤소프의 성장 벡터에 대한 설명으로 옳지 않은 것은?

① 시장개발의 경우 시장침투보다 위험이 큰 전략이므로, 신제품의 개발보다는 기존 제품으로 시장점유율을 우선 확보해야 한다.

② 신시장, 신제품의 경우 위험도가 가장 높으므로 다각화 전략이 필요하다.

③ 제품개발 전략의 경우 브랜드에 대한 고객의 충성도가 높은 경우 유리하다.

④ 기존시장에 기존 제품을 판매하는 것은 시장침투 전략에 해당한다.

⑤ 제품개발, 시장침투, 기장개발 등의 전략을 확대전략으로 파악하고, 다각화를 이와 대비되는 전략으로 보았다.

2 BCG(Boston Consulting Group) 매트릭스에 대한 설명으로 옳은 것으로만 묶은 것은?

> ㉠ 시장성장률이 높다는 것은 그 시장에 속한 사업부의 매력도가 높다는 것을 의미한다.
> ㉡ 매트릭스 상에서 원의 크기는 전체 시장규모를 의미한다.
> ㉢ 유망한 신규사업에 대한 투자재원으로 활용되는 사업부는 현금젖소(Cash Cow) 사업으로 분류된다.
> ㉣ 상대적 시장점유율은 시장리더기업의 경우 항상 1.0이 넘으며 나머지 기업은 1.0이 되지 않는다.

① ㉠, ㉡

② ㉠, ㉢

③ ㉡, ㉣

④ ㉢, ㉣

⑤ ㉡, ㉢

3 매슬로우의 욕구이론단계의 각 단계별 설명 중 옳지 않은 것은?

① 생리적 욕구 : 의식주와 같이 인간에게 있어서 가장 기본적이고 저차원적인 욕구

② 안전 욕구 : 복리후생제도 등 신체적 안전, 심리적 안정을 위한 욕구

③ 소속감 욕구 : 타인으로부터의 인정 등 사회적 인간으로서의 욕구

④ 존경의 욕구 : 자신의 존중, 타인의 존경을 필요로 하는 자신감, 권력욕 등의 욕구

⑤ 자아실현의 욕구 : 자기 본래의 모습 또는 삶의 의미를 찾는 등 자기완성에 대한 욕구

4 의사결정의 이론 모형 중 기술적 모형에 관한 내용으로 가장 옳지 않은 것은?

① 현실상황에서 실제 의사결정을 내리는 방식을 설명하는 모형을 말한다.

② 의사결정자는 대안과 그 결과에 대해 완전한 정보를 가질 수 있는 무제한 합리성을 전제로 한다.

③ 이러한 모형에서의 의사결정자는 관리적 인간으로 만족을 추구한다.

④ 제약된 합리성 하에서 의사결정을 내리는 경우에 최적의 의사결정보다는 만족스러운 의사결정을 추구한다.

⑤ 지식의 불완전성, 예측의 곤란성, 가능한 대체안의 제약을 전제하는데 주로 비정형화된 문제해결에 적합하다.

5 다음은 막스 베버의 관료제에 대한 설명이다. 이 중 가장 옳지 않은 것은?

① 과업에 기반한 체계적인 노동의 분화

② 불안정적이고 불명확한 권한계층

③ 문서로 이루어진 규칙 및 의사결정

④ 기술적 능력에 따른 승진을 기반으로 하는 구성원 개개인 평생의 경력관리

⑤ 표준화된 운용절차의 일관된 시스템

6 다음 그림은 포지셔닝 맵에 대한 것이다. 다음 중 이와 관련한 내용으로 보기 어려운 것을 고르면?

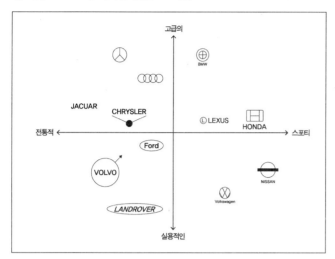

① 위 그림은 기업 및 제품에 대해 위상을 정립하기 위해 마케팅 믹스를 통해서 소비자들에게 자사 제품의 정확한 위치를 인식시키는 것이라 할 수 있다.

② 소비자가 시장에 있는 각각의 제품에 대해 지각하고 있는 유사점과 차이점을 선별하여 2차원 또는 3차원의 도면으로 작성하는 방법이다.

③ 포지셔닝의 기준이 되는 지표의 선정이 중요하다.

④ 지표의 경우 제품에 대한 공급자들이 판매를 할 때 중요하게 고려되는 것으로 선정해야 한다.

⑤ 이 경우 직접 또는 간접적으로 경쟁하고 있는 브랜드들의 시장 내에서 차지하는 위치와 소비자들의 인식을 한눈에 확인 할 수 있다.

7 하우스와 에반스(House & Evans)의 경로-목표 리더십이론에 대한 설명으로 옳지 않은 것은?

① 효과적 리더십의 유형은 상황변수에 따라 달라질 수 있음을 제시하였다.

② 지시적 리더십은 부하들의 역할 모호성이 높은 상황에서 필요한 리더십 유형이다.

③ 성취지향적 리더십은 부하가 과업을 어렵게 느끼거나 자신감이 결여되었을 때 불안감을 감소시킴으로서 부하의 노력 수준을 높일 수 있게 한다.

④ 참여적 리더십은 부하들이 구조화되지 않은 과업을 수행할 때 필요한 리더십 유형이다.

⑤ 경로-목표 리더십이론은 리더의 역할이 부하들 개인이나 조직의 목표를 달성하는데 대한 동기를 부여하는 것이다.

8 다음 중 인간관계론의 한계를 잘못 설명한 것은?

① 사회적, 심리적인 욕구 충족에 따른 성과의 불투명

② 직무자체에 있어서의 동기부여 기능 및 역할의 무시

③ 경제적, 합리적인 요인의 중시

④ 지나친 비공식 조직의 중시

⑤ 관리자의 배제, 생산자 중심의 연구

9 다음 중 리더십 특성이론에 대한 설명으로 잘못된 것은?

① 연구가 진행될수록 특성요인의 수가 많아진다.

② 연구가 진행될수록 특성 간 연관성이 높아진다.

③ 리더의 특성만으로는 리더십 과정을 이해하는데 한계가 있다.

④ 계층과 지위에 따라서 경영에 상이한 자질과 특성을 필요로 한다.

⑤ 여러 특성들이 실제 리더십을 발휘하는데 밀접한 관계가 없다는 실증적 연구들이 제시되고 있다.

10 다음 중 직무분석에서 다루고 있는 개념들에 대한 설명으로 가장 옳지 않은 것을 고르면?

① 직위는 특정 개인에게 부여된 모든 과업의 집단을 말한다.

② 직무는 작업의 종류 및 수준이 비슷한 직위들의 집단을 말한다.

③ 직군은 비슷한 종업원의 특성을 요구하거나 또는 비슷한 과업을 포함하고 있는 두 가지 이상 직무의 집단을 말한다.

④ 과업은 기업 조직에서 독립된 목적으로 수행되는 하나의 명확한 작업 활동을 말한다.

⑤ 직무기술서는 직무분석의 결과를 토대로 특정한 목적의 관리절차를 구체화하는 데 있어 편리하도록 정리한 것을 말한다.

11 다음은 직무평가의 방법 중 Ranking Method에 대한 것이다. 이에 대한 내용으로 틀린 것은?

① 직무평가의 방법 중에서 가장 간편한 방법이다.

② 적은 비용으로 평가가 가능한 방식이다.

③ 평가대상의 직무수가 많으면, 활용하기가 곤란하다는 문제가 있다.

④ 절대적 성과차이를 구별할 수 있다.

⑤ 평가 시에는 평가자의 주관이 개입될 수 있다.

12 프렌치(J. R. P. French)와 레이븐(B.H. Raven)은 개인이 갖는 권력의 원천을 다섯 가지로 구분하였는데, 이에 속하지 않는 것은?

① 자율적 권력

② 보상적 권력

③ 합법적 권력

④ 준거적 권력

⑤ 전문적 권력

13 다음은 TWO-BIN 방식에 대한 설명이다. 옳지 않은 것은?

① 두 개의 상자에 부품을 보관하여 필요 시 하나의 상자에서 계속 부품을 꺼내어 사용하다가 처음 상자가 바닥날 때까지 사용하고 나면, 발주를 시켜 바닥난 상자를 채우는 방식이다.

② 일반적으로 조달기간 동안에는 나머지 상자에 남겨져 있는 부품으로 충당한다.

③ 발주점법의 변형인 투-빈 시스템은 주로 고가품에 적용된다.

④ 재고수준을 계속 조사할 필요가 없다.

⑤ ABC의 C그룹에 적용되는 방식이다.

14 다음 중 MRP의 전제조건으로 보기 어려운 것은?

① 원자재 및 구입품 등의 표시가 가능한 자재명세서가 있어야 한다.

② 기록된 자료들에 대한 정확성은 높되 그로 인한 유용성은 반드시 높을 필요가 없다.

③ 제품이 언제, 얼마만큼 필요한지를 확인할 수 있는 생산계획이 수립되어야 한다.

④ 모든 재고품목들의 확인이 가능해야 한다.

⑤ 모든 재고품목들의 구별이 가능해야 한다.

15 다음 중 판단력 및 문제해결에 있어 개인보다 많은 정보와 경험, 아이디어 및 비판적인 능력을 갖고 있는 집단적 의사결정의 특성으로 보기 어려운 것을 고르면?

① 전문화가 가능하게 된다.

② 시간 및 자원의 낭비를 초래하게 된다.

③ 시너지의 효과를 얻을 수 있다.

④ 타협안보다는 최적안을 선택하게 된다.

⑤ 특정 사람들로 인해 자유로운 의견에 대한 제시를 방해할 수 있다.

16 다음 중 종속수요품목에 대한 설명으로 옳지 않은 것은?

① 수요발생의 원천으로는 기준생산계획이다.

② 종속수요품목에서 재고품목은 원자재, 재공품 등이 속한다.

③ 재고관리기법으로는 유통소요량 계획, 통계적 재주문점 방식 등이 활용된다.

④ 품목의 용도는 생산이다.

⑤ 수요의 성격으로는 소요시점의 계산이 가능하다.

17 다음 중 제조전략에서 중요하게 여기는 구성변수로 보기 어려운 것은?

① 신속성   ② 품질

③ 쇠퇴기간   ④ 원가

⑤ 신축성

18 다음 총괄생산계획에서의 비용 요소 중 생산율 변동비용에 포함되지 않는 것은?

① 잔업비용

② 해고비용

③ 마케팅비용

④ 하청비용

⑤ 고용비용

19 다음 재고의 기능 중 경제적 발주량의 실행으로 인해 대량취급의 이점을 얻을 수 있는 것을 지칭하는 것은?

① 생산의 안정화

② 재고의 보유로 인한 판매의 촉진

③ 부문 간의 완충

④ 취급수량에 있어서의 경제성

⑤ 소비자들에 대한 서비스

20 다음 중 마케팅 조사과정을 바르게 나열한 것은?

① 조사문제의 정의→마케팅조사의 설계→조사목적의 결정→자료의 수집과 분석→보고서 작성

② 조사문제의 정의→조사목적의 결정→자료의 수집과 분석→마케팅조사의 설계→보고서 작성

③ 조사문제의 정의→조사목적의 결정→마케팅조사의 설계→자료의 수집과 분석→보고서 작성

④ 조사문제의 정의→마케팅조사의 설계→자료의 수집과 분석→조사목적의 결정→보고서 작성

⑤ 조사목적의 결정→조사문제의 정의→마케팅조사의 설계→자료의 수집과 분석→보고서 작성

21 사업자가 자기가 취급하는 상품을 타사의 상품과 식별 (이름, 표시, 도형 등을 총칭)하기 위하여 상품에 사용하는 표지를 상표라 하는데, 다음 중 회사의 입장에서 상표의 좋은 점으로 보기 어려운 것은?

① 자사만의 제품특성을 법적으로 보호를 받음으로서, 타사가 모방할 수 없게 해준다.

② 상표를 사용함으로서, 판매업자로 인해 주문 처리와 문제점 추적을 쉽게 할 수 있다.

③ 고객의 자사제품에 대한 신뢰도를 구축하여 꾸준하게 구매가능성이 높은 고객층을 확보하도록 해준다.

④ 상표는 상품구매의 효율성을 높여준다. 구매자들은 특정 상품에 대한 충성도가 높으면 높을수록 해당 상품에 대한 식별을 용이하게 하여, 구매할 수 있기 때문이다.

⑤ 고객에 대한 기업의 이미지가 상승한다.

22 다음 박스 안의 내용을 참조하여 각 내용이 의미하는 바를 적절하게 표현한 것을 고르면?

- (㉠)으로 동일한 상품일지라도 소비자에 따라 품질이나 성과가 다르게 평가되는데, 예를 들면 동일한 여행일정으로 여행을 다녀온 소비자들 간에도 해당 여행에 대한 평가는 서로 다를 수 있다.
- 한국병원경영연구원은 24일 대한병원협회에서 개최된 '국내병원의 START 홍보전략' 세미나에서 변화하고 있는 병원 홍보 트렌드에 대해 소개했다. 신현희 연구원은 "의료 서비스는 사물이 아니기 때문에 진열이나 설명이 어렵고 환자가 직접 시술을 받기 전에는 확인이 불가능한 (㉡)적인 측면이 있다"고 말했다.

---

① 서비스의 특성 중 ㉠은 소멸성을 의미하고, ㉡은 무형성을 의미한다.

② 서비스의 특성 중 ㉠은 비분리성을 의미하고, ㉡은 소멸성을 의미한다.

③ 서비스의 특성 중 ㉠은 무형성을 의미하고, ㉡ 이질성을 의미한다.

④ 서비스의 특성 중 ㉠은 소멸성을 의미하고, ㉡은 이질성을 의미한다.

⑤ 서비스의 특성 중 ㉠은 이질성을 의미하고, ㉡은 무형성을 의미한다.

23 다음 중 산업재 구매의사결정에 영향을 미치는 요인 중 개인적 요인에 해당하는 것은?

① 감정이입   ② 소득

③ 절차   ④ 시스템

⑤ 교육

24 소비재 시장과 비교한 산업재 시장의 특성과 가장 거리가 먼 것은?

① 공급자와 구매자의 밀접한 관계가 형성되어 있다.

② 산업재 시장의 구매자는 전문적 구매를 하는 경향이 있다.

③ 산업재 수요는 궁극적으로 소비재 수요로부터 파생된다.

④ 산업재 수요는 소비재 수요에 비해 가격 탄력적이다.

⑤ 산업재 수요는 소비재 수요에 비해 수요의 변동이 심하다.

25 다음 중 소비자 대상 판매촉진에 해당하는 것들로 바르게 묶은 것은?

㉠ 견본품	㉡ 구매공제
㉢ 입점공제	㉣ 사은품
㉤ 할인쿠폰	㉥ 진열공제

① ㉠, ㉡   ② ㉠, ㉢

③ ㉢, ㉥   ④ ㉣, ㉤

⑤ ㉣, ㉥

26 다음 직무평가의 방법 중 분류법은 서열법을 발전시킨 형태이다. 이 중 분류법에 대한 설명으로 가장 옳지 않은 것은?

① 사전에 규정된 등급 또는 어떠한 부류에 대해 평가하려는 직무를 배정함으로써 직무를 평가하는 방법이다.

② 이를 위해서는 직무등급의 수 및 각각의 등급에 해당되는 직무의 특성을 명확하게 해 놓은 직무등급 기술서가 있어야 한다.

③ 직무들의 수가 점점 많아지고 내용 또한 복잡해지게 되면, 정확한 분류를 할 수 없게 된다.

④ 분류자체에 대한 정확성을 확실하게 보장할 수 있다.

⑤ 고정화된 등급 설정으로 인해 사회적, 경제적, 기술적 변화에 따른 탄력성이 부족하다.

27 다음은 포지셔닝에 대한 설명들이다. 설명으로 가장 바르지 않은 것을 고르면?

① 경쟁제품에 의한 포지셔닝은 소비자들이 인지하고 있는 기존의 경쟁제품과 비교함으로써 자사 제품의 편익을 강조하는 전략을 말한다.

② 속성에 의한 포지셔닝은 자사제품의 속성이 경쟁제품에 비해 차별적인 속성을 가지고 있어 그에 대한 혜택을 제공한다는 것을 소비자에게 인지시키는 전략을 의미한다.

③ 이미지에 의한 포지셔닝은 제품이 가지고 있는 실제적인 편익을 소비자들에게 소구하는 전략이다.

④ 사용상황에 의한 포지셔닝은 자사 제품의 적절한 사용상황을 묘사함으로서 경쟁사의 제품과는 사용의 상황에 따라 차별적으로 다르다는 것을 소비자에게 인지시키는 전략을 의미한다.

⑤ 제품사용자에 의한 포지셔닝은 제품이 특정 사용자의 계층에 적합하다고 소비자에게 강조하여 포지셔닝하는 전략을 의미한다.

28 다음 교육훈련 중 OJT(On The Job Training)에 관한 내용으로 가장 거리가 먼 것은?

① 각 종업원의 습득 및 능력에 맞춰 훈련할 수 있다.

② 낮은 비용으로 훈련이 가능하다.

③ 일과 훈련에 따른 심적 부담이 증가된다.

④ 다수의 구성원들을 훈련시키는 데 있어 상당히 효과적인 방법이다.

⑤ 훈련이 추상적이 아닌 실제적이다.

29 다음 중 직원에 대한 인사고과의 과정에서 범하기 쉬운 오류에 대한 설명으로 가장 옳지 않은 것을 고르면?

① 피고과자의 한 가지 면을 보고 다른 것까지 모두 일반화하는 오류를 범한다.

② 피고과자의 실제 능력이나 실적보다 더 높게 평가하는 경향이 있다.

③ 피고과자를 평가함에 있어 중간 정도의 점수를 부여하는 경향을 보인다.

④ 쉽게 기억할 수 있는 최근의 실적이나 능력을 중심으로 평가하기 쉽다.

⑤ 부하와 좋은 인간관계를 갖고 있다면 오히려 능력을 낮게 평가하는 경향이 있다.

30 다음 중 인간관계론에 대한 설명으로 바르지 않은 것은?

① 인간관계론의 경우 공식적 조직보다는 비공식 조직의 역할에만 더욱 관심을 보였다.

② 구성원들의 귀속감과 집단사기를 상당히 중요시하였다.

③ 기업 조직의 내부적 환경 요소를 배제하였다.

④ 인간의 감성만을 중요시한 나머지 조직 능률의 저해를 초래하였다.

⑤ 민주적이면서 참여적인 관리 방식을 추구하는 이론이다.

31 노동조합이 사용주와 체결하는 노동협약에 있어 종업원의 자격 및 조합원 자격의 관계를 규정한 조항을 삽입하여 노동조합의 유지 및 발전을 도모하려는 제도를 숍 시스템이라고 하는데 아래의 내용은 어떠한 숍 제도를 의미하는가?

> 노동조합에 대한 가입 및 탈퇴에 대한 부분은 종업원들의 각자 자유에 맡기고, 사용자는 비조합들도 자유롭게 채용할 수 있기 때문에, 조합원들의 사용자에 대한 교섭권은 약화되어진다.

① Union Shop

② Closed Shop

③ Preferential Shop

④ Maintenance Of – Membership Shop

⑤ Open Shop

32 일반적으로 기업 조직이 종업원과 가족들의 생활수준을 높이기 위해서 마련한 임금 이외의 제반급부를 복리후생이라고 한다. 다음 중 복리후생에 대한 설명으로 바르지 않은 것을 고르면?

① 복리후생은 기대소득의 성격을 띠고 있다.

② 복리후생은 여러 가지 지급된다.

③ 복리후생은 구성원들의 생활수준을 안정시키는 역할을 수행한다.

④ 복리후생은 신분기준에 의해 운영되어진다.

⑤ 복리후생은 개인적인 보상의 성격을 지니고 있다.

33 다음 내용 중 괄호 안에 들어갈 말을 순서대로 바르게 나열한 것은?

> A감사는 인적자원정책의 (㉠)을 대상으로 하여 실시되는 감사를 의미하고, B 감사는 인적자원정책의 (㉡)을 대상으로 실시되는 예산감사를 의미하며, C 감사는 (㉢)을 대상으로 하는 감사를 말한다.

① ㉠ 경영면, ㉡ 인적자원관리의 효과, ㉢ 경제면

② ㉠ 경영면, ㉡ 경제면, ㉢ 인적자원관리의 효과

③ ㉠ 경제면, ㉡ 경영면, ㉢ 인적자원관리의 효과

④ ㉠ 경제면, ㉡ 인적자원관리의 효과, ㉢ 경영면

⑤ ㉠ 인적자원관리의 효과, ㉡ 경영면, ㉢ 경제면

34 다음 재무관리의 기능 중에서 주기능만으로 바르게 묶인 것은?

㉠ 운전자본관리	㉡ 자본예산결정
㉢ 배당의 결정	㉣ 투자의 결정
㉤ 자본조달결정	

① ㉠, ㉡, ㉢
② ㉡, ㉢, ㉣
③ ㉡, ㉣, ㉤
④ ㉢, ㉤
⑤ ㉣, ㉤

35 다음 중 현금흐름에 대한 추정 시 지켜야할 고려사항으로 보기 어려운 것은?

① 매몰원가, 기회비용 등에 대한 명확한 조정이 필요하다.
② 세금효과는 고려하지 않아도 된다.
③ 감가상각 등의 비현금지출비용 등에 각별히 유의해야 한다.
④ 인플레이션이 반영되어야 한다.
⑤ 증분현금흐름이 반영되어야 한다.

36 다음 중 말킬(Malkiel)이 제시한 채권가격의 정리에 대한 설명으로 바르지 않은 것은?

① 동일한 이자율 변동에 의해 만기까지의 기간이 길어질수록 장기채권의 가격은 단기채권의 가격보다 더 큰 폭으로 변동하게 된다.
② 이표이율이 높아질수록 일정한 시장이자율 변동에 의한 채권가격의 변동률은 작아지게 된다.
③ 이자율의 변동이 발생할 시에는 만기까지의 기간이 길어질수록 채권의 가격은 보다 더 커다란 폭으로 변동하게 된다.
④ 채권가격은 이자율 수준에서의 움직임과 동일한 방향으로 변동하게 된다.
⑤ 시장이자율이 동일한 크기로 상승하거나 또는 하락할 때 채권 가격의 하락 및 상승이 비대칭적이다.

37 다음 중 옵션가격의 결정요인에 해당하지 않는 것은?

① 기업 배당정책
② 행사가격
③ 만기까지의 기간
④ 무위험이자율
⑤ 기말자산의 가격

38 다음 자본자산 가격결정모형(CAPM)에 관한 설명 중 바르지 않은 것은?

① 차입이자율과 대출이자율이 다를 경우에는 CAPM 성립이 불가능하다.
② 이질적인 예측을 하는 경우 CAPM은 성립이 가능하다.
③ 자본자산 가격결정모형은 자본시장이 균형의 상태를 이룰 시에 자본자산의 가격과 위험과의 관계를 예측하는 모형을 말한다.
④ 무위험자산을 투자대상에 포함시켜 지배원리를 만족시키는 효율적인 투자선을 찾아내는 것을 자본시장선이라 한다.
⑤ 자본자산 가격결정이론은 세금 및 거래비용이 존재하지 않는 상황을 가정한다.

39 다음 중 완전자본시장에 대한 설명으로 틀린 설명은?

① 거래비용이 많이 발생하게 된다.
② 동일한 정보를 투자자들이 가지게 된다.
③ 자본, 배당 및 이자소득에 대한 세금이 없다.
④ 자산의 공매에 있어 제약이 없다.
⑤ 자산을 쪼개어서 거래할 수 있다.

40 다음 중 무위험자산의 시장이 균형 상태에 이르게 되었을 때, 무위험자산 시장 전체의 순차입액 및 순대여액은 얼마인가?

① 1
② −1
③ 0
④ 2
⑤ −2

서울교통공사

필기시험 모의고사

정답 및 해설

SEOWONGAK

(주)서원각

제1회 정답 및 해설

>> 직업기초능력평가

1 ④

빈칸에 들어갈 단어는 '시간이나 거리 따위를 본래보다 길게 늘림'의 뜻을 가진 연장(延長)이 가장 적절하다.
① 지연 : 무슨 일을 더디게 끌어 시간을 늦춤
② 지속 : 어떤 상태가 오래 계속됨
③ 지체 : 때를 늦추거나 질질 끎
⑤ 연속 : 끊이지 아니하고 죽 이어지거나 지속함

2 ②

① 필요할 때는 쓰고 필요 없을 때는 야박하게 버리는 경우를 이르는 말
③ 원수를 갚거나 마음먹은 일을 이루기 위하여 온갖 어려움과 괴로움을 참고 견딤
④ 공적인 일을 먼저 하고 사사로운 일은 뒤로 미룸
⑤ 고국의 멸망을 한탄함을 이르는 말

3 ②

이 글의 화자는 '마케팅 교육을 담당하는 입장'에서 UCC를 기업 마케팅에 어떻게 활용할 것인지에 대한 강의를 기획하고 있다. 따라서 이 글을 읽는 예상 독자는 ② UCC 활용 교육을 원하는 기업 마케터들이 될 것이다.

4 ④

괄호 바로 앞뒤에 오는 문장을 통해 유추할 수 있다. 화자가 기획하는 강의는 기업 마케팅 담당자들의 웹2.0과 UCC에 대한 이해를 높이고, 이를 활용할 수 있는 전략에 대한 내용이 주가 될 것이다. 따라서 강의 제목으로는 ④ 웹2.0 시대 UCC를 통한 마케팅 활용 전략이 가장 적절하다.

5 ⑤

작자는 오래된 물건의 가치를 단순히 기능적 편리함 등의 실용적인 면에 두지 않고 그것을 사용해 온 시간, 그 동안의 추억 등에 두고 있으며 그렇기 때문에 오래된 물건이 아름답다고 하였다.

6 ③

③ 「철도안전법 시행규칙」 제41조의2 ④에 따르면 철도운영자 등은 철도안전교육을 안전전문기관 등 안전에 관한 업무를 수행하는 전문기관에 위탁하여 실시할 수 있다고 규정하고 있다.

7 ④

위세품은 정치, 사회적 관계를 표현하기 위해 사용된 물품이다. 당사자 사이에만 거래되어 일반인이 입수하기 어려운 물건으로 피장자가 착장(着裝)하여 위세를 드러내던 것을 착장형 위세품이라고 한다. 생산도구나 무기 및 마구 등은 일상품이기도 하지만 물자의 장악이나 군사력을 상징하는 부장품이기도 하다. 이것들은 피장자의 신분이나 지위를 상징하는 물건으로 일상품적 위세품이라고 한다.

8 ①

① 첫 번째 문단에서 '도시 빈민가와 농촌에 잔존하고 있는 빈곤은 인간다운 삶의 가능성을 원천적으로 박탈하고 있으며'라고 언급하고 있다. 즉, 사회적 취약계층의 객관적인 생활 수준이 향상되었다고 보는 것은 적절하지 않다.
② 첫 번째 문단
③ 두, 세 번째 문단
④ 네 번째 문단
⑤ 두 번째 문단

9 ③

서원각의 매출액의 합계를 x, 소정의 매출액의 합계를 y로 놓으면

$x + y = 91$

$0.1x : 0.2y = 2 : 3 \rightarrow 0.3x = 0.4y$

$x + y = 91 \rightarrow y = 91 - x$

$0.3x = 0.4 \times (91 - x)$

$0.3x = 36.4 - 0.4x$

$0.7x = 36.4$

$\therefore x = 52$

$0.3 \times 52 = 0.4y \rightarrow y = 39$

x는 10% 증가하였으므로 $52 \times 1.1 = 57.2$

y는 20% 증가하였으므로 $39 \times 1.2 = 46.8$

두 기업의 매출액의 합은 $57.2 + 46.8 = 104$

10 ⑤

통화량을 x, 문자메시지를 y라고 하면

A요금제 $\rightarrow (5x + 10y) \times \left(1 - \dfrac{1}{5}\right) = 4x + 8y = 14{,}000$ 원

B요금제 $\rightarrow 5{,}000 + 3x + 15 \times (y - 100) = 16{,}250$ 원

두 식을 정리해서 풀면

$y = 250, \quad x = 3{,}000$

11 ⑤

보완적 평가방식은 각 상표에 있어 어떤 속성의 약점을 다른 속성의 강점에 의해 보완하여 전반적인 평가를 내리는 방식을 의미한다. 보완적 평가방식에서 차지하는 중요도는 60, 40, 20 이므로 이러한 가중치를 각 속성별 평가점수에 곱해서 모두 더 하면 결과 값이 나오게 된다. 각 대안(열차종류)에 대입해 계산 하면 아래와 같은 결과 값을 얻을 수 있다.

- KTX 산천의 가치 값 = $(0.6 \times 3) + (0.4 \times 9) + (0.2 \times 8) = 7$
- ITX 새마을의 가치 값 = $(0.6 \times 5) + (0.4 \times 7) + (0.2 \times 4) = 6.6$
- 무궁화호의 가치 값 = $(0.6 \times 4) + (0.4 \times 2) + (0.2 \times 3) = 3.8$
- ITX 청춘의 가치 값 = $(0.6 \times 6) + (0.4 \times 4) + (0.2 \times 4) = 6$
- 누리로의 가치 값 = $(0.6 \times 6) + (0.4 \times 5) + (0.2 \times 4) = 6.4$

조건에서 각 대안에 대한 최종결과 값 수치에 대한 반올림은 없는 것으로 하였으므로 종합 평가점수가 가장 높은 KTX 산천 이 김정은과 시진핑의 입장에 있어서 최종 구매대안이 되는 것 이다.

12 ③

- 주택보수비용 지원 내용은 항목별 비용이 3단계로 구분되어 있으며 핵심 구분점은 내장, 배관, 외관이다. 이에 따른 비용 한계는 350만 원을 기본으로 단계별 300만 원씩 증액하는 것 으로 나타나 있다.
- 소득인정액에 따른 차등지원 내역을 보면 지원액은 80~100% 이다.

〈상황〉을 보면 ○○씨 중위소득 40%에 해당하므로 지원액은 80% 이며, 노후도 평가에서 대보수에 해당하므로, 950만 원 × 80% = 760만 원을 지원받을 수 있다.

13 ④

④ 2004년도의 연어방류량을 x라고 하면

$$0.8 = \frac{7}{x} \times 100 \quad \therefore \quad x = 875$$

① 1999년도의 연어방류량을 x라고 하면

$$0.3 = \frac{6}{x} \times 100 \quad \therefore \quad x = 2,000$$

2000년도의 연어방류량을 x라고 하면

$$0.2 = \frac{4}{x} \times 100 \quad \therefore \quad x = 2,000$$

② 연어포획량이 가장 많은 해는 21만 마리를 포획한 1997년이고, 가장 적은 해는 2만 마리를 포획한 2000년과 2005년이다.

③ 연도별 연어회귀율은 증감을 거듭하고 있다.

⑤ 2000년도의 연어포획량은 2만 마리로 가장 적고, 연어회귀 율은 0.1%로 가장 낮다.

14 ③

사고 후 조달원 / 사고 전 조달원	수돗물	정수	약수	생수	합계
수돗물	40	30	20	30	120
정수	10	50	10	30	100
약수	20	10	10	40	80
생수	10	10	10	40	70
합계	80	100	50	140	370

수돗물은 120가구에서 80가구로, 약수는 80가구에서 50가구로 각각 이용 가구 수가 감소하였다. 정수는 100가구로 변화가 없 으며, 생수는 70가구에서 140가구로 증가하였다.

따라서 사고 전에 비해 사고 후에 이용 가구 수가 감소한 식수 조달원의 수는 2개이다.

15 ②

② 음료수자판기는 가장 많은 418명의 계약자를 기록하고 있다.

16 ①

단일 계약자를 제외한 2019년에 계약이 만료되는 계약자는 총 353명이다.

17 ②

㈎ 수산물 수출실적이 '전체'가 아닌 1차 산품에서 차지하는 비 중이므로 2016년과 2017년에 각각 61.1%와 62.8%인 것을 알 수 있다. → 틀림

㈏ 농산물과 수산물은 2013년 이후 매년 '감소 - 감소 - 증가 - 감소'의 동일한 증감추이를 보이고 있다. → 옳음

㈐ 2015년~2017년까지만 동일하다. → 틀림

㈑ 연도별로 전체 합산 수치는 103,285천 달러, 106,415천 달 러, 121,068천 달러, 128,994천 달러, 155,292천 달러로 매 년 증가한 것을 알 수 있다. → 옳음

18 ③

A에서 B로 변동된 수치의 증감률은 (B − A) ÷ A × 100의 산식 으로 계산한다.

- 농산물 : $(21,441 - 27,895) \div 27,895 \times 100 = -23.1\%$
- 수산물 : $(38,555 - 50,868) \div 50,868 \times 100 = -24.2\%$
- 축산물 : $(1,405 - 1,587) \div 1,587 \times 100 = -11.5\%$

따라서 감소율은 수산물 > 농산물 > 축산물의 순으로 큰 것을 알 수 있다.

19 ④

두 번째 조건을 부등호로 나타내면, C < A < E

세 번째 조건을 부등호로 나타내면, B < D, B < A

네 번째 조건을 부등호로 나타내면, B < C < D

다섯 번째 조건에 의해 다음과 같이 정리할 수 있다.

∴ B < C < D, A < E

① 주어진 조건만으로는 세 번째로 월급이 많은 사람이 A인지, D인지 알 수 없다.

② B < C < D, A < E이므로 월급이 가장 많은 E는 월급을 50만 원을 받고, A와 D는 각각 40만 원 또는 30만 원을 받으며, C는 20만 원을, B는 10만 원을 받는다. E와 C의 월급은 30만 원 차이가 난다.

③ B의 월급은 10만 원, E의 월급은 50만 원이므로 합하면 60만 원이다.

C의 월급은 20만 원을 받지만, A는 40만 원을 받는지 30만 원을 받는지 알 수 없으므로 B와 E의 월급의 합은 A와 C의 월급의 합보다 많을 수도 있고, 같을 수도 있다.

⑤ 월급이 가장 적은 사람은 B이다.

20 ②

주어진 ㉡부터 ㉦을 정리하면 다음과 같다.

㉡ 갑 = 을

㉢ 을 → 병 or ~갑

㉣ ~갑 → ~정

㉤ ~정 → 갑 and ~병

㉥ ~갑 → ~무

㉦ 무 → ~병

이때, ㉤이 참인 상황에서 ㉤의 대우인 '~갑 and 병 → 정'이 참이 되어야 하는데 이럴 경우 병에 대한 후건을 분리하면 '~갑 → 정'으로 ㉣과 모순이 생긴다. 따라서 '~갑'은 성립할 수 없으므로 갑은 가담하였다.

갑이 가담하였다면 ㉡에 의해 을도 가담하였고, ㉢에 의해 병도 가담한 것이 된다. 그리고 ㉦의 대우에 의해 무는 가담하지 않았음을 알 수 있다. 따라서 가담하지 않은 사람은 무 한 사람뿐이다.

※ 귀류법 … 어떤 명제가 참임을 증명하려 할 때 그 명제의 결론을 부정함으로써 가정 또는 공리 등이 모순됨을 보여 간접적으로 그 결론이 성립한다는 것을 증명하는 방법이다.

21 ③

① 19일 수요일 오후 1시 울릉도 도착, 20일 목요일 독도 방문, 22일 토요일은 복귀하는 날인데 乙은 매주 금요일에 술을 마시므로 멀미로 인해 선박을 이용하지 못한다. 또한 금요일 오후 6시 호박엿 만들기 체험도 해야 한다.

② 20일 목요일 오후 1시 울릉도 도착, 독도는 화요일과 목요일만 출발하므로 불가능

③ 23일 일요일 오후 1시 울릉도 도착, 24일 월요일 호박엿 만들기 체험, 25일 화요일 독도 방문, 26일 수요일 포항 도착

④ 25일 화요일 오후 1시 울릉도 도착, 27일 목요일 독도 방문, 28일 금요일 호박엿 만들기 체험은 오후 6시인데, 복귀하는 선박은 오후 3시 출발이라 불가능

⑤ 26일 수요일 오후 1시 울릉도 도착, 27일 목요일 독도 방문, 28일 금요일 호박엿 만들기 체험, 매주 금요일은 술을 마시므로 다음날 선박을 이용하지 못하며, 29일은 파고가 3m를 넘어 선박이 운항하지 않아 불가능

22 ③

연가는 재직기간에 따라 3~21일로 휴가 일수가 달라지며, 수업휴가 역시 연가일수를 초과하는 출석수업 일수가 되므로 재직기간에 따라 휴가 일수가 달라진다. 장기재직 특별휴가 역시 재직기간에 따라 달리 적용된다.

① 언급된 2가지 휴가는 출산한 여성이 사용하는 휴가이다.

② 자녀 돌봄 휴가는 자녀가 고등학생인 경우까지 해당되므로 15세 이상 자녀가 있는 경우에도 자녀 돌봄 휴가를 사용할 수 있게 된다.

④ '직접 필요한 시간'이라고 규정되어 있으므로 고정된 시간이 없는 것이 된다.

⑤ 10~19년, 20~29년, 30년 이상 재직자가 10~20일의 휴가일수를 사용하게 되므로 최대 20일이 된다.

23 ③

T대리가 사용한 근무 외 시간의 기록은 16시간 + 9시간 + 5시간 = 30시간이 된다. 따라서 8시간이 연가 하루에 해당하므로 이를 8시간으로 나누면 '3일과 6시간'이 된다. 8시간 미만은 산입하지 않는다고 하였으므로 T대리는 연가를 3일 사용한 것이 된다.

④ 외출이 2시간 추가되면 총 32시간이 되어 4일의 연가를 사용한 것이 된다.

24 ④

제시된 내용은 김치에서 이상한 냄새가 나고 있는 상황이다.

④는 '김치 표면에 하얀 것(하얀 효모)이 생겼을 때'의 확인 사항이다.

25 ③

③은 매뉴얼로 확인할 수 없는 내용이다.

26 ④

광산물의 경우 총 교역액에서 수출액이 차지하는 비중은
39,456÷39,975×100=약 98.7%이나, 잡제품의 경우
187,132÷188,254×100=약 99.4%의 비중을 보이고 있으므로 총 교
역액에서 수출액이 차지하는 비중이 가장 큰 품목은 잡제품이다.
① A국의 총 수출액은 1,136,374천 달러이며, 총 수입액은
　1,206,744천 달러이다.
② B국은 1차 산업인 농림수산물 품목에서 A국으로의 수출이
　매우 적은 반면, A국으로부터 수입하는 양이 매우 크므로
　타당한 판단으로 볼 수 있다.
③ 기계류는 10개 품목 중 가장 적은 1,382천 달러의 수출입
　액 차이를 보이고 있다.
⑤ A국은 10개 품목 중 섬유류, 전자전기, 생활용품, 플라스틱/고
　무를 제외한 6개 품목에서 수입보다 수출을 더 많이 하고 있다.

27 ③

무역수지가 가장 큰 품목은 잡제품으로 무역수지 금액은
187,132-1,122=186,010천 달러에 달하고 있다.

28 ⑤

서울교통공사 설립 및 운영에 관한 조례 제19조(사업의 범위)
1. 시 도시철도의 건설·운영
2. 도시철도 건설·운영에 따른 도시계획사업
3. 「도시철도법」에 따른 도시철도부대사업
4. 1부터 3까지와 관련한 「택지개발촉진법」에 따른 택지개발사업
5. 1부터 3까지와 관련한 「도시개발법」에 따른 도시개발사업
6. 도시철도 관련 국내외 기관의 시스템 구축, 건설·운영 및
　감리사업
7. 도시철도와 다른 교통수단의 연계수송을 위한 각종 시설의 건
　설·운영 및 기존 버스운송사업자의 노선과 중복되지 않는 버
　스운송사업(단, 마을버스운송사업 기준에 의함)
8. 「교통약자의 이동편의 증진법」에 따른 이동편의시설의 설치
　및 유지관리사업
9. 「교통약자의 이동편의 증진법」에 따른 실태조사
10. 시각장애인 등 교통약자를 위한 시설의 개선과 확충
11. 그 밖에 시장이 인정하는 사업

29 ②

제시된 내용은 서울교통공사의 공사이미지 중 캐릭터에 대한
내용이다.

30 ⑤

① 운전제어와 관련된 장치의 기능, 제동장치 기능, 그 밖에 운
　전 시 사용하는 각종 계기판의 기능의 이상여부를 확인 후
　출발하여야 한다.
② 철도차량의 운행 중에 휴대전화 등 전자기기를 사용하지 아
　니할 것. 다만, 철도사고 등 또는 철도차량의 기능장애가 발
　생하는 등 비상상황이 발생한 경우로서 철도운영자가 운행
　의 안전을 저해하지 아니하는 범위에서 사전에 사용을 허용
　한 경우에는 그러하지 아니하다.
③ 철도사고의 수습을 위하여 필요한 경우 수호는 전차선의 전
　기공급 차단 조치를 해야 한다.
④ 희재는 운행구간의 이상이 발생하면 수호에게 보고해야 한다.

31 ③

서울교통공사는 (6)개의 실과 5개의 본부, (44)개의 처로
이루어져있다.

32 ①

ⓒ 경영감사처, 기술감사처는 감사 소속이고, 정보보안처는 정
　보보안단 소속이다.
ⓒ 노사협력처, 급여복지처는 경영지원실 소속이고, 성과혁신처
　는 기획조정실 소속이다.
ⓔ 안전계획처와 안전지도처는 안전관리본부 소속이다.
ⓜ 영업계획처는 고객서비스본부 소속이고, 해외사업처는 전략
　사업실 소속이다.

33 ②

㉠ ROUND 함수는 숫자를 지정한 자릿수로 반올림한다. '=
　ROUND(2.145, 2)'는 소수점 2자리로 반올림하므로 결과 값
　은 2.15이다.
㉡ =MAX(100, 200, 300) → 300
㉢ =IF(5 > 4, "보통", "미달") → 보통
㉣ AVERAGE 함수는 평균값을 구하고자 할 때 사용한다.

34 ③

㈎ 파일은 쉼표(,)가 아닌 마침표(.)를 이용하여 파일명과 확장
　자를 구분한다.
㈑ 파일/폴더의 이름에는 ₩, /, :, *, ?, ", ⟨, ⟩ 등의 문자는
　사용할 수 없으며, 255자 이내로 공백을 포함하여 작성할
　수 있다.

35 ⑤

지정 범위에서 인수의 순위를 구하는 경우 'RANK' 함수를 사용한다. 이 경우, 수식은 '=RANK(인수, 범위, 결정 방법)'이 된다. 결정 방법은 0 또는 생략하면 내림차순, 0 이외의 값은 오름차순으로 표시하게 된다.

36 ③

주어진 표는 재무제표의 하나인 '손익계산서'이다. '특정한 시점'에서 그 기업의 자본 상황을 알 수 있는 자료는 대차대조표이며, 손익계산서는 '일정 기간 동안'의 기업의 경영 성과를 한눈에 나타내는 재무 자료이다.
① 해당 기간의 최종 순이익은 '당기순이익'이다. 순이익이란 매출액에서 매출원가, 판매비, 관리비 등을 빼고 여기에 영업외 수익과 비용, 특별 이익과 손실을 가감한 후 법인세를 **뺀** 것이다. 그래서 '순이익'은 기업이 벌어들이는 모든 이익에서 기업이 쓰는 모든 비용과 모든 손실을 **뺀** 차액을 의미한다.
②⑤ 여비교통비는 직접비이며, 지급보험료는 간접비이다.
④ 상품 판매업체와 제조업체의 매출 원가는 다음과 같이 산출한다.
• 매출원가(판매업) = 기초상품 재고액 + 당기상품 매입액 − 기말상품 재고액
• 매출원가(제조업) = 기초제품 재고액 + 당기제품 제조원가 − 기말제품 재고액

37 ①

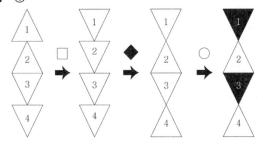

38 ④

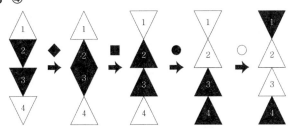

39 ③

바람직한 리더에게는 위험을 회피하기보다 계산된 위험을 취하는 진취적인 자세가 필요하다. 위험을 회피하는 것은 리더가 아닌 관리자의 모습으로, 조직을 이끌어 갈 수 있는 바람직한 방법이 되지 못한다. 리더에게 필요한 자질은 다음과 같다.
① 새로운 상황을 창조하며 오늘보다는 내일에 초점을 맞춘다.
⑤ 어떻게 할까보다는 무엇을 할까를 생각한다.
② 사람을 관리하기보다 사람의 마음에 불을 지핀다.
④ 유지보다는 혁신을 지향한다.

40 ①

성희롱 여부를 판단할 때는 피해자의 주관적인 사정을 고려하되 피해자와 비슷한 조건과 상황에 있는 사람이 피해자의 입장이라면 문제가 되는 성적 언동에 대해 어떻게 반응했을까를 함께 고려하여야 하며, 결과적으로 위협적이고 적대적인 환경을 형성해 업무 능률을 저하시키게 되는지를 검토한다. '성적 언동 및 요구'는 신체의 접촉이나 성적인 의사표현뿐만 아니라 성적 함의가 담긴 모든 언행과 요구를 말하며, 상대방이 이를 어떻게 받아들였는지가 매우 중요하다. 따라서 행위자의 의도와는 무관하며, 설사 행위자가 성적 의도를 가지고 한 행동이 아니었다고 하더라도 성희롱으로 인정될 수 있다.

1 ②

C2C(Customer to Customer)는 인터넷을 통한 직거래 또는 물물교환, 경매 등에서 특히 많이 활용되는 전자상거래 방식이다. "수수료를 받지 않고 개인 간 물품거래를 제공하는 스마트폰 애플리케이션 '오늘 마켓'을 서비스 한다"는 구절을 보면 알 수 있다.

2 ③

공급사슬관리(Supply Chain Management)는 이제까지 부문마다의 최적화, 기업마다의 최적화에 머물렀던 정보·물류·자금에 관련된 업무의 흐름을 공급사슬 전체의 관점에서 재검토하여 정보의 공유화와 비즈니스 프로세스의 근본적인 변혁을 꾀하여 공급사슬 전체의 자금흐름(cash flow)의 효율을 향상시키려는 관리개념이다.

3 ①

(가)는 테일러의 과학적 관리론, (나)는 페이욜의 관리일반원칙에 대한 내용이다.

(가) 테일러는 과학적 관리론을 통해 시간연구, 성과급제, 계획과 작업의 분리, 과학적 작업, 경영통제, 직능적 관리를 주장하였다.

(나) 페이욜은 경영활동을 6가지로, 관리활동을 5가지로, 그에 따른 관리 활동의 일반적 규칙을 14가지로 제시했다.

4 ①

파스칼(Pascale)&피터스(Peters)의 7S

㉠ 공유가치(Shared Value) : 구성원들이 공유하고 있는 핵심가치, 조직문화의 형성에 가장 중요한 영향

㉡ 구조(Structure) : 전략 수행에 필요한 틀, 구성원의 역할과 그들의 관계를 지배하는 공식적인 요소

㉢ 제도(System) : 의사결정의 틀, 경영관리제도·절차

㉣ 전략(Strategy) : 중·장기적인 계획과 자원배분과정, 조직의 장기적 목표와 방향을 결정

㉤ 구성원(Staff) : 구성원의 기술, 역량, 기술, 전문성, 욕구 등, 조직문화 형성의 주체

㉥ 기술(Skill) : 생산 및 정보처리과정, 기업경영에서 사용되는 각종 기법

㉦ 리더십스타일(Style) : 관리자가 구성원의 행동에 영향력을 행사하는 방법

5 ②

②번은 앤소프의 전략개념의 구성요소에 속하는 내용이다.

6 ①

페이욜의 관리 5요소

㉠ 계획

㉡ 조직

㉢ 명령

㉣ 조정

㉤ 통제

7 ③

미성숙 단계에서는 한정된 행동 양상을, 성숙 단계에서는 다양한 행동 양상을 보인다.

8 ③

직무특성이론에서 제시한 직무특성에는 기술다양성, 과업정체성, 과업중요성, 자율성, 피드백이 있다.

9 ②

직무의 기술수준이 높고 과업의 종류가 다양하며 개인에게 자율성이 많이 부여될수록 높은 성과를 얻을 수 있다.

10 ②

성취욕구가 높은 사람은 자신의 기술과 문제해결 능력과 관련해 도전의식을 주는 과업에 끌린다. 다시 말해 자신의 개별적인 노력에 따라 성과가 좌우되는 과업을 선호하는 것이다. 이들은 과업수행 혹은 과업 자체에서 만족을 구하려고 한다. 성취욕구가 큰 사람은 경영자보다 자기 사업을 하는 기업가 역할에 더 적당하다.

11 ③

매슬로우의 욕구 단계설 과정… 생리적 욕구→안전의 욕구→사회적 욕구→존경의 욕구→자아실현의 욕구

12 ④

임파워먼트(Empowerment)는 개인이 업무수행을 유능하게 수행할 수 있다는 자신감, 에너지 활력 등의 느낌을 갖도록 하는 활동과 그 결과로 자발적인 자신감을 형성하게 하는 내재화된 몰입을 강조하는 동기부여 이론이다.

13 ①

Q시스템은 정량발주시스템(Fixed-Order Quantity System)으로 재고가 일정수준(발주점)에 이르면 일정발주량(경제적 발주량)을 발주하는 시스템이다.

① 정기발주시스템(Fixed-Time Period System)인 P시스템에 대한 설명이다.

14 ④

제시된 내용은 명목집단기법에 대한 설명이다. 명목집단기법은 여러 대안들을 마련하고 그중 하나를 선택하는 데 초점을 두는 구조화된 집단의사결정 기법으로, 집단의사결정 기법임에도 불구하고 의사결정이 진행되는 동안 참가자들 간의 토론이나 비평이 허용되지 않기 때문에 '명목'이라는 수식어가 붙었다.

① 팀빌딩기법 : 능력이 우수한 인재들이 모인 집단이 그만한 능력을 발휘하지 못할 때, 그 원인을 찾아 문제를 해결하는 경영기법

② 브레인스토밍 : 어떤 문제의 해결책을 찾기 위해 여러 사람이 생각나는 대로 마구 아이디어를 쏟아내는 방법

③ 델파이기법 : 전문가들을 대상으로 반복적인 피드백을 통한 하향식 의견 도출로 문제를 해결하려는 미래 예측 기법

⑤ 변증법적 문의법 : 상반된 의견이나 견해를 가진 사람들로 구성된 집단 사이에 벌어지는 논쟁으로 헤겔의 삼단논법에서 비롯된 변증법적 사고

15 ③

MRP(Material Requirement Planning)의 특성

㉠ 소비자에 대한 서비스의 개선

㉡ 의사결정의 자동화에 기여

㉢ 생산계획의 효과적인 도구

㉣ 설비가동능률의 증진

㉤ 적시에 최소비용으로 공급

16 ①

수요에 영향을 끼치게 되는 주요인 중 통제 가능한 요소로는 가격할인, 신용정책, 품질, 광고 등이 있으며, 통제 불가능한 요소로는 제품수명주기, 경기변동 등이 있다.

17 ⑤

단위 구입가는 물량에 관계없이 일정하다.

18 ③

공정관리에 대한 기능 중 통제기능에는 작업독촉 및 작업할당 등이 있다.

19 ③

MRP의 효율적 적용을 위한 가정

㉠ 전체 자료에 대한 조달기간의 파악이 가능해야 한다.

㉡ 재고기록서의 자료 및 자재명세서의 자료가 일치해야 한다.

㉢ 제조공정이 독립적이어야 한다.

㉣ 전체 품목들은 저장이 가능해야 하며, 매출행위가 있어야 한다.

㉤ 전체 조립 구성품들은 조립착수시점에서 활용이 가능해야 한다.

20 ③

㉢은 판매개념에 해당하는 것으로 생산의 증대로 인해 제품공급이 과잉된 상태이다. 그러므로 이를 해결하기 위해 고압적 마케팅 방식에 의존하게 된다.

21 ⑤

본 사례는 종속가격(Captive Pricing) 결정전략에 대한 내용이다. 종속가격 결정전략은 주 제품에 대해서는 가격을 낮게 책정해서 이윤을 줄이더라도 시장 점유율을 늘리고 난 후 종속 제품인 부속품에 대해서 이윤을 추구한다.

22 ②

② 이중요율 방식은 2부제 가격이라고도 하는데, 2부제로 부가하는 가격정책을 말하며 구매량과는 상관없이 기본가격과 단위가격이 적용되는 가격 시스템을 의미한다.

① 목표이익가격결정은 해당 기업이 원하는 목표이익을 실현하는 매출수준에서 제품의 가격을 책정하는 방식으로 손익분기점분석을 이용하여 가격을 결정한다.

③ 침투가격정책은 처음에는 낮은 가격으로 제품의 가격을 내놓은 뒤 시장에 빠르게 침투하려는 가격책정 방식으로 소비자가 제품 가격에 대한 민감도가 높은 것처럼 수요의 가격탄력성이 높은 상황에서 적합하다.

④ 기준가격 결정방법에는 수요를 기준으로 하는 방식과 경쟁 제품을 기준으로 하는 방식, 원가나 가치를 기준으로 하는 방식 등이 있다. 이 가운데 고객이 지각하는 제품의 가치에 맞춰 이에 상응한 제품가격을 기준가격으로 결정하는 방법은 수요중심 가격결정 방식이다.

⑤ 초기 고가전략은 자사 신제품이 타사에 비해 높은 우위를 가질 때 효과적으로 적용시킬 수 있는 전략이다.

23 ②

사회지향적 마케팅 개념은 기업의 이윤을 창출할 수 있는 범위 안에서 타사에 비해 효율적으로 소비자들의 욕구를 충족시키도록 노력하는데 있어서는 마케팅 개념과 일치하는데, 여기서 한 발 더 나아가 사회 지향적 마케팅은 고객만족, 기업의 이익에 더불어서 사회 전체의 복지를 요구하는 개념이다.

24 ③

③ 전문품(speciality goods)은 독특한 특징이나 브랜드 정체성이 있는 제품 및 서비스인데 소비자의 강한 브랜드 선호도 및 충성도를 지니고 있으며 특별한 구매노력을 기울인다. 또한, 브랜드의 대안 간 비교가 이루어지지 않으며 가격민감도가 낮다. 그렇기 때문에 소비자는 제품에 대한 사전지식에 의존하여 상품을 구매하는 것이 일반적이라 할 수 있다.

25 ⑤

매슬로우의 욕구 5단계설 중 자아실현의 욕구는 인간의 기본 욕구 가운데 최고급 욕구로, 자신의 잠재적 능력을 최대한 개발해 이를 구현하고자 하는 욕구를 의미한다.

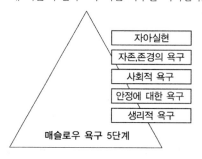

26 ⑤

시장세분화의 조건으로는 유지가능성, 접근가능성, 측정가능성, 실행가능성, 내부적 동질성 및 외부적 이질성 등이 있다.

27 ④

①②③⑤번은 인적자원관리의 외부환경에 대한 것이며, ④번은 인적자원관리의 환경 중 내부 환경에 대한 내용이다.

28 ③

③ 서열법에서는 절대적인 성과차이를 구별할 수 없다.

29 ⑤

목표에 의한 관리 (MBO)의 조건
㉠ 측정 가능함과 동시에 계량적인 목표이어야 한다.

㉡ 구체적인 목표 제시가 되어야 한다.
㉢ 설정된 목표에 대해 기대되는 결과를 확인할 수 있는 목표이어야 한다.
㉣ 현실적이면서, 달성 가능한 목표이어야 한다.
㉤ 정해진 시간 안에 달성 가능한 목표이어야 한다.

30 ①

① 평정척도법을 적용할 경우 평가자의 관대화나 중심화 경향이 쉽게 나타날 수 있으므로 이를 방지하기 위한 대안으로 강제할당법이 적용된다. 평정척도법은 피평가자의 자질을 직무수행상 달성한 정도에 따라 사전에 마련된 척도를 근거로 하여 평가할 수 있도록 하는 방법이다.

31 ⑤

인사관리의 주요 기능으로는 직무의 분석 및 설계, 모집 및 선발, 훈련 및 개발, 보상 및 후생복지, 노조와의 관계 등이 있다.

32 ②

임금피크제도(Salary Peak System)는 기업 조직의 구성원들이 일정 정도의 연령에 이르게 되면 해당 구성원들의 생산성에 의해 임금을 지급하는 제도를 말한다.

33 ①

이익분배제는 노사 간의 계약에 의한 기본임금 이 외에 기업 조직의 각 영업기마다 결산이윤의 일부를 종업원들에게 부가적으로 지급하는 제도로써, 종업원은 이익배당 참여권 및 분배율을 근속년수와 연관시킴으로써, 종업원들의 장기근속을 유도할 수 있다.

※ 이익분배제의 효과 및 제약사항

제약사항	효과
• 구성원은 자신의 이윤에 대한 배당을 높이기 위해 작업에 집중하여 능률증진을 기할 수 있다. • 구성원은 이익배당 참여권 및 분배율을 근속년수와 연관시킴으로써, 종업원들의 장기근속을 유도할 수 있다. • 기업과 종업원간의 협동정신을 고취, 강화시켜서 노사 간의 관계개선에 도움을 준다.	• 이익분배는 결산기에 가서 확정되는 관계로 구성원들의 작업능률에 대한 자극이 감소될 수 있다. • 회계정보를 적당히 처리함으로써, 기업 조직의 결과를 자의적으로 조정할 수 있으므로 신뢰성이 낮아진다.

34 ③

국제피셔효과는 금리효과와 환율효과가 서로 상쇄되지 않으면 시장 불균형이 일어나 자본이 이동할 것이라고 말해주고 있는데, 자본자유화와 관련해 단기유동성 국제적 투기자금, 즉 핫머니의 유출입에 의한 자본시장 교란의 근본적인 원인을 말해주고 있다.

35 ②

$0.6 \times 0.15 + 0.6 \times 0.11 = 0.09 + 0.066 = 0.156$

36 ①

선물거래는 매매쌍방 간 미래 일정시점에 약정된 제품을 기존에 정한 가격에 일정수량을 매매하기로 계약을 하는 것을 의미한다.

37 ③

SML의 기울기인 시장위험프리미엄은 양(+)의 값이다.

38 ②

증권의 종류 중 상환시기, 방법 등에 따른 분류로는 감채기금부사채, 만기전액상환사채, 수의상환사채, 정시분할사채, 연속상환사채 등이 있다. 무보증사채는 제3자의 보증유무에 따른 분류에 해당한다.

39 ⑤

효율적 시장에서는 주가수준이 재무정책결정에 있어 아무 영향도 미치지 못한다.

40 ⑤

선물계약은 거래조건 및 계약조건 등이 표준화되어 있으며, 정해진 장소에서 거래된다는 특징이 있는 반면에, 선도계약은 거래 장소에는 구애를 받지 않고 더불어 대상 제품이 표준화되어 있지도 않다는 특성이 있다.

제2회 정답 및 해설

〉〉 직업기초능력평가

1 ①

① 심포지움 → 심포지엄

2 ②

주어진 글의 첫 문단에서 화자는 일반적으로 원칙을 바꾸는 일을 나쁘다고 할 수는 없지만, 변절자를 합리화하는 데에 동의하지 않는다고 말한다. 두 번째 문단에서 '자기의 신념에 어긋날 때면 목숨을 걸어 항거하여 타협하지 않고 부정과 불의한 권력 앞에는 최저의 생활, 최악의 곤욕을 무릅쓸 각오'로 해야 하는 것이라고 했으므로 빈칸에는 '원칙과 신념을 굽히지 아니하고 끝까지 지켜 나가는 꿋꿋한 의지. 또는 그런 기개'를 뜻하는 지조가 적절하다.

3 ④

한국의 관광 관련 고용자 수는 50만 명으로 전체 2% 수준이다. 이를 세계 평균 수준인 8% 이상으로 끌어 올리려면 150만 여명 이상을 추가로 고용해야 한다. 백만 달러당 50명의 일자리가 추가로 창출되므로 150만 명 이상을 추가로 고용하려면 대략 300억 달러 이상이 필요하다.

① 약 1조 8,830억 달러 정도이다.
② 2017년 기준으로 지난해인 2016년도의 내용이므로 2015년의 종사자 규모는 알 수 없다. 2016년 기준으로는 전 세계 통신 산업의 종사자는 자동차 산업의 종사자의 약 3배 정도이다.
③ 간접 고용까지 따지면 2억 5,500만 명이 관광과 관련된 일을 하고 있어, 전 세계적으로 근로자 12명 가운데 1명이 관광과 연계된 직업을 갖고 있는 셈이다. 추측해보면 2017년 전 세계 근로자 수는 20억 명을 넘는다.
⑤ 2010년부터 2030년 사이 이 지역으로 여행하는 관광객이 연평균 9.7% 성장하여 2030년 5억 6,500명이 동북아시아를 찾을 것으로 전망했으므로 2020년에 동북아시아를 찾는 관광객의 수는 연간 약 2억 8,000명을 넘을 수 없다.

4 ②

① 어떤 일을 하는 사람
② 힘이나 세력이 약한 사람
③ 많은 수의 사람
④ 자기 외의 사람
⑤ 이야기를 하는 사람

5 ⑤

⑤ 국내 통화량이 증가하여 유지될 경우 장기에는 자국의 물가도 높아져 장기의 환율은 상승한다.

6 ③

① 현재 신분당선이나 우이신설선, 인천지하철 2호선 등 무인운전 차량들도 KRTCS-1을 탑재하고 있다.
② KRTCS-1과 KRTCS-2는 모두 SIL Level 4 인증을 취득했다.
④ KRTCS-1이 지상 센서만으로 차량의 이동을 감지하고 컨트롤했다면, KRTCS-2는 LTE-R 무선통신을 도입해 열차가 어느 구간(폐색)에 위치하는지를 실시간으로 감지하고 좀 더 효율적으로 스케줄링할 수 있다는 장점이 있다.
⑤ 한국의 고속철도에 KRTCS-2 시스템이 적용되어 도시철도뿐만 아니라 일반/고속철도에서도 무인운전이 현실화될 것으로 기대된다.

7 ①

타고난 재능은 인정하지 않고 재능을 발휘한 노동의 부분에 대해서만 그 소득을 인정하게 된다면 특별나게 열심히 재능을 발휘할 유인을 찾기 어려워 결국 그 재능은 상당 부분 사장되고 말 것이다. 따라서 이러한 사회에서 ㉠과 같이 선천적 재능 경쟁이 치열해진다고 보는 의견은 글의 내용에 따른 논리적인 의견 제기로 볼 수 없다.

8 ②

필자가 언급하는 '능력'은 선천적인 것과 후천적인 것이 있다고 말하고 있으며, 후천적인 능력에 따른 결과에는 승복해야 하지만 선천적인 능력에 따른 결과에 대해서는 일정 부분 사회에 환원하는 것이 마땅하다는 것이 필자의 주장이다.

② 능력에 의한 경쟁 결과가 반드시 불평의 여지가 없이 공정하다고만은 볼 수 없다는 것이 필자의 견해라고 할 수 있다.

9 ④

$평균 = \dfrac{자료\ 값의\ 합}{자료의\ 수}$ 이므로

$A = \dfrac{x}{20} = 70 \rightarrow x = 1,400$

$B = \dfrac{y}{30} = 80 \rightarrow y = 2,400$

$C = \dfrac{z}{50} = 60 \rightarrow z = 3,000$

세 반의 평균은 $\dfrac{1,400 + 2,400 + 3,000}{20 + 30 + 50} = 68점$

10 ①

S→1→F 경로로 갈 경우에는 7명, S→3→2→F 경로로 갈 경우에는 11명이며, S→3→2→4→F 경로로 갈 경우에는 6명이므로, 최대 승객 수는 모두 더한 값인 24명이 된다.

11 ⑤

2019년 7월 甲의 월급은 기본급 300만 원에 다음의 수당을 합한 급액이 된다.
- 정근수당 : 10년 이상 근무한 직원의 정근수당은 기본급의 50%이므로 3,000,000 × 50% = 1,500,000원이다.
- 명절휴가비 : 해당 없음.
- 가계지원비 : 3,000,000 × 40% = 1,200,000원
- 정액급식비 : 130,000원
- 교통보조비 : 200,000원

따라서 3,000,000 + 1,500,000 + 1,200,000 + 130,000 + 200,000 = 6,030,000원이다.

12 ③

태양광, 바이오, 풍력, 석탄의 경우는 '늘려야 한다.'와 '줄여야 한다.'는 의견이 각각 절반 이상의 비중을 차지하는 에너지원이다.
① 줄여야 한다는 의견이 압도적으로 많은 것은 석탄의 경우뿐이다.
② 석탄의 경우는 제외된다.
④ 바이오는 풍력보다 늘려야 한다는 의견이 더 많지만 줄여야 한다는 의견은 더 적다.
⑤ LNG는 유지 > 늘림 > 줄임 > 모름 순서인 것에 비해 원자력은 유지 > 줄임 > 늘림 > 모름 순서로 나타났다.

13 ②

㉠ 습도가 70%일 때 연간소비전력량은 790으로 A가 가장 적다.
㉡ 60%와 70%를 많은 순서대로 나열하면 60%일 때 D-E-B-C-A, 70%일 때 E-D-B-C-A이다.
㉢ 40%일 때 E=660, 50%일 때 B=640이다.
㉣ 40%일 때의 값에 1.5배를 구하여 80%와 비교해 보면 E는 1.5배 이하가 된다.

A = 550 × 1.5 = 825	840
B = 560 × 1.5 = 840	890
C = 580 × 1.5 = 870	880
D = 600 × 1.5 = 900	950
E = 660 × 1.5 = 990	970

14 ③

2호선 유아수유실은 11개이고, 전체 유아수유실은 88개이다.
따라서 2호선의 유아수유실이 차지하는 비율은

$\frac{11}{88} × 100 = 12.5\%$

15 ①

① 7호선의 유아수유실은 23개로 가장 많고, 1호선의 유아수유실은 2개로 가장 적다.

16 ①

㉡ (가)의 경우 매년 물가가 5% 상승하면 두 번째 해부터 구매력은 점차 감소한다.
㉣ 금융 기관에서는 단리 뿐 아니라 복리 이자율이 적용되는 상품 또한 판매하고 있다.

17 ⑤

사원과 근무부서를 표로 나타내면

배정부서	기획팀	영업팀	총무팀	홍보팀
처음 배정 부서	갑	을	병	정
2번째 배정 부서				
3번째 배정 부서				병

㉠ 규칙 1을 2번째 배정에 적용하고 규칙 2를 3번째 배정에 적용하면
기획팀↔총무팀 / 영업팀↔홍보팀이므로
갑↔병 / 을↔정
규칙 2까지 적용하면 다음과 같다.

배정부서	기획팀	영업팀	총무팀	홍보팀
처음 배정 부서	갑	을	병	정
2번째 배정 부서	병	정	갑	을
3번째 배정 부서			을	갑

㉡ 규칙 3을 먼저 적용하고 규칙 2를 적용하면

배정부서	기획팀	영업팀	총무팀	홍보팀
처음 배정 부서	갑	을	병	정
2번째 배정 부서	을	갑	병	정
3번째 배정 부서	을	갑	정	병

18 ①

㉠과 ㉢에 의해 A – D – C 순서이다.
㉥에 의해 나머지는 모두 C 뒤에 들어왔다는 것을 알 수 있다.
㉡과 ㉤에 의해 B – E – F 순서이다.
따라서 A – D – C – B – E – F 순서가 된다.

19 ③

- A가 선정되면 B도 선정된다. → A→B ············· ⓐ
- B와 C가 모두 선정되는 것은 아니다.
  → ~(B∧C) = ~B∨~C ············· ⓑ
- B와 D 중 적어도 한 도시는 선정된다.
  → B∨D ············· ⓒ
- C가 선정되지 않으면 B도 선정되지 않는다.
  → ~C→~B ············· ⓓ

ⓑ와 ⓓ를 통해 ~B는 확정
ⓐ와 ~B를 통해 ~A도 확정
ⓒ와 ~B를 통해 D도 확정
㉠ A와 B 가운데 적어도 한 도시는 선정되지 않는다. →참
㉡ B도 선정되지 않고, C도 선정되지 않는다.
   →B는 선정되지 않지만 C는 알 수 없음
㉢ D는 선정된다. →참

11

20 ②

제11조 제2항에 따르면 사용자가 제1항 단서의 사유가 없거나 소멸되었음에도 불구하고 2년을 초과하여 기간제 근로자로 사용하는 경우에는 그 기간제 근로자는 기간의 정함이 없는 근로계약을 체결한 근로자로 본다. 따라서 ②의 경우 기간제 근로자로 볼 수 없다.

① 2년을 초과하지 않는 범위이므로 기간제 근로자로 볼 수 있다.
③ 제11조 제1항 제3호에 따른 기간제 근로자로 볼 수 있다.
④ 제11조 제1항 제1호에 따른 기간제 근로자로 볼 수 있다.
⑤ 제11조 제1항 제2호에 따른 기간제 근로자로 볼 수 있다.

21 ④

④ 수소를 제조하는 시설에는 화석연료를 열분해·가스화 하는 방법과 원자력에너지를 이용하여 물을 열화학분해하는 방법, 재생에너지를 이용하여 물을 전기분해하는 방법, 그리고 유기성 폐기물에서 얻는 방법 등 네 가지 방법이 있다.

22 ①

각각의 수단들에 대한 보완적 평가방식을 적용했을 시의 평가 점수는 아래와 같다.
비행기 : $(40 \times 9) + (30 \times 2) + (20 \times 4) = 500$
고속철도 : $(40 \times 8) + (30 \times 5) + (20 \times 5) = 570$
고속버스 : $(40 \times 2) + (30 \times 8) + (20 \times 6) = 440$
오토바이 : $(40 \times 1) + (30 \times 9) + (20 \times 2) = 350$
도보 : $(40 \times 1) + (30 \times 1) + (20 \times 1) = 90$

평가 기준	중요도	이동수단들의 가치 값				
		비행기	고속 철도	고속 버스	오토 바이	도보
속도감	40	9	8	2	1	1
경제성	30	2	5	8	9	1
승차감	20	4	5	6	2	1
평가점수		500	570	440	350	90

∴ 각 수단들 중 가장 높은 값인 고속철도가 5명의 목적지까지의 이동수단이 된다.

23 ⑤

위반행위가 둘 이상인 경우로서 그에 해당하는 각각의 처분기준이 다른 경우에는 그중 무거운 처분기준에 따르므로 부상자가 발생한 경우(효력 정지 6개월)가 1천만 원 이상 물적 피해가 발생한 경우(효력 정지 3개월)보다 무거운 처분이므로 효력 정지 6개월의 처분을 받게 된다.

24 ②

㉠ 甲이 총 3번의 대결을 하면서 각 대결에서 승리할 확률이 가장 높은 전략부터 순서대로 선택한다면, C전략→B전략→A전략으로 각각 1회씩 사용해야 한다. → 옳음
㉡ 甲이 총 5번의 대결을 하면서 각 대결에서 승리할 확률이 가장 높은 전략부터 순서대로 선택한다면, C전략→B전략→A전략→A전략→C전략으로 5번째 대결에서는 C전략을 사용해야 한다. → 틀림

㉢ 甲이 1개의 전략만을 사용하여 총 3번의 대결을 하면서 3번 모두 승리할 확률을 가장 높이려면, 3번의 승률을 모두 곱했을 때 가장 높은 A전략을 선택해야 한다. → 옳음
㉣ 甲이 1개의 전략만을 사용하여 총 2번의 대결을 하면서 2번 모두 패배할 확률을 가장 낮추려면, 2번 모두 패할 확률을 곱했을 때 가장 낮은 C전략을 선택해야 한다. → 틀림

25 ②

하급자를 상급자에게 먼저 소개해 주는 것이 일반적이며, 비임원을 임원에게 먼저 소개하여야 한다. 또한 정부 고관의 직급명은 퇴직한 경우라고 사용하는 것이 관례이다.

26 ③

조직도를 보면 6실 44처로 구성되어 있다.

27 ②

'결재권자는 업무의 내용에 따라 이를 위임하여 전결하게 할 수 있다'고 규정되어 있으나, 동시에 '이에 대한 세부사항은 따로 규정으로 정한다.'고 명시되어 있다. 따라서 여건에 따라 상황에 맞는 전결권자를 지정한다는 것은 규정에 부합하는 행위로 볼 수 없다.

③ 전결과 대결은 모두 실제 최종 결재를 하는 자의 원 결재란에 전결 또는 대결 표시를 하고 맨 오른쪽 결재란에 서명을 한다는 점에서 문서 양식상의 결재방식이 동일하다.

28 ③

결재 문서가 아니라도 처리과의 장이 중요하다고 인정하는 문서는 문서등록대장에 등록되어야 한다고 규정하고 있으므로 신과장의 지침은 적절하다고 할 수 있다.

① 같은 날짜에 결재된 문서인 경우 조직 내부 원칙에 의해 문서별 우선순위 번호를 부여해야 한다.
② 중요성 여부와 관계없이 내부 결재 문서에는 모두 '내부결재' 표시를 하도록 규정하고 있다.
④ 보고서에는 별도의 보존기간 기재란이 없으므로 문서의 표지 왼쪽 위의 여백에 기재란을 마련하라고 규정되어 있으나, 기안 문서에는 문서 양식 자체에 보존기간을 기재하는 것이 일반적이므로 조 사원의 판단은 옳지 않다.
⑤ 최종 결재권을 위임받은 자가 본부장이므로 본부장이 결재를 한 것이 '전결'이 되며, 본부장 부재 시에 팀장이 대신 결재를 한 것은 '대결'이 된다.

29 ②

DCOUNT는 조건을 만족하는 개수를 구하는 함수로, [A2:F7]영역에서 '2015'(2015년도 종사자 수)가 25보다 작고 '2019'(2019년도 종사자 수)가 19보다 큰 레코드의 수는 1이 된다. 조건 영역은 [A9:B10]이 되며, 조건이 같은 행에 입력되어 있으므로 AND 조건이 된다.

30 ④

시간대별 날씨에서 현재시간 15시에 31도를 나타내고 있다. 하지만, 자정이 되는 12시에는 26도로써 온도가 5도 정도 낮아져서 현재보다는 선선한 날씨가 된다는 것을 알 수 있다.

31 ③

$A = 1, S = 1$
$A = 2, S = 1 + 2$
$A = 3, S = 1 + 2 + 3$
…
$A = 10, S = 1 + 2 + 3 + \cdots + 10$
∴ 출력되는 S의 값은 55이다.

32 ④

긴급한 일과 중요한 일이 상충될 경우, 팀장의 지시에 의해 중요한 일을 먼저 처리해야 한다. 따라서 시간관리 매트릭스 상의 Ⅰ → Ⅱ → Ⅲ → Ⅳ의 순으로 업무를 처리하여야 한다.
따라서 ④의 (B) – (F) – (G) – (L)이 가장 합리적인 시간 계획이라고 할 수 있다.

33 ④

길동이는 적어도 새로운 T 퓨전 음식점을 개업할 때 얻게 되는 이윤만큼 연봉을 받아야만 '맛나 음식점'에서 계속 일할 것이다. 새로운 음식점을 개업할 때 기대되는 이윤은 기대 매출액(3.5억 원) – 연간영업비용(8,000만 원 + 7,000만 원 + 6,000만 원) – 임대료(3,000만 원) – 보증금의 이자부담액(3억 원의 7.5%) = 8,750만 원이 된다. 따라서 최소한 8,750만 원의 연봉을 받아야 할 것으로 판단하는 것이 합리적이다.

34 ④

한 달 평균 이동전화 사용 시간을 x라 하면 다음과 같은 공식이 성립한다.
$15,000 + 180x > 18,000 + 120x$
$60x > 3,000$
$x > 50$
따라서 x는 50분 초과일 때부터 B요금제가 유리하다고 할 수 있다.

35 ③

ⓛ 최초 제품 생산 후 4분이 경과하면 두 번째 제품이 생산된다.
A 공정에서 E 공정까지 첫 번째 완제품을 생산하는 데 소요되는 시간은 12분이다. C 공정의 소요 시간이 2분 지연되어도 동시에 진행되는 B 공정과 D 공정의 시간이 7분이므로, 총소요시간에는 변화가 없다.

36 ⑤

화재 주의사항에서 보면 "배터리가 새거나 냄새가 날 때는 즉시 사용을 중지하고 화기에서 멀리 두세요."라고 되어 있다. 냄새가 난다고 해서 핸드폰의 전원을 끄는 것이 아닌 사용의 중지를 권고하고 있으므로 ⑤번이 잘못 설명되었음을 알 수 있다.

37 ①

① 자기 계발 능력
② 조직 이해 능력
③ 대인 관계 능력
④ 정보 능력
⑤ 자원 관리 능력

38 ②

팀워크의 개념 설명을 근거로 좋은 팀워크에 해당하는 사례를 찾는 문제로 좋은 팀워크를 판단하려면 개념과 응집력의 차이를 정확히 숙지하여야 한다.
㉠ 협동 또는 교류보다는 경쟁을 모토로 삼는다는 것은 팀보다는 개인을 우선하는 것이므로 팀워크를 저해하는 측면이 있다.
㉡ 좋은 팀워크를 가진 팀이라도 의견충돌이나 갈등은 존재할 수 있지만 이런 상황이 지속되지 않고 해결된다. B팀의 경우 출시일자를 놓고 의견충돌이 있었지만 다음 회의 때 해결되는 모습을 보여주므로 좋은 팀워크 사례로 볼 수 있다.
㉢ C팀은 팀원 간에 친밀도는 높지만 업무처리가 비효율적이라 팀워크를 저해하는 요소를 지니고 있다.

39 ①

㉠ 전문가의식 : 자신의 일이 누구나 할 수 있는 것이 아니라 해당 분야의 지식과 교육을 밑바탕으로 성실히 수행해야만 가능한 것이라 믿고 수행하는 태도
㉡ 천직의식 : 자신의 일이 자신의 능력과 적성에 꼭 맞는다 여기고 그 일에 열성을 가지고 성실히 임하는 태도
㉢ 소명의식 : 자신이 맡은 일은 하늘에 의해 맡겨진 일이라고 생각하는 태도
㉣ 직분의식 : 자신이 하고 있는 일이 사회나 기업을 위해 중요한 역할을 하고 있다고 믿고 자신의 활동을 수행하는 태도

40 ⑤

① 근면에 대한 내용이다.
② 책임감에 대한 내용이다.
③ 경청에 대한 내용이다.
④ 솔선수범에 대한 내용이다.

1 ④

위의 내용은 막스 베버의 관료제 특성 중 일부이다.

※ 막스 베버의 관료제 특성
  ㉠ 안정적이면서 명확한 권한계층
  ㉡ 태도 및 대인관계의 비개인성
  ㉢ 과업전문화에 기반한 체계적인 노동의 분화
  ㉣ 규제 및 표준화된 운용절차의 일관된 시스템
  ㉤ 관리 스태프진은 생산수단의 소유자가 아님
  ㉥ 문서로 된 규칙, 의사결정, 광범위한 파일
  ㉦ 기술적인 능력에 의한 승진을 기반으로 평생의 경력관리

2 ②

제시된 네트워크 유형은 원형으로, 문제의 성격과 상관없이 정확성이 낮다.

3 ④

신디케이트(Syndicate)에 대한 설명이다.

※ 기업결합의 유형

카르텔	법률적, 경제적으로 독립성을 유지하며 협약에 의해 결합하며, 상호경쟁을 제한하면서 시장통제를 목적으로 한다.
신디케이트	동일 시장 내 여러 기업이 출자해서 공동판매회사를 설립, 이를 일원적으로 판매하는 조직을 의미한다.
트러스트	시장독점을 위해 각 기업체가 개개의 독립성을 상실하고 합동한다.
콤비나트	다각적인 결합 공장이란 뜻으로, 기술적 측면에서 유기적으로 결합된 다수기업의 집단을 의미한다.
컨글로머릿	이종기업 간의 다각적 결합을 의미하는데, 대게 기존 기업의 주식을 매입하여 형성된다.
콘체른	수 개의 기업이 법률적으로 형식상 독립성을 유지하면서 주식의 소유, 자본의 대부와 같은 금융관계를 통해 결합하는 형태이다.

4 ②

합자회사의 경영은 무한책임사원들, 투자자로서 감시활동은 유한책임사원이 한다.

5 ⑤

마이클 포터(M. E. Porter)의 경쟁전략 5요소
  ㉠ 구매자
  ㉡ 대체품
  ㉢ 공급자
  ㉣ 산업 내 경쟁자
  ㉤ 잠재적 진입자

6 ⑤

상업적 활동에는 판매·구매·교환, 보전적 활동에는 재산 및 구성원의 보호 등이 있다.

7 ①

① 로크는 목표가 구체적이고 도전적이며 수행과정에서 피드백을 받을 수 있으면 동기부여가 잘 되고 성과도 뛰어나다고 주장하였다.

8 ②

목표관리법(MBO ; Management By Objectives)은 맥그리거의 Y이론을 발전시켜 사용하였다.

9 ③

조직행동론에서의 의존적 변수
  ㉠ 결근여부
  ㉡ 생산성
  ㉢ 이직
  ㉣ 직업만족도

10 ③

기대이론은 내용구성이 복잡한 관계로 검증자체가 어렵다는 문제점이 있다.

11 ④

Alderfer는 1970년대 초 Maslow의 욕구단계설을 수정해서 인간의 욕구를 존재욕구, 관계욕구, 성장욕구의 3단계로 구분한 ERG이론을 제시하였다.

12 ④

관찰법은 직무분석자가 직무수행을 하는 종업원의 행동을 관찰한 것을 토대로 직무를 판단하는 것을 말하고, 면접법은 해당 직무를 수행하는 종업원과 직무분석자가 서로 대면해서 직무정보를 취득하는 방법을 말하며, 질문지법은 질문지를 통해 종업원에 대한 직무정보를 취득하는 방법을 말한다.

13 ①

모듈러 설계 … 여러 가지 호환이 가능한 표준화된 모델을 개발·제작하여 최소 종류의 부분품으로 최대 종류의 제품을 생산하고자 하는 방법으로 소품종 대량생산시스템에서 품목의 수를 증대시키기 적합한 방식이다. 대량생산과 제품의 고객화를 실현하는 대량 고객화를 가능하게 한다.

14 ①

①번은 생산예측의 방법 중 인과적 방법에 속하며, ②③④⑤번은 시계열분석 방법에 속하는 내용이다.

15 ②

제조공정은 서로 독립적이어야 한다.

16 ②

델파이법은 생산예측의 방법 중에서 정성적 방법에 해당한다.

17 ④

㉠ 원자재 : 제품 생산에 직접적으로 사용하기 위해 외부에서 구입하는 모든 자재
㉡ 재공품 : 최종 제품에 사용되기 이전의 제조 공정 내의 모든 품목 제품을 최상위 계층으로 하고 최하위 계층에 원자재가 위치하는 소요 자재 명세서의 중간 계층의 모든 품목
㉢ 완성품 : 최종 품목 또는 최종 제품이라고도 하며 소비자에게 판매되는 제품을 말한다.

18 ①

품절 및 과잉재고는 허용되지 않는다.
※ 경제적주문량(EOQ)의 기본가정
㉠ 제품의 수요가 일정하고 균일하다.
㉡ 조달기간이 일정하며, 조달이 일시에 이루어진다.
㉢ 품절이나 과잉재고가 허용되지 않는다.
㉣ 주문비와 재고유지비가 일정하며, 재고유지비는 평균재고에 기초를 둔다.

19 ⑤

총괄생산계획의 결정변수
㉠ 생산율의 조정
㉡ 하도급
㉢ 노동인력의 조정
㉣ 재고수준

20 ①

편의품(Convenience Goods)은 소비자들이 언제, 어디서든지 구입이 가능한 제품으로 제품구입을 위한 쇼핑의 노력은 거의 들이지 않으며, 전문품(Specialty Goods)은 소비재 중에서 가장 높은 가격의 제품에 해당되며, 이는 소비자들의 기호, 및 취미에 의해 구입하게 되는 제품이므로 전문품 구입의 경우 소비자가 해당 제품을 찾기 위해 들이는 쇼핑의 노력은 최대한이다.

21 ③

확률표본추출법에는 단순무작위 표본추출법, 층화 표본추출법, 군집 표본추출법, 체계적 표본추출법 등이 있다.

22 ⑤

지리적 세분화는 고객이 살고 있는 거주 지역을 기준으로 하여 시장을 세분화하는 방법을 의미한다.

23 ③

소비자를 실질적으로 확보할 수 있어야 한다는 것은 접근가능성(㉠)을 나타내며, 비슷하거나 같은 점포가 몰려 있어야 하는 것은 누적적 흡인력(㉡)을 의미한다.

24 ④

소비자 구매행동의 유형을 구매자의 관여도와 브랜드 차이 정도에 근거하여 복잡한 구매행동, 부조화 감소 구매행동, 습관적 구매행동, 다양성 추구 구매행동으로 구분할 수 있다. 부조화 감소 구매행동은 비싸고, 가끔 발생되고, 위험이 수반되는 구매로 인해 소비자가 그 구매에 높이 관여되어 있지만 브랜드 간에 별 차이가 없을 때 발생한다.
④ 주기적·반복적으로 구매해야 하는 제품을 구매할 때 발생하는 것은 습관적 구매행동이다.

25 ③

탐색조사는 업의 마케팅 문제와 현 상황을 보다 잘 이해하기 위해서, 조사목적을 명확히 정의하기 위해서, 더불어 필요한 정보를 분명히 파악하기 위해서 시행하는 예비조사를 의미하는데, 특정 문제가 잘 알려져 있지 않은 경우에 적합한 조사방법을 말한다.

26 ⑤

광고의 메시지 소구방식으로써 비교 광고, 유머소구, 공포소구 등이 있는데, 유머소구의 경우에는 소비자들의 주의를 유발하는 데 있어 효과적이고, 이러한 유머를 접한 소비자의 긍정적인 무드가 광고자체에 대한 태도는 물론 제품에 대한 태도에도 긍정적 영향을 미친다.

27 ①

① 판매가격 순응임률제 제품의 가격과 구성원에 대한 임금률을 연관시켜서 제품에 대한 판매가격이 변동하면 그에 따라 임률도 변동하도록 하는 제도를 의미한다.

28 ②

직무순환은 조직 구성원들의 직무영역을 변경하여 여러 방면에서의 경험이나 지식을 쌓게 하기 위한 인재양성 방법이다.

29 ①

현대적인 인사 고과시스템 설계에 있어서의 기본원칙
㉠ 계량화의 원칙
㉡ 고객중시의 원칙
㉢ 협동 및 경쟁의 원칙
㉣ 다면평가의 원칙
㉤ 종합관리의 원칙
㉥ 과업특성 고려의 원칙
㉦ 수용성의 원칙
㉧ 목적별, 계층별 평가의 원칙

30 ⑤

인적자원 계획으로 인해 불필요한 노동력의 감소 및 증대에 따른 통제가 용이하다.

31 ③

순응임률제(Sliding Scale Wage Plan)는 기업 조직의 여러 가지 제 조건이 변동하게 되면, 이에 순응하여 임금률도 자동적으로 변동 내지 조정되는 제도를 의미한다.

32 ④

집단자극제는 집단의 노력이므로, 개개인의 노력이나 성과가 직접적으로 반영되지 않는다.

※ 집단자극제

장점	단점
• 업무의 요령 등을 다른 사람들에게 감추지 않는다. • 신입 종업원의 경우, 훈련에 상당히 적극적이다. • 작업배치를 함에 있어 종업원들의 불만을 감소시킨다. • 집단의 조화가 중요하므로, 서로간의 팀워크와 협동심이 높아진다.	• 집단의 노력이므로, 개개인의 노력이나 성과가 직접적으로 반영되지 않는다. • 성과에 대한 기준설정이 명확하게 시간연구에 의한 것이 아닌, 기존의 실적에 의한 것일 경우에, 해당 성과 상승의 원인이 업무방식의 개선에 의한 것인지, 아니면 실제 종업원의 노력에 의한 것인지 판단하기가 어렵다.

33 ④

직무명세서(Job Specification)는 직무의 분석 결과를 기초로 특정 목적의 관리흐름을 구체화하는 데 있어 용이하도록 정리한 문서를 말하며, 특히 인적요건에 초점을 두고 있다는 특징이 있다.

34 ④

①②③⑤번은 자본구조계획에 속하며, ④번은 이익계획에 속한다.

35 ③

MM의 수정이론에서는 자기자본에 대한 배당은 비용처리가 되지 않기 때문에 부채를 많이 사용할수록 기업의 가치가 증가한다는 것을 의미한다.

36 ⑤

재무비율분석에서는 상대적으로 용이하게 기업의 경영성과와 재무 상태 등을 알아볼 수 있는 특징이 있다.

37 ⑤

CAPM에서의 자본시장은 균형 상태인 것으로 가정한다.

38 ①

PER는 해당 기업조직에 대한 시장의 신뢰도 지표로 활용이 가능하다.

39 ①

콜 옵션의 만기가치는 기초자산인 주식의 가격이 높을수록, 행사가격이 낮을수록, 위험이자율이 커질수록, 만기가 길수록, 분산이 클수록 콜 옵션의 가격은 높아지게 된다.

40 ③

투자자가 위험선호적인 경우에 무차별곡선의 형태는 위로 볼록한 형태를 지니게 된다.

제3회 정답 및 해설

>> 직업기초능력평가

1 ④
① 각별이 → 각별히
② 곤난 → 곤란
③ 발뒷꿈치 → 발뒤꿈치
⑤ 반드시 → 반듯이

2 ④
④ 혼인이나 제사 따위의 관혼상제 같은 어떤 의식을 치르다.
① 사람이 어떤 장소에서 생활을 하면서 시간이 지나가는 상태가 되게 하다.
② 서로 사귀어 오다.
③ 과거에 어떤 직책을 맡아 일하다.
⑤ 계절, 절기, 방학, 휴가 따위의 일정한 시간을 보내다.

3 ②
'일절'과 '일체'는 구별해서 써야 할 말이다. '일절'은 부인하거나 금지할 때 쓰는 말이고, '일체'는 전부를 나타내는 말이다.

4 ①
배경지식이 전혀 없던 상태에서는 X선 사진을 관찰하여도 아무 것도 찾을 수 없었으나 이론과 실습 등을 통하여 배경지식을 갖추고 난 후에는 X선 사진을 관찰하여 생리적 변화, 만성 질환의 병리적 변화, 급성질환의 증세 등의 현상을 알게 되었다는 것을 보면 관찰은 배경지식에 의존한다고 할 수 있다.

5 ③

수정		배아 (2주)		태아 (6개월)		진통		배 밖
D, F	⇨	E	⇨	C	⇨	B	⇨	A

6 ④
④ 다섯 번째 카드에서 교통약자석에 대한 인식 부족으로 교통약자석이 제 기능을 못하고 있다는 지적은 있지만, 그에 따른 문제점들을 원인에 따라 분류하고 있지는 않다.
① 첫 번째 카드
② 세 번째 카드
③ 네 번째 카드
⑤ 여섯 번째 카드

7 ②
② 카드 뉴스는 신문 기사와 달리 글과 함께 그림을 비중 있게 제시하여 의미 전달을 효과적으로 하고 있다.
① 통계 정보는 (나)에서만 활용되었다.
③ 표제와 부제의 방식으로 제시한 것은 (나)이다.
④ 비유적이고 함축적인 표현들은 (가), (나) 모두에서 사용되지 않았다.
⑤ 신문 기사는 표정이나 몸짓 같은 비언어적 요소를 활용할 수 없다.

8 ②
전체 응시자의 평균을 x라 하면 합격자의 평균은 $x+25$
불합격자의 평균은 전체 인원 30명의 총점 $30x$에서 합격자 20명의 총점 $\{20 \times (x+25)\}$를 빼준 값을 10으로 나눈 값이다.
즉, $\dfrac{30x - 20 \times (x+25)}{10} = x-50$
커트라인은 전체 응시자의 평균보다 5점 낮고, 불합격자 평균 점수의 2배보다 2점이 낮으므로
$x-5 = 2(x-50)-2$
$x = 97$
응시자의 평균이 97이므로 커트라인은 $97-5 = 92$점

9 ②
조건 (가)에서 R석의 티켓의 수를 a, S석의 티켓의 수를 b, A석의 티켓의 수를 c라 놓으면
$a+b+c = 1,500$ ······ ㉠
조건 (나)에서 R석, S석, A석 티켓의 가격은 각각 10만 원, 5만 원, 2만 원이므로
$10a+5b+2c = 6,000$ ······ ㉡
A석의 티켓의 수는 R석과 S석 티켓의 수의 합과 같으므로
$a+b = c$ ······ ㉢
세 방정식 ㉠, ㉡, ㉢을 연립하여 풀면
㉠, ㉢에서 $2c = 1,500$ 이므로 $c = 750$
㉠, ㉡에서 연립방정식
$\begin{cases} a+b = 750 \\ 2a+b = 900 \end{cases}$
을 풀면 $a = 150$, $b = 600$ 이다.
따라서 구하는 S석의 티켓의 수는 600장이다.

10 ④

'거리 = 속력 × 시간'을 이용하여 체류시간을 감안한 총 소요 시간을 다음과 같이 정리해 볼 수 있다. 시간은 왕복이므로 2번 계산한다.

활동	이동 수단	거리	속력 (시속)	목적지 체류 시간	총 소요시간
당구장	전철	12km	120km	3시간	3시간 + 0.1시간 × 2 = 3시간 12분
한강공원 라이딩	자전거	30km	15km	-	2시간 × 2 = 4시간
파워워킹	도보	5.4km	3km	-	1.8시간 × 2 = 3시간 36분
북카페 방문	자가용	15km	50km	2시간	2시간 + 0.3시간 × 2 = 2시간 36분
강아지와 산책	도보	3km	3km	1시간	1시간 + 1시간 × 2 = 3시간

따라서 북카페를 방문하고 돌아오는 것이 2시간 36분으로 가장 짧은 소요시간이 걸린다.

11 ④

① 81,000 + (54,000 × 3) = 243,000원

② 81,000 + 54,000 + 25,000 = 160,000원

③ 60,000 + (15,000 × 3) + (10,000 × 2) = 125,000원

④ 75,000 + (35,000 × 3) + 70,000 = 250,000원

⑤ 211,000원

12 ⑤

조건을 잘 보면 병의 가방에 담긴 물품 가격의 합이 44,000원

병의 가방에는 B, D, E가 들어 있고 E의 가격은 16,000원

그럼 B와 D의 가격의 합이(㉠+㉡) 44,000 - 16,000 = 28,000원이 되어야 한다.

①은 답이 될 수 없다.

가방에 담긴 물품 가격의 합이 높은 사람부터 순서대로 나열하면 갑 > 을 > 병 순이므로

을은 A와 C를 가지고 있는데 A는 24,000원, 병 44,000원보다 많아야 하므로 C의 가격(㉡)은 적어도 44,000 - 24,000 = 20,000원 이상이 되어야 한다.

②③④는 답이 될 수 없다.

13 ③

③ 2008년 G계열사의 영업이익률은 8.7%로 1997년 E계열사의 영업이익률 2.9%의 2배가 넘는다.

① B계열사의 2008년 영업이익률은 나머지 계열사의 영업이익률의 합보다 적다.

② 1997년도에 가장 높은 영업이익률을 낸 계열사는 F, 2008년에 가장 높은 영업이익률을 낸 계열사는 B이다.

④ 1997년 대비 2008년의 영업이익률이 증가한 계열사는 B, C, E, G 4곳이다.

⑤ 1997년과 2008년 모두 영업이익률이 10%을 넘는 계열사는 A, B 2곳이다.

14 ①

주어진 그래프를 통해 다음과 같은 연도별 지역별 무역수지 규모를 정리할 수 있다.

(단위 : 10억 불)

구분	2015	2016	2017
미국	27.7	25.3	20.1
중국	47.3	37.8	44.6
일본	-20.1	-23.0	-28.1
EU	-7.9	-3.9	-3.8
동남아	54.2	57.3	75.5
중동	-38.0	-27.8	-49.9

따라서 무역수지 악화가 지속적으로 심해진 무역 상대국(지역)은 일본뿐인 것을 알 수 있다.

② 매년 무역수지 흑자를 나타낸 무역 상대국(지역)은 미국, 중국, 동남아 3개국(지역)이다.

③ 무역수지 흑자가 매년 감소한 무역 상대국(지역)은 미국뿐이다.

④ 무역수지가 흑자에서 적자 또는 적자에서 흑자로 돌아선 무역 상대국(지역)은 없음을 알 수 있다.

⑤ 매년 무역수지 적자규모가 가장 큰 무역 상대국(지역)은 중동이다.

15 ④

2017년 동남아 수출액은 1,490억 불이므로 전년대비 20% 증가하였다면 2018년 동남아 수출액은 1,788억 불이고, 2017년 EU 수입액은 560억 불이므로 전년대비 20% 감소하였다면 448억 불이다. 따라서 2018년 동남아 수출액과 EU 수입액의 차이는 1,788 - 448 = 1,340억 불이다.

16 ④

조건 1에서 출발역은 청량리이고, 문제에서 도착역은 인천역으로 명시되어 있고 환승 없이 1호선만을 활용한다고 되어 있으므로 청량리~서울역(1,250원), 서울역~구로역(200원 추가), 구로역~인천역(300원 추가)를 모두 더한 값이 수인이와 혜인이의 목적지까지의 편도 운임이 된다. 그러므로 두 사람 당 각각 운임을 계산하면, 1,250 + 200 + 300 = 1,750원(1인당)이 된다. 역의 수는 청량리역~인천역까지 모두 더하면 38개 역이 된다.

17 ③

아르바이트 일수가 갑은 3일, 병은 2일임을 알 수 있다.

무는 갑이나 병이 아르바이트를 하는 날 항상 함께 한다고 했으므로 5일 내내 아르바이트를 하게 된다.

을과 정은 일, 월, 화, 목 4일간 아르바이트를 하게 된다.

① 수요일에는 2명, 나머지 요일에는 4명으로 인원수는 확정된다.

② 갑은 3일, 을은 4일, 병은 2일, 무는 5일 이므로 갑과 을, 병과 정의 아르바이트 일수를 합한 값은 7로 같다.

③ 병에 따라 갑이 아르바이트를 하는 요일이 달라지므로 아르바이트 하는 요일이 확정되는 사람은 세 명이다.

④ 일별 인원수는 4명 또는 2명으로 모두 짝수이다.

⑤ 일요일에는 갑, 을, 정, 무 네 명으로 어느 경우에도 같다.

18 ⑤

블랙은 이 열이 실제로 온도계에 변화를 주지 않기 때문에 이를 '잠열(潛熱)'이라 불렀다.

→ ㉠ A의 온도계로는 잠열을 직접 측정할 수 없었다. - 참

눈이 녹는점에 있음에도 불구하고 많은 양의 뜨거운 물은 눈을 조금밖에 녹이지 못했다. 이는 잠열 때문이다.

→ ㉡ 얼음이 녹는점에 이르러도 완전히 녹지 않는 것은 잠열 때문이다. - 참

A에서는 얼음이 녹으면서 생긴 물과 녹고 있는 얼음의 온도가 녹는점에서 일정하게 유지되었는데 이 상태는 얼음이 완전히 녹을 때까지 지속되었다.

→ ㉢ A의 얼음이 완전히 물로 바뀔 때까지, A의 얼음물 온도는 일정하게 유지된다. - 참

19 ⑤

① 김유진 : 3억 5천만 원 × 0.9% = 315만 원
② 이영희 : 12억 원 × 0.9% = 1,080만 원
③ 심현우 : 1,170만 원 + (32억 8천만 원 − 15억 원) × 0.6%
            = 2,238만 원
④ 이동훈 : 18억 1천만 원 × 0.9% = 1,629만 원
⑤ 김원근 : 2,670만 원 + (3억 원 × 0.5%) = 2,820만 원

20 ④

총 노선의 길이를 연비로 나누어 리터 당 연료비를 곱하면 원하는 답을 다음과 같이 구할 수 있다.

교통편 1 : 500 ÷ 4.2 × 1,000 = 약 119,048원
교통편 2 : 500 ÷ 4.8 × 1,200 = 125,000원
교통편 3 : 500 ÷ 6.2 × 1,500 = 약 120,968원
교통편 4 : 500 ÷ 5.6 × 1,600 = 약 142,857원

따라서 교통비가 가장 적게 드는 교통편은 '교통편 1'이며, 가장 많이 드는 교통편은 '교통편 4'가 된다.

21 ④

각 교통편별로 속도와 정차 역, 정차 시간을 감안하여 최종 목적지인 Ⅰ 지점까지의 총 소요 시간을 구하여 정리해 보면 다음 표와 같다.

구분	평균속도 (km/h)	운행 시간 (h)	정차 시간(분)	총 소요 시간
교통편 1	60	500 ÷ 60 = 약 8.3	7 × 15 = 105	8.3 + 1.8 = 10.1시간
교통편 2	80	500 ÷ 80 = 약 6.3	4 × 15 = 60	6.3 + 1 = 7.3시간
교통편 3	120	500 ÷ 120 = 약 4.2	3 × 15 = 45	4.2 + 0.8 = 5시간
교통편 4	160	500 ÷ 160 = 약 3.1	2 × 15 = 30	3.1 + 0.5 = 3.6시간

따라서 교통편 1과 교통편 4의 시간 차이는 6.5시간이므로 6시간 30분의 차이가 나는 것을 알 수 있다.

22 ②

② 외부환경요인 분석은 언론매체, 개인 정보망 등을 통하여 입수한 상식적인 세상의 변화 내용을 시작으로 당사자에게 미치는 영향을 순서대로, 점차 구체화하는 것이다.

⑤ 내부환경과 외부환경을 구분하는 기준은 '나', '나의 사업', '나의 회사' 등 환경 분석 주체에 직접적인 관련성이 있는지 여부가 된다. 대내외적인 환경을 분석하기 위하여 이를 적절하게 구분하는 것이 매우 중요한 요소가 된다.

23 ②

② 저렴한 제품을 공급하는 것은 자사의 강점(S)이며, 이를 통해 외부의 위협요인인 대형 마트와의 경쟁(T)에 대응하는 것은 ST 전략이 된다.

① 직원 확보 문제 해결과 매출 감소에 대응하는 인건비 절감 등의 효과를 거둘 수 있어 약점과 위협요인을 최소화하는 WT 전략이 된다.

③ 자사의 강점과 외부환경의 기회 요인을 이용한 SO 전략이 된다.

④ 자사의 기회요인인 매장 앞 공간을 이용해 지역 주민 이동 시 쉼터를 이용할 수 있도록 활용하는 것은 매출 증대에 기여할 수 있으므로 WO 전략이 된다.

⑤ 고객 유치 노하우는 자사의 강점을 이용한 것이며, 이를 통해 편의점 이용률을 제고하는 것은 위협요인을 제거하는 것이 되므로 ST 전략이 된다.

24 ②

제시된 글에서는 조직문화의 기능 중 특히 조직 성과와의 연관성을 언급하고 있기도 하다. 강력하고 독특한 조직문화는 기업이 성과를 창출하는 데에 중요한 요소이며, 종업원들의 행동을 방향 짓는 강력한 지렛대의 역할을 한다고도 볼 수 있다. 그러나 이러한 조직문화가 조직들의 단합을 이끌어 이직률을 일정 정도 낮출 수는 있으나, 외부 조직원을 흡인할 수 있는 동기로 작용한다고 보기는 어렵다. 오히려 강력한 조직문화가 형성되어 있을 경우, 외부와의 융합이 어려울 수 있으며, 타 조직과의 단절을 통하여 '그들만의 세계'로 인식될 수 있다. 따라서 조직문화를 통한 외부 조직원의 흡인은 조직문화를 통해 기대할 수 있는 기능으로 볼 수는 없다.

25 ④

경영전략을 수립하고 각종 경영정보를 수집/분석하는 업무를 하는 기획팀에서 요구되는 자질은 재무/회계/경제/경영 지식, 창의력, 분석력, 전략적 사고 등이다.

26 ⑤

감사실장, 이사회의장, 비서실장, 미래 전략실장, A부사장은 모두 사장과 직접적인 업무 라인으로 연결되어 있으므로 직속 결재권자가 사장이 된다.

27 ④

백만 불 이상 예산이 집행되는 사안이므로 최종 결재권자인 사장을 대동하여 출장을 계획하는 것은 적절한 행위로 볼 수 있다.
① 사장 부재 시 차상급 직위자는 부사장이다.
② 출장 시 본부장은 사장, 직원은 본부장에게 각각 결재를 득하면 된다.
③ 결재권자의 부재 시, 차상급 직위자의 전결로 처리하되 반드시 결재권자의 업무 복귀 후 후결로 보완한다는 규정이 있다.
⑤ 직원의 해외 출장 결재권자는 본부장이다. 따라서 F팀 직원은 해외 출장을 위해 C본부장에게 최종 결재를 득하면 된다.

28 ①

(가)에서 '=MID(B4, 8, 1)'은 주민등록번호에서 8번째에 있는 1개의 문자를 추출하는 수식이다.
(나)에서 OR함수는 두 가지 중 한 가지 조건이라도 '참'이면 결과 값이 '참'이며, AND함수는 모든 조건이 '참'이어야 출력 값이 '참'이므로 (나)의 결과 값은 '합격'으로 출력된다.

29 ④

MIN 함수에서 최소값을 반환한 후, IF 함수에서 "이상 없음" 문자열이 출력된다. B3의 내용이 1로 바뀌면 출력은 "부족"이 된다.
㉠ 반복문은 사용되고 있지 않다.
㉢ 현재 입력으로 출력되는 결과물은 "이상 없음"이다.

30 ⑤

A사는 높은 가격으로 인한 거래선 유치의 어려움으로 인해 결국 시장점유율이 하락할 것이며, B사는 지속적인 적자 누적으로 제품 생산을 계속할수록 적자폭도 커지게 되는 상황을 맞이하게 될 것이다. 따라서 개발 책정 비용과 실제 발생하는 비용을 동일하게 유지하는 것이 기업에게 가장 바람직한 모습이라고 할 수 있다.

31 ①

기업이 예산 투입을 하는 과정에 있어 비용을 적게 들이는 것이 반드시 좋은 것은 아니다. 기업에서 제품을 개발한다고 할 때, 개발 책정 비용을 실제보다 높게 책정하면 경쟁력을 잃어버리게 되고, 반대로 낮게 책정하면 개발 자체가 이익을 주는 것이 아니라 오히려 적자가 나는 경우가 발생할 수 있다. 그로 인해 책정 비용과 실제 비용의 차이를 줄이고, 비슷한 상태가 가장 이상적인 상태라고 할 수 있다. 또한, 아무리 예산을 정확하게 수립하였다 하더라도 활동이나 사업을 진행하는 과정에서 계획에 따라 적절히 관리하지 않으면 아무런 효과가 없다. 즉 아무리 좋은 계획도 실천하지 않으면 되지 않듯이 예산 또한 적절한 관리가 필요하다. 이는 좁게는 개인의 생활비나 용돈관리에서부터 크게는 사업, 기업 등의 예산관리가 모두 마찬가지이며, 실행과정에서 적절히 예산을 통제해주는 것이 필수적이라고 할 수 있다.

32 ①

구매 제한가격에 따라 다 업체에서는 C 물품을 구매할 수 없다. 나머지 가, 나, 라 업체의 소모품 구매 가격을 정리하면 다음과 같다.

구분	구매 가격
가 업체	$(12{,}400 \times 2) + (1{,}600 \times 3) + (2{,}400 \times 2) + (1{,}400 \times 2) + (11{,}000 \times 2) = 59{,}200$원
나 업체	$(12{,}200 \times 2) + (1{,}600 \times 3) + (2{,}450 \times 2) + (1{,}400 \times 2) + (11{,}200 \times 2) = 59{,}300$원
라 업체	$(12{,}500 \times 2) + (1{,}500 \times 3) + (2{,}400 \times 2) + (1{,}300 \times 2) + (11{,}300 \times 2) = 59{,}500$원

따라서 가장 저렴한 가격에 소모품을 구입할 수 있는 곳은 가 업체로 구매 가격은 59,200원이다.

33 ④

④ 잉크패드는 사용자가 직접 교체할 수 없고 고객지원센터의 전문가만 교체할 수 있다.

34 ②

단계 1은 문제 분석 단계이다.
단계 2는 순서도 작성 단계이다.
단계 3은 코딩·입력 및 번역 단계이다.
단계 4는 모의 실행 단계이므로 '논리적 오류'를 발견할 수 있다.

35 ①

제품 매뉴얼 : 사용자를 위해 제품의 특징이나 기능 설명, 사용 방법과 고장 조치방법, 유지 보수 및 A/S, 폐기까지 제품에 관련된 모든 서비스에 대해 소비자가 알아야 할 모든 정보를 제공하는 것을 의미한다.

36 ⑤

A 의원은 서번트 리더십의 중요성을 강조하고 있다. 이러한 서번트 리더십은 인간 존중을 바탕으로 다른 구성원들이 업무 수행에 있어 자신의 잠재력을 최대한 발휘할 수 있도록 도와 주는 리더십을 의미한다. ①번은 감성 리더십, ②번은 카리스마 리더십, ③번은 거래적 리더십, ④번은 셀프 리더십을 각각 설명한 것이다.

37 ②

C는 주제와 상관없는 사항을 거론하며 상대를 깎아 내리는 발언을 하고 있으므로 C가 토의를 위한 기본적인 태도를 제대로 갖추지 못한 사람이라고 볼 수 있다.

38 ②

② 협력을 장려하는 환경을 조성하기 위해서는 팀원들이 침묵을 지키는 것을 존중하여야 한다.

39 ⑤

명함은 손아랫사람이 먼저 건네야 한다. 더불어서 지위 또는 직책 등이 낮은 사람이 먼저 명함을 건넨다.

※ 명함 교환 시의 기본 매너

 ㉠ 명함은 항상 넉넉히 준비한다.

 ㉡ 명함은 자리에 앉기 전에 교환한다.

 ㉢ 상대에게 명함을 건네면서 소속과 이름을 밝힌다.

 ㉣ 상대로부터 받은 명함은 그 자리에서 확인하며, 한자 등의 다소 읽기 어려운 글자는 정중히 물어서 회사명과 이름을 틀리지 않아야 한다.

 ㉤ 상대로부터 명함을 받은 후에 곧바로 지갑에 넣지 말고, 미팅이나 또는 회의 시에 테이블 오른 쪽에 꺼내놓고 이름 및 직함을 부르면서 대화한다.

 ㉥ 상대 앞에서 명함에 낙서하는 것은 곧 상대의 얼굴에 낙서하는 것과 같음을 의미하며, 더불어서 명함을 손가락 사이에 끼고 돌리는 등의 손장난을 하는 것은 상대방을 무시하는 것과 같다.

 ㉦ 명함은 스스로의 것과 상대방 것을 구분해서 넣어둔다. 만약의 경우 급한 순간에 타인의 명함을 상대에게 줄 수도 있기 때문이다.

 ㉧ 상대로부터 받은 명함을 절대 그냥 두고 오는 일이 없도록 해야 한다.

40 ②

엘리베이터에서는 버튼 대각선 방향의 뒤 쪽이 상석이 된다.

※ 엘리베이터 상석의 위치

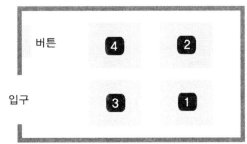

* 번호는 상석 순위

---

1 ①

시장개발의 경우 새로운 시장에 기존제품으로 진입할 때 사용하는 전략이다. 따라서 신제품 개발에 혁신과 차별화를 두어야 한다.

2 ④

 ㉠ BCG 매트릭스는 각 사업부의 시장성장률과 상대적 시장점유율을 기준으로 경쟁사 대비 성과를 계산해 4분위면에 표시하는 방법이다. 시장성장률은 사업부가 위치한 산업의 성장이 고성장인지 저성장인지를 가려낸다. BCG 매트릭스의 변형인 GE 매트릭스는 시장성장률과 시장점유율 대신 시장매력도와 기업의 강점을 기준으로 사업부의 경쟁적 위치를 파악한다.

 ㉡ 매트릭스 상에서 원의 크기는 매출액 규모를 의미한다.

3 ③

타인으로부터의 인정은 4단계, 존경 욕구에 해당한다. 소속감 욕구는 집단의 소속, 타인과의 관계 형성 등을 말한다.

4 ②

의사결정자는 대안 및 해당 결과에 대해서 완전한 정보를 가질 수 없는 제한된 합리성을 전제로 하고 있다.

5 ②

막스 베버의 관료제는 안정적이면서도 명확한 권한계층이 이루어진다.

6 ④

포지셔닝 맵에서 지표는 제품에 대해 소비자들이 구매의사결정을 할 시에 중요하게 고려하는 것을 선정해야 한다.

7 ③

③ 지원적 리더십에 대한 설명으로 지원적 리더십은 부하가 스트레스를 많이 받거나 단조롭고 지루한 업무를 수행하는 상황에서 작업환경의 부정적인 측면을 최소화시킴으로써 부하가 업무를 더욱 원활하게 수행할 수 있도록 해주는 유형이다.

8 ③

인간관계론의 한계

 ㉠ 지나친 비공식 조직의 중시

 ㉡ 경제적, 합리적인 요인의 경시

 ㉢ 조직관의 폐쇄성

 ㉣ 사회적, 심리적인 욕구 충족에 따른 성과의 불투명

 ㉤ 관리자의 배제, 생산자 중심의 연구

 ㉥ 직무자체에 있어서의 동기부여 기능 및 역할의 무시

9 ②

연구가 진행될수록 특성 간 연관성이 없다.

10 ⑤

직무기술서는 직무분석의 결과를 토대로 직무수행과 관련된 과업 및 직무행동을 일정한 양식에 따라 기술한 문서를 말한다.

11 ④

서열법(Ranking Method)은 절대적 성과차이를 구별할 수 없다.

12 ①

프렌치(J. R. P. French)와 레이븐(B.H. Raven)이 말하는 권력의 원천
㉠ 보상적 권력
㉡ 강압적 권력
㉢ 합법적 권력
㉣ 준거적 권력
㉤ 전문적 권력

13 ③

발주점법의 변형인 투-빈 시스템은 주로 저가품에 적용되는 방식이다.

14 ②

기록된 자료들에 대한 정확성 및 유용성 모두가 높아야 한다.

15 ④

집단적 의사결정에서는 최적안보다는 타협안을 선택할 수 있다는 문제점이 있다.

16 ③

종속수요품목에서 재고관리기법으로는 MRP, JIT 등이 활용된다.

17 ③

제조전략에서는 원가, 품질, 신속성, 신축성 등의 4가지 변수를 중요하게 여긴다.

18 ③

생산율 변동비용
㉠ 고용비용
㉡ 해고비용
㉢ 하청비용
㉣ 잔업비용

19 ④

재고의 기능 중 경제적 발주량의 실행으로 인해 대량취급의 이점을 얻을 수 있는 것은 취급수량에 있어서의 경제성이라 한다.
※ 재고의 기능
  ㉠ 소비자에 대한 서비스
  ㉡ 생산의 안정화
  ㉢ 부문 간 완충
  ㉣ 취급수량에 있어서의 경제성
  ㉤ 투자 및 투기의 목적으로서의 보유
  ㉥ 재고보유를 통한 판매의 촉진

20 ③

마케팅 조사과정 ··· 조사문제의 정의 → 조사목적의 결정 → 마케팅조사의 설계 → 자료의 수집과 분석 → 보고서 작성

21 ④

①②③⑤번은 회사의 입장에서 상표의 좋은 점을 설명한 것이며, ④번은 구매자 (소비자) 입장에서 상표의 좋은 점을 설명한 것이다.

22 ⑤

㉠ 이질성은 서비스의 생산 및 인도과정에서의 가변성 요소로 인해 서비스의 내용과 질이 달라질 수 있다는 것을 의미하며, ㉡ 무형성은 소비자가 제품을 구매하기 전, 오감을 통해 느낄 수 없는 것을 말한다. 다시 말해, 무형의 혜택을 소유할 수는 없는 것이다.

23 ①

산업재 구매의사결정에 영향을 미치는 요인에는 권위, 지위, 감정이입, 설득 등이 있다.
※ 산업재 구매의사결정에 영향을 미치는 요인
  ㉠ 환경적 요인 : 경제적 발전, 공급 조건, 기술 변화, 정치적 규제상의 발전 등
  ㉡ 조직적 요인 : 목적, 정책, 절차, 조직구조, 시스템 등
  ㉢ 개인적 요인 : 권위, 지위, 감정이입, 설득 등
  ㉣ 대인적 요인 : 연령, 소득, 교육, 직위, 개성 등

24 ④

통상적으로 소비재에 대한 수요자는 소비자들이므로 이들은 가격변동에 민감하게 작용하기 때문에 수요탄력성이 탄력적이다. 하지만 산업재의 수요자는 생산자이므로 이들은 가격변동에 덜 민감하게 작용하여 수요탄력성은 소비재에 비해 비탄력적이다.

25 ④

소비자 판촉을 위한 수단으로는 할인쿠폰, 리베이트, 보너스 팩, 보상판매, 할인행사, 샘플 및 무료 시용권, 사은품, 경품, 게임, 콘테스트 등이 있다.

26 ④

④ 분류법은 분류자체에 대한 정확성을 확실하게 보장할 수 없다.

27 ③

이미지에 의한 포지셔닝은 제품이 지니고 있는 추상적인 편익을 소구하는 전략을 말한다.

28 ④

④번은 OFF JT(Off The Job Training)에 관한 설명이다.

29 ⑤

① 현혹효과, ② 관대화 오류, ③ 중심화 경향, ④ 시간적 오류를 각각 설명한 것이며, ⑤는 가혹화 현상을 의미한다.

30 ③

인간관계론은 기업 조직의 외부적 환경 요소를 배제하였다.

※ 인간관계론 호손실험(호손실험의 구체적 내용)

ㄱ 조명실험 : 조명의 변화가 공장 내 종업원들의 생산성에 미치는 영향을 알아보기 위해서 실시하였지만, 이 경우에는 특별하게 작업능률에 있어 큰 영향을 미치지 못했다.

ㄴ 계전기 조립실험 : 종업원들에 대한 휴식시간이나 임금인상 등이 그들의 작업조건에 있어 생산성에 미치는 효과를 알아보는 실험이었다.

ㄷ 면접실험 : 상급자의 감독방법이나 작업 환경 등에 따른 종업원들의 불만을 조사하였다.

ㄹ 배선관찰실험 : 종업원들에 대한 면접 및 관찰을 통한 작업장에서의 여러 가지 사회적 요소를 분석한 것이다.

실험 명칭	실험 주체	실험 시간	실험 내용
조명실험	호손공장	1924~27	조명도가 생산성에 미치는 정(+)의 영향
계전기 조립실험	메이요 팀	1927~29	조면도 이외의 작업요인(작업시간, 임금, 휴식시간, 작업환경 등)과 작업조건(사기, 감독방법, 인간관계 등)이 생산성에 미치는 영향
면접 실험	"	1928~30	작업자의 심리적 요인이 작업자의 태도와 생산성에 미치는 영향
배전기 권성실험	"	1931~32	작업장의 사회적 요인으로 작용하는 비공식적조직과 비공식 규범 분석

31 ⑤

오픈 숍(Open Shop)은 사용자가 노동조합에 가입한 조합원 말고도 비조합원도 자유롭게 채용할 수 있도록 하는 제도를 의미한다.

32 ⑤

복리후생은 기업에 있어서의 노사 간의 관계에 있어서의 안정, 공동체의 실현 및 종업원들의 생활안정과 문화향상 등의 필요에 의해 발전하고 있는 형태이며, 또한 집단적인 보상의 성격을 지니고 있다.

33 ②

A감사는 경영에 있어 전반적인 관점을 가지고, 전체적인 인적자원에 관련된 정책에 대한 사실들을 조사하고, 조직 내 인적자원관리의 방침 및 시행과의 연관성, 시행정책의 기능 및 운용실태 등에 대해서 정기적으로 평가를 진행한다. B감사는 인사정책에 대해 소요되는 경비를 알아내고, 그로 인한 예산의 적정성 등을 분석 및 평가하고 적절한 예산할당의 적합성 등에 주안점을 두게 된다. C감사는 인적자원과 관련한 제반 정책들의 실제효과를 대상으로 해서 조사하여 해당 연도에 있어서의 조직균형 상태와 더불어 인적자원정책에 대해서 재해석하고, 이를 종합하여 새로운 정책을 수립하는데 있어 유용한 자료를 제공한다.

34 ⑤

재무관리의 기능 중에서 주기능으로는 투자결정 및 자본조달결정이 있으며, 부기능으로는 배당결정, 자본예산결정, 운전자본관리 등이 있다.

35 ②

현금흐름의 추정 시 세금의 효과를 고려해야 한다.

36 ④

채권가격은 이자율 수준에서의 움직임과 반대방향으로 변동하게 된다.

37 ⑤

옵션가격의 결정요인으로는 기업 배당정책, 행사가격, 만기까지의 기간, 무위험이자율, 기초자산의 가격변동성, 기초자산의 가격 등이 있다.

38 ②

② 자본자산 가격결정모형은 포트폴리오 선택이론이 개발된 이후 샤프, 린트너, 모신 등에 의해 개발되었다. 이 모형은 주식이나 채권 등 자본자산들의 기대수익률과 위험과의 관계를 이론적으로 정립한 균형 모델로서 커다란 의미를 지니고 있다. 하지만 이질적인 예측을 하는 경우 자본자산 가격결정모형은 성립이 불가능하다. 또한 증권을 비롯한 자본자산의 위험과 수익 사이에 존재하는 균형관계를 설명하는 모형이다.

39 ①

완전자본시장에서는 거래비용이 없다.

40 ③

무위험자산의 시장이 균형 상태에 이르게 되었을 때, 무위험자산 시장 전체의 순차입액 및 순대여액은 0이 된다.

서울교통공사

부록

부록	구 성	핵심이론, 핵심용어정리
	핵심 이론	경영이론 : 기업이론, 경영관리론, 마케팅 관리, 생산관리
		조직관리 : 조직, 인사이론
		재무 · 회계관리 : 재무관리, 회계관리

SEOWONGAK
(주)서원각

부록　핵심이론

1　경영이론

1. 기업이론

(1) 기업의 성격

① 오늘날 자본주의사회 내에서의 기업은 생산조직체, 경제적 기관, 사회적 기관의 성격을 지닌다.

② 기업성격의 변화
　　㉠ 전근대기업 : 봉건성, 생활성, 친화성
　　㉡ 근대기업 : 영리성
　　㉢ 현대기업 : 사회성, 공공성, 공익성

(2) 기업결합

① 목적 … 생산공정의 합리화, 상호 경쟁의 배제와 제한, 시장(자본)의 지배이다.

② 기업의 집중
　　㉠ 분류(결합방향을 기준으로)
　　　• 수평적 결합 : 동종·유사업종 간의 기업결합, 시장의 독점적 지배를 목적으로 한다.
　　　• 수직적 결합 : 동일 제품의 생산단계를 달리하는 기업 간의 결합으로 생산·유통과정의 합리화를 목적으로 한다.
　　　• 다각적 결합 : 생산상의 관계가 없는 다른 업종 간의 결합을 통해 위험을 분산시키고 기업지배력을 강화하고자 한다.
　　㉡ 기업제휴 : 경쟁관계에 있는 복수기업으로 동업조합 또는 사업자단체, 사업제휴, 카르텔 등이 있다.

　　　　Point 》 카르텔 … 경제적으로 일종의 기업연합이나 법률적으로는 계약적 결합이며 법인격이 인정되지 않는다. 합리화 카르텔과 같이 시장지배나 경제제한을 목적으로 하지 않는 것도 있지만, 본래 어느 정도의 계약이나 협정의 범위 내에서의 경쟁제한을 목적으로 생겨났다.

　　㉢ 기업집단화 : 법적으로 독립적인 복수기업이 결합하여 자본적·인적·기술적으로 밀접한 관계를 가진 통일적 집단을 형성하는 것으로 주식보유형 트러스트, 콘체른, 콤비나트 등이 있다.
　　　• 트러스트 : 일종의 기업협동으로 다른 기업의 주식보유를 통한 지배와 시장의 독점을 시도한다. 가맹기업의 독립성은 없고, 동일 산업부문 또는 기술적으로 관련된 수직적인 산업부문만의 자본 지배를 말한다.
　　　• 콘체른 : 일종의 기업집단으로 산업과 금융의 융합, 주식소유에 의한 지배(지주회사) 또는 융자 또는 중역파견에 의한 인적 결합 지배로 독립성이 유지되며 산업과 금융의 융합을 말하는 것으로 우리나라의 재벌이 이에 속한다.
　　　• 콤비나트 : 콘체른과 같은 수직적 기업집단과는 달리 일정수의 유사한 규모의 기업들이 원자료와 신기술의 이용을 목적으로 사실상의 제휴를 하기 위하여 근접한 지역에서 대등한 관계로 결성하는 수평적 기업 집단(특정 공업단지 내의 기업집단)을 말한다.

@ 기업집중화의 문제점
- 기업의 담합으로 자유경쟁이 저하되고 이로 인하여 소비자가 피해를 입을 수 있다.
- 기업이 집중화되면서 중소기업이 성장하지 못하게 된다.

③ 공기업의 등장
　㉠ 배경 : 국제경쟁사회에서 경쟁력을 제고하고 산업의 특성상 거대 자본이 필요하거나 혹은 공익성이 강조되는 사업을 수행하기 위하여 등장하였다.
　㉡ 형태
- 고공영기업 : 국가 또는 공공단체의 행정조직에 편입되어 행정관청의 일부로 운용된다.
- 법인공기업 : 법인기업의 형태로 형식적 독립성을 유지한다.
- 최근 재정부담과 관료화로 인한 폐단을 방지하고 효율성을 높이기 위해 기업화하거나 민영화하는 경우가 점차 증가하고 있다.

(3) 기업의 사회적 책임

① 사회적 책임의 필요성 … 고객으로부터 두터운 신뢰와 좋은 평판 획득, 종업원의 자부심과 보람 증대로 귀속의식과 애사심이 강화, 장기적으로 법규를 준수하기 위한 비용 감소 등이 있다.

② 사회적 책임의 유형
　㉠ 대외적 윤리 : 대리인 문제, 소비자에 대한 윤리 문제, 정부와 사회에 대한 책임
　㉡ 대내적 윤리 : 종업원에 대한 공정한 대우, 노조에 대한 책임 등

③ 기업윤리의 제고방안
　㉠ 경영자의 역할 : 솔선수범, 기업윤리 규정, 종업원의 윤리성 평가 등
　㉡ 제도적인 보완 : 사외이사제도, 공익대표 이사제도 등

(4) 경영목표와 의사결정

① 목표형성의 3가지 차원 … 목표의 내용, 범위, 실현기간

② 경영이념 … 경영자가 기업이라는 조직체(경영체)를 경영하는데 간직해야 할 신조·신념·이상으로서 기업관 또는 경영관이라고 할 수 있다.

③ 이익극대화 목표에 대한 비판
　㉠ 이익극대화 가설은 경제인을 전제로 하고 있다.
　㉡ 이익극대화 목표는 기업의 역사적·제도적 변화를 무시하고 있다.
　㉢ 이익극대화 가설은 정태적이며, 장기·단기의 구별이 불가능하다.
　④ 의사결정
　㉠ 전제 : 사실과 가치
　㉡ 단계 : 정보활동, 설계활동, 선택활동, 검토활동
　㉢ 중요요소
- 의사결정자 : 개인, 집단, 조직, 사회
- 의사결정상황 : 확신성, 위험, 불확실성
- 의사결정대상 : 생산, 마케팅, 재무경영

2. 경영관리론

(1) 경영관리의 개념

① 경영관리의 의의 … 효율성(최소비용의 최대효과)과 효과성(조직 전체 목적의 효과적 달성)을 위해 각 부문을 통합하여 일관성 있게 다루는 것을 말한다.

② 경영관리의 5요소(5M) … 경영자(Man), 기계(Machine), 원재료(Material), 자본(Money), 시장(Market)이다.

③ 경영관리의 발전 … 전통적 관리 → 과업관리(과학적 관리) → 포드시스템(동시관리) → 페욜리즘(관리기능) → 인간관계 중시 관리(호손실험) → 행동과학적 관리(목표관리, MBO) → 관리과학

(2) 경영관리의 기능

① 계획수립 … 대안 개발, 대안 선택, 미래 예측, 예산 편성
  ㉠ 전략 : 기업의 기본적 목표를 정하는 거시적 의사결정
  ㉡ 경영계획 : 생산 · 재무 · 마케팅 · 인사계획 등을 결정하는 세부적이고 전술적인 계획
  ㉢ 계획의 체계
   • 프로그램 : 목표달성을 위하여 필요하고 연결되어 있는 제반활동 또는 연속되는 행동시스템이다.
   • 스케줄(일정계획) : 목표달성을 위하여 어떠한 일을, 어떠한 순서로 연속하여 실행하여야 하는지에 대한 시간적 순서를 일정계획이라 한다.
   • 절차 : 미래의 시점에서 발생하는 활동의 관습적 처리방법을 설정하는 것으로서 업무수행의 기준이다.
   • 예산 : 계획기능의 하나인 통제를 위한 불가결한 수단일 뿐 아니라, 예산편성은 기업제반계획을 통합하기 위한 중요한 수단이 된다.
  ㉣ 경영계획의 종류
   • 종합계획 : 전반관리층 또는 최고경영층에서 책임을 진다.
   • 단기계획 : 1년 이내의 계획을 말한다.
   • 개별계획 : 개개의 프로젝트마다 계획을 세운다.
   • 부문계획 : 기능별, 경영요소 또는 문제별로 세분한다.

② 조직화 … 계획을 효과적으로 달성하기 위해 조직의 체계를 갖추는 활동으로 경영의 인적 · 물적 요소의 상호관계를 설정하는 것을 의미한다.
  ㉠ 일의 분할 : 조직 전체 업무를 개인이나 집단에 할당한다.
  ㉡ 구성요소 : 직무(직능), 권한, 책임, 직위이다.

③ 조정 … 각 부서 간에 부각되는 이질성을 극복하는 활동으로 분업에 의한 전문화로 인하여 의견조정이 필요하다.

④ 통제 … 계획대로 이루어지고 있는지 확인하고 편차를 수정하는 활동으로, '성과측정 → 목표(계획)와 비교 → 편차의 수정'의 순서이다.
  ㉠ 사전통제 : 가장 바람직한 통제시스템으로 미래지향적 통제이다. 사전통제의 핵심은 예방인 관리활동으로 적시에 정확한 정보가 요구된다.
  ㉡ 동시통제 : 업무활동의 진행중에 실시되는 통제로 문제가 발생되어 비용이 크게 발생되기 전에 수정행동을 취해야 한다.
  ㉢ 사후통제 : 가장 보편적인 통제유형으로 결과뿐만 아니라 실시과정도 검토한다.

3. 마케팅 관리

(1) 마케팅 기초

① 마케팅의 기본요소 … 필요와 욕구, 수요, 제품, 교환, 시장

② 마케팅개념의 발전 … 생산개념 → 제품개념 → 판매개념 → 마케팅개념 → 사회지향적 마케팅개념

③ 현대마케팅의 특징 … 소비자지향성, 기업목적지향성, 사회적 책임지향성, 통합적 마케팅지향성

(2) 시장기회분석

① 마케팅 정보시스템
　　㉠ 내부보고시스템 : 정보전달, 보고수단
　　㉡ 마케팅 인텔리전스 시스템 : 일반적인 외부환경에 대한 정보 입수
　　㉢ 분석적 마케팅 시스템 : 2차적 정보로 변형
　　㉣ 마케팅 조사시스템 : 특수 마케팅 문제의 해결
　　　• 절차 : 조사문제의 정의 → 조사계획 수립·설계 → 자료의 수집 → 자료의 분석·해석 → 조사결과 보고
　　　• 조사방법 : 탐색조사, 기술조사, 인과관계조사
　　　• 조사계획 수립 및 설계 : 자료의 수집방법·종류·분석방법 계획 수립

② 마케팅 환경분석
　　㉠ 거시적 환경분석
　　㉡ 미시적 환경분석 : 회사내, 공급자, 중간매매상, 고객, 경쟁자, 대중
　　　• 경쟁환경분석 : 경쟁 유형 파악 → 경쟁집합 규정
　　　• 자사분석 : SWOT분석

③ 소비자 행동분석

```
              마케팅 자극(4P)·기타자극 : input(행동주의)
                              ↓
              소비자 특성·구매의사결정과정 : 매개변수(인지론)
                              ↓
              제품·상표 선택 : output
```

(3) 목표시장 선정과 마케팅 전략의 수립

① **시장세분화** … 다양한 욕구를 가진 소비자들을 특정 제품 및 믹스를 필요로 하는 유사한 집단으로 묶는 과정을 말한다.

② **목표시장 선정** … 자사의 경쟁우위가 특정 세분시장에서 확보될 수 있는가를 평가하여 상대적으로 경쟁우위에 있는 세분시장을 선정한다.

③ **제품 포지셔닝** … 자사제품이 경쟁제품과는 다른 차별적 경쟁우위 요인을 가지고 있어 목표시장내 소비자들의 욕구를 보다 효율적으로 잘 충족시켜 줄 수 있음을 소비자에게 인식시켜 주는 과정이다.

④ **제품 수명주기 전략** … 장기적(도입 → 성장 → 성숙 → 쇠퇴)인 전략을 세워 시장변화에 적응한다.

⑤ **경쟁적 마케팅 전략** … 시장 지위에 따른 마케팅 전략을 펼친다.

(4) 제품관리와 가격관리

① 제품과 브랜드

    ㉠ 제품의 수준 : 핵심제품, 실체제품, 증폭(확장)제품

    ㉡ 브랜드 : 제조업자 브랜드와 유통업자 브랜드 및 공동브랜드

② 제품 전략

    ㉠ 신제품 개발 절차 : 아이디어 창출·심사→사업성 분석→제품 개발→시험마케팅→생산

    ㉡ 제품 전략 : 제품 다양화, 제품 단순화, 제품 차별화, 계획적 진부화

    ㉢ 제품 믹스 전략 : 제품 라인 추가 전략(제품 개발 전략, 다각화 전략), 제품 라인 분할·통합 전략, 제품 라인 제거 전략(사업부 추가·폐지 또는 분할·통합의 의사결정)

③ 가격관리

    ㉠ 가격의 전략적 중요성 : 경쟁에 민감한 반응, 즉각적인 대응 가능, 소비자의 신속하고 민감한 반응→즉각적인 효과

    ㉡ 가격결정과정

      • 가격목표 : 시장 확대, 경쟁력 확보

      • 가격전략 : 경쟁상황 고려, 기본적인 방향의 결정

      • 가격정책

      －신제품 : 상층흡수 가격정책(skimming), 침투 가격정책(penetration)

      －재판매 가격유지정책 : 유료품에 대한 도·소매 가격 설정, loss leader방지, 가격안정과 명성유지

      －단일 가격정책과 탄력가격정책(제품계열마다)

      －가격주도제 : 시장주도자가 공표한 가격을 그대로 사용

      • 가격산정방법의 결정 : 원가 기준, 소비자(수요) 기준, 경쟁 기준

      • 최종가격 설정방법 : 소비자 지각에 기초(관습가격, 단수가격) 또는 지역별 가격설정(인도가격, 배달가격) 또는 우표식 가격 결정(동일한 가격과 운송비)에 따라 결정한다.

      • 가격조정 : 상황에 따라 가격 인하 또는 가격 인상 등의 방법을 통하여 합리적인 가격을 결정한다.

(5) 유통경로 관리

① **유통경로** … 교환과정의 촉진, 거래의 표준화, 고객서비스 제공, 제품구색의 불일치 완화, 소비자와 판매자의 연결 등의 역할

② **중요성** … 가장 낮은 탄력성, 중간상의 존재로 총거래수 최소의 원칙·분업의 원리 등에 의해 유통의 효율적 달성, 중간상인 관리의 초점

③ **유통경로 전략의 결정** … 유통커버리지 결정, 중간상 통제수준 결정

④ **유통경로의 계열화** … 미리 계획된 판매망을 전문적이고 일관적인 관리체계로 형성하여 만든 유통경로

⑤ **물적 유통관리(PDM)** … 마케팅 병참관리(logistics)

⑥ **기타**

    ㉠ 푸쉬(push)경로정책 : 인적 판매를 중심으로 자사의 제품을 소비시장에 판매하는 것

    ㉡ 풀(pull)경로정책 : 광고 및 판매촉진책에 의해 소비자의 제품에 대한 욕구를 확인하는 것

        Point ≫ 광고전략의 절차 … 광고목표 설정→광고예산 편성·배분→메시지 내용과 제시방법 결정→광고 매체의 선정→광고효과의 측정

4. 생산관리

(1) 생산관리의 개념

① 생산관리의 배경 ⋯ OR, SA, 컴퓨터과학의 발달 등 현대과학기술이 발전하면서 생산관리가 대두되었다.

② 생산관리 ⋯ 생산활동의 계획 · 조직 · 통제하는 관리기능을 의미한다.

③ 생산합리화의 3원칙 ⋯ 단순화(simplification), 표준화(standardization), 전문화(specialization)의 원칙이 있다.

④ 생산시스템의 중점은 산출의 과정과 피드백 통제를 반복하는 부분이다.

(2) 생산예측의 방법

① 정성적 방법 ⋯ 신제품을 시장에 처음 소개할 때처럼 새로운 상품에 대한 수요예측의 자료가 불충분할 경우에 주로 사용된다.

② 인과법 ⋯ 회귀모형, 계량경제모형, 투입 · 산출모형, 경기지표법, 소비자 구매경향 조사법, 제품수명주기분석법 등이 활용된다.

③ 시계열분석법 ⋯ 경향변동, 순환변동, 계절변동, 불규칙변동 등이 있다.

(3) 생산시스템의 유형

① 연속생산 ⋯ 중단없이 계속 가동되는 방식이다.

② 반복생산 ⋯ 작업실행과 작업중단을 반복하는 생산 방식이다.

③ 단속생산 ⋯ 주문된 제품의 수량과 납기에 맞추어 생산하는 방식이다.

2 조직관리

1. 조직

(1) 조직의 의의

① 인간은 보다 고도의 목적을 달성하기 위해서 조직을 형성한다.

② 기업도 대규모적인 생산이나 판매를 가능하게 하고 생산성을 한층 높이기 위해서는 여러 사람이 협력해서 기업목적을 달성할 수 있도록 업무를 분담하지 않으면 안 되게 되었다.

③ 집단 내의 사람들의 관계는 어디까지나 업무를 통한 관계이며, 보다 엄밀히 말하자면 기업목적을 달성하는 데에 필요한 활동을 하는 과정의 연결이다.

(2) 조직의 유형

① 조직의 기본형
  ㉠ 라인조직 : 명령계통은 명확하지만 각 관리자는 부하에 대하여 전면적인 책임과 지휘를 하여야 한다.
  ㉡ 기능조직 : 기능조직은 관리자가 전문적 기능에 따라 관리하는 것이나, 명령계통의 혼란이나 책임의 소재가 확실치 않은 단점이 있다.

ⓒ 라인과 스태프조직 : 전문적 기능을 살리고 명령계통을 확실케 한 것이다. 스태프란 현재 대부분의 기업조직에 받아들여지고 있는 것으로 집행할 권한은 갖지 못하나, 라인에 전문적 입장에서 조언이나 협력을 하는 것을 말한다.

② 기업조직의 유형

ㄱ 사업별 조직(사업부제 조직) : 제품, 고객, 지역, 프로젝트 등을 기준으로 종업원들의 직위를 집단화하여 조직을 몇 개의 부서로 구분하는 조직이다. 즉, 사업부라 불리는 중간라인의 조직단위를 기업 내의 기업기능을 가질 수 있는 체제로 독립시킨 조직형태이다.

ㄴ 기능별 조직 : 유사한 기술, 전문성, 자원 사용 등을 기준으로 종업원들의 직위를 집단화하여 조직을 몇 개의 부서로 구분하는 조직이다.

ㄷ 매트릭스 조직 : 기능별 및 부서별 명령체계를 이중적으로 사용하여 조직을 몇 개의 부서로 구분하는 조직이다. 매트릭스 조직은 직능구조의 역할과 프로젝트 구조의 역할로 이루어진 이중역할구조로 되어 있으면서 복합적인 조직목표를 달성하는 것이 목적이다.

ㄹ 프로젝트 조직 : 프로젝트(project)는 조직이 제 노력을 집중하여 해결하고자 시도하는 과제이고, 이러한 특정 목표를 달성하기 위하여 일시적으로 조직 내의 인적·물적 자원을 결합하는 조직형태가 프로젝트 조직이다.

ㅁ 네트워크 조직 : 기본적으로 유연성, 부서간 통합 및 DB의 활용을 전제로 하므로 마케팅이행을 위한 조직으로 가장 적합한 형태로 볼 수 있다.

ㅂ 가상조직(virtual organization) : 독립적인 기업들이 전략적 제휴나 합작투자를 통하여 형성하는 네트워크로서 특정한 목표를 달성한 후에는 해체되는 한시적인 기업형태이다.

(3) 조직의 기본원칙

① 3면등가의 원칙

ㄱ 조직이 전체적인 질서를 갖고 원활한 운영을 가능케 하기 위해 직무를 명확히 규정하는 원칙이 3면등가의 원칙이다.

ㄴ 직무를 명확히 하기 위해서는 각 직무의 책임, 권한, 의무의 세 부분이 대등해야 하는 것을 의미한다.

② 책임과 권한의 원칙

ㄱ 조직구성원들이 직무를 분담함에 있어서 각 직무 사이의 상호관계를 명백히 해야 한다.

ㄴ 구성원이 분담할 직무에 관한 명확한 책임과 그 직무를 수행하는 데에 필요한 일정한 권한이 부여되어야 한다.

③ 명령의 일원화 원칙 … 한 구성원은 한 사람의 상사 또는 특정 단수의 직근 상사로부터 명령과 지시를 받아야 한다.

④ 통제범위의 원칙 … 1명의 관리감독자가 통제하는 부하의 인원에는 한계가 있으므로 상층부의 경우는 5~6명, 말단에서는 20명을 한도로 함으로써 조직의 질서를 유지하는 것이다.

⑤ 전문화의 원칙 … 경영목적을 달성하기 위해서는 각종 업무를 수행해야 하므로 업무를 부문화하고 단일한 특정의 업무만을 각 구성원이 담당함으로써 경영활동의 능률을 증진시키자는 원칙이다.

⑥ 권한위양의 원칙 … 윗사람이 자신의 직무의 일부를 부하에게 위임할 경우 그 위임한 직무수행에 필요한 권한도 위양해야 한다.

2. 인사이론

(1) 인사관리

① 인사관리의 의의 … 조직에서 일하는 사람을 다루는 제도적 체계이며, 사람이 사람을 다루는 제도로서 관리의 대상과 주체 모두 인간이다.

② **기업의 인사관리** … 기업활동의 성과를 좌우하는 활동이므로 인사관리가 잘 되면 기업의 성과를 높이게 되어 결국 기업의 기본적인 기능, 즉 고객에게 보다 양질의 재화와 서비스를 더 좋은 조건으로 제공할 수 있게 되어 사회의 복지향상을 가져오는 기본방향이 된다.

③ **인사관리의 일반적인 특성**

ㄱ 인사관리의 대상과 주체 모두 인간이다.

ㄴ 인사관리는 주체와 대상이 모두 인간이라는 점에서 볼 때 인간 상호작용의 관계로 볼 수 있으며, 이때 이들이 공통적으로 영향을 받고 있는 사회·문화적 환경과 전통의 영향을 배경으로 하고 있음을 벗어날 수 없다.

ㄷ 인사관리는 사람이 가지고 있는 능력이나 성향을 활용하는 데 그치지 않고 그 능력이나 성향을 바꾸는 것이 더 중요시 될 때도 있다.

(2) 직무분석

① **직무분석의 의의**

ㄱ 직무분석(job analysis)이란 기업에서 요구되는 직무의 내용과 요건을 체계적으로 정리, 분석하여 인적자원관리에 필요한 직무정보를 제공하는 과정이다.

ㄴ 직무분석은 직무에 관한 중요한 정보를 수집하고 수집된 정보를 분석하여 직무의 내용을 파악한 다음, 각 직무를 수행하는 데 요구되는 제요건들을 명확히 함으로써 향후의 인적자원관리기능이 원활히 수행될 수 있도록 하기 위한 기초작업이다.

ㄷ 직무분석의 결과는 종업원의 모집과 선발, 종업원에 대한 보상, 종업원의 평가 및 종업원의 교육훈련과 개발에 중요한 기초자료가 된다.

② **직무분석방법**

ㄱ **면접방식** : 숙련된 직무조사원이 개개의 감독자나 종업원을 면접하고 또한 관찰을 병용해서 직무를 분석하는 방식으로 오늘날 가장 널리 알려진 방법이다.

ㄴ **질문서방식** : 질문서를 작성하여 해당 직무상의 종업원으로 하여금 기입케 하는 방법이다.

ㄷ **종합적 방식** : 면접방식과 질문서방식을 종합하여 이 양자가 지니는 장점을 살리고 단점을 제거하려는 분석방법이다. 직무분석의 결과는 우선 직무분석표, 신체요건표, 종업원 특질표 등에 기록되었다가 다음에 직무기술서나 혹은 직무명세서를 작성하는 데 기본 자료로서 이용된다.

> Point ≫ 직무기술서와 직무명세서
> ㄱ **직무기술서** : 직무분석의 결과로 얻어진 정보를 일정한 양식으로 기록·정리한 문서이다.
> • 직무인식사항 : 직무명칭, 직무번호, 소속부처, 분석일자 등 포함
> • 직무개요 : 직무내용을 개략적으로 요약
> • 직무내용 : 직무의 내용과 성격 명시
> • 직무요건 : 교육, 경력, 능력, 성별, 나이, 지식 등
> ㄴ **직무명세서** : 직무기술서의 내용 중에서 직무요건만을 분리하여 구체적으로 작성한 문서로서 직무요건 중에서도 특히 성공적인 직무수행을 위하여 필요한 인적요건을 중심으로 기술한 것이다.

(3) 직무평가

① **직무평가의 의의** … 직무평가는 조직 내의 각 직무가 가지고 있는 숙련도, 책임, 난이도, 복잡성, 노력, 위험도 등을 평가하여 각 직무간의 상대적 가치를 결정하는 과정이다.

② **직무평가의 목적**

ㄱ 공정한 임금체계의 확립

ㄴ 인적자원관리의 합리화

ㄷ 노사협상의 기초

ㄹ 노동시장에서의 경쟁력 유지

③ 직무평가의 방법
  ㉠ 서열법 : 직무의 난이도, 책임의 대소, 직무의 중요도, 장점 등 직무의 상대적 가치를 모두 고려하여 전체적으로 직무의 서열을 평가하는 방법이다.
  ㉡ 분류법(직무등급법) : 전반적인 직무가치나 난이도 등의 분류기준에 따라 미리 여러 등급을 정하고 여기에 각 직무를 적절히 평가하여 배정하는 방법으로, 서열법과 유사한 장·단점이 있다.
  ㉢ 점수법 : 각 직무에 공통평가요소를 선정하고 여기에 가중치를 부여한 후, 각 직무요소별로 얻은 점수와 가중치를 곱하고 이를 합계하여 그 점수가 가장 높은 직무를 가장 가치있는 직무로 평가하는 방법이다.
  ㉣ 요소비교법 : 조직 내의 가장 중심이 되는 직무를 선정하고 요소별로 직무를 평가한 후 나머지 평가하고자 하는 모든 직무를 기준직무의 요소에 결부시켜 서로 비교하여 조직 내에서 이들이 차지하는 상대적 가치를 분석적으로 평가하는 방법이다.

(4) 직무설계

① **직무설계의 의의** … 개인과 조직을 연결시켜 주는 가장 기본단위인 직무의 내용과 방법 및 관계를 구체화하여 종업원의 욕구와 조직의 목표를 통합시키는 것을 말한다.

② **직무설계의 효과**
  ㉠ 직무만족의 증대
  ㉡ 작업생산성 향상
  ㉢ 이직, 결근율 감소
  ㉣ 제품질의 개선과 원가 절감
  ㉤ 훈련비용 감소
  ㉥ 상하관계의 개선
  ㉦ 신기술 도입에 대한 신속한 적응

(5) 인적자원의 확보 및 유지관리

① **모집관리**
  ㉠ **내부모집**
    • 외부모집보다 간편하고 기존 종업원의 고과기록 등의 보유로 적합한 인재선발이 가능하며 홍보활동이 필요없다.
    • 내부모집은 모집범위 제한, 승진을 위한 과당경쟁을 유발할 수도 있다.
      Point 》 내부모집방법
        ㉠ 인사기록카드 활용
        ㉡ 기업 내부 부서장의 추천
        ㉢ 사내 공개모집제도
  ㉡ **외부모집**
    • 기업 외부에서 기업에 필요한 인적자원을 확보한다.
    • 모집범위가 넓고 외부의 유능한 인재확보가 가능하다.
    • 모집·인력개발비용이 든다.
    • 부적격자 선발의 우려가 있다.
      Point 》 외부모집방법
        ㉠ 광고에 의한 모집
        ㉡ **직업소개소** : 사설, 공공 직업소개소
        ㉢ 교육기관과의 협력에 의한 모집
        ㉣ 현 종업원의 추천에 의한 모집
        ㉤ 인턴십(internship)의 활용

ⓗ 노조를 통한 모집

ⓢ 연고모집 : 친척 채용

ⓞ 개별, 수시모집 : 단기적 · 임시적 고용

ⓒ 내 · 외부 공급원의 장 · 단점

구분	내부 공급원	외부 공급원
장점	• 승진자의 사기 진작 • 동기 부여 • 능력개발 강화 • 채용비용 절약	• 많은 선택 가능성 • 조직의 동태성 확보 • 신정보, 지식 제공 • 인적자원개발비 절약
단점	• 모집범위의 제한 • 승진되지 않은 구성원의 실망 • 승진을 위한 과당경쟁 • 안이한 분위기 • 인적자원 개발비용의 과다소요	• 부족한 정보로 부적격자 채용 위험 • 내부인력의 사기 저하 • 안정되기까지 적응기간 소요 • 채용비용의 과다소요

② 선발관리

ⓐ 선발의 의의

• 부적격자 배제과정이다.

• 단계적 과정 : 부적격자 배제를 위해 단계적 · 연속적 선발과정을 거친다.

• 차별선발 : 직무요건에 대비하여 적 · 부적격을 가린다.

• 장기고용, 개발고용 : 현재 능력보다 장기적 성장가능성을 중시한다.

• 인간성 중시 : 뛰어난 사람보다 인간됨됨이가 된 사람을 선발한다.

ⓑ 선발과정 : 지원서 제출 및 검토 → 선발시험 → 면접 → 신체검사 → 신원 및 경력조회 → 채용결정과 선발

ⓒ 선발상의 오류 : 선발오류 방지를 위하여 시험에 다양한 면접시험과 실기시험 등 새로운 선발도구를 추가하여 부적격자의 채용으로 직무성과를 그르치는 오류발생을 극소화시켜야 한다.

③ 배치 · 전환

ⓐ 배치(placement) : 유능한 인재가 선발되면 이들을 각 직무에 배속시키는 것을 말한다.

ⓑ 전환(transfer) : 일단 배치된 종업원을 어떠한 사정으로 인하여 현재의 직무에서 다른 직무로 바꾸어 재배치하는 것을 말한다.

ⓒ 기능 : 종업원에게 기업에 대한 귀속의식 · 일체감을 확립시키고, 직무에 대한 보람을 갖게 하며, 성취동기나 자아실현 욕구를 충족시켜 준다.

④ 인사고과

ⓐ 인사고과의 개념

• 인사고과는 기업 내 인간을 대상으로 한 평가이며 직무 자체에 대한 평가는 아니다.

• 인사고과는 인간과 직무와의 관계를 원칙으로 한다. 즉, 종업원이 직무를 수행함에 있어 나타나는 업적을 중점 평가한다.

• 인사고과는 상대적 비교 · 평가이므로 인사고과 결과만을 가지고 인적자원관리를 해서는 안 된다.

ⓑ 인사고과의 요소 : 성과, 능력, 태도 등 3영역으로 대별된다.

ⓒ 인사고과의 방법

• 전통적 고과방법 : 서열법, 기록법, 평가척도법, 대조표법, 강제할당법, 업무보고법 등

• 근대적 고과방법 : 자기신고법, 중요사건서술법, 면접법, 목표관리법, 인적자원회계, 평가센터법 등

ⓔ 인사고과상의 오류
- 현혹효과(halo effect) : 어느 한 측면에서의 호의적·비호의적 인상이 다른 측면 평가시에도 영향을 주는 경향을 말한다.
- 관대화경향(leniency tendency) : 실제보다 과대 또는 과소평가하는 경향을 말한다.
- 중심화경향(central tendency) : 보통이나 척도상 중심점에 평가가 집중되는 경향을 말한다.
- 논리적 오류(logical error) : 하나의 평가요소가 우수하면 다른 것도 우수한 것으로 판단하는 경향을 말한다.
- 대비오류(contrast error) : 피고과자의 특성을 고과자 자신의 특성과 비교하여 평가하는 경향을 말한다.
- 근접효과(proximity effect) : 공간적·시간적으로 근접하여 평가하는 경향을 말한다.
- 주관의 객관화(projection) : 고과자가 자신의 특성, 관점을 다른 사람에게 전가시키는 경향을 말한다.
- 지각적 방어(perceptual defense) : 좋은 것은 집중적으로 파고들고 싫은 것은 외면해 버리는 경향을 말한다.

⑤ 승진관리
ⓐ 승진의 의의
- 조직에서 한 종업원이 상위 직무로 옮기는 것을 말한다.
- 보수, 지위가 오르고 책임이 수반되며 고차욕구 달성을 기대할 수 있다.
- 종업원측에서는 자아실현과 욕구충족을 꾀할 수 있는 도구가 된다.
- 경영자측에서는 인재의 효율적 확보, 배분을 통해 조직의 유효성을 증대시킬 수 있는 수단이 된다.
ⓑ 승진관리의 기본방향
- 연공서열주의 : 승진결정에서 근속연수, 학력, 연령, 경력 등 전통적 기준에 입각하여 승진하는 것으로 가족주의적 종신고용제, 유교사상, 집합주의, 장유유서(長幼有序) 등 동양문화풍토에 기초한다.
- 능력주의 : 근무연수보다는 능력 등 합목적적 기준과 직무성과에 관련된 특성을 중시하는 것으로 개인주의적 계약고용제, 기독교사상, 합리주의 등 서구문화풍토에 기초한다.
ⓒ 승진제도의 유형 : 연공승진제도, 직계승진제도, 자격승진제도, 대용승진제도, 조직변화승진제도 등이 있다.

⑥ 보상관리
ⓐ 보상관리의 의의 : 보상이란 한 개인이 조직체에서 수행한 일의 대가로 받게 되는 효익(benefits)으로, 인적자원의 유지와 개발에 매우 유용한 요소이다.
- 금전적 보상 : 임금, 상여금, 복리후생 등
- 정신적 보상 : 도전감, 책임감, 성취감, 발전기회 등
ⓑ 보상관리의 이론적 배경
- 기대이론 : 보상제도는 종업원이 기대하고 이해할 수 있도록 설계되어야 한다. 즉, 성과목표는 종업원이 노력하면 달성할 수 있는 적정수준으로 설계되어야 한다는 이론이다.
- 공정성이론 : 아담스(J.S. Adams)에 의해 제시되었으며 보상관리체계를 결정하는 데 이론적 바탕이 되며, 특히 보상산정기준의 타당성과 개인별 성과의 정확한 평가를 전제로 한다.
- 2요인이론 : 허즈버그(F. Herzberg)가 제시한 이론으로 종업원의 직무만족요인을 2가지로 분류한다. 하나는 위생요인으로 환경에 관련된 요인이고, 또 하나는 동기요인으로 직무 그 자체와 관련된 요인이다.
ⓒ 보상수준의 결정
- 기업이 지불할 수 있는 임금수준은 기업의 지불능력 범위 내이어야 하고 기업의 생산성이나 수익성을 기초로 한다.
- 임금수준의 최저한계는 물가변동을 감안한 생활비의 최저액을 임금의 최저기준으로 하여 평균가족수의 생계비가 보장되는 수준이어야 한다.
- 동종업계에서 실시되고 있는 임금수준과 균형을 이루는 수준이어야 한다.
- 노조, 정부 등에 의해 형성되는 사회일반의 균형적인 임금수준이어야 한다.

1. 재무관리

(1) 재무관리 의의

① **재무관리의 개념** … 기업경영의 하부 체계로서 자금의 조달과 운용에 관련된 의사결정을 수행하는 기업의 관리기능을 말한다.

② **재무관리의 목표** … 기업가치의 극대화이다.

(2) 재무관리의 기능

① **투자결정** … 기업이 어떤 종류의 자산을 어느 정도로 보유할 것인가에 대한 의사결정, 즉 기업 자산의 최적배합에 대한 의사결정을 말하며 기업의 미래현금흐름과 영업위험을 결정짓게 된다. 투자결정의 결과는 대차대조표의 차변항목으로 표시된다.

② **자본조달결정** … 투자에 소요되는 자본을 어떻게 효율적으로 조달할 것인가에 대한 의사결정, 즉 기업자본의 최적배합에 대한 의사결정을 말하며 기업의 재무위험을 결정짓게 된다. 자본조달 결정의 결과는 재무상태표의 대변항목으로 표시된다.

③ **배당결정** … 투자결정 및 자본조달결정으로 창출된 기업의 순이익 중 얼마를 주주에게 배당하고 얼마를 기업 내에 유보할 것인가에 대한 의사결정으로 배당결정은 사내 자본조달 결정과 연결되므로 자본조달결정의 한 형태로 볼 수 있다.

④ **재무분석결정** … 투자, 자본조달 및 배당결정을 비롯한 기업의 제반 의사결정에 필요한 정보를 얻기 위하여 기업의 회계 및 재무자료를 분석하는 의사결정이다.

(3) 재무관리의 영역

① **재무계획** … 재무계획은 이익계획과 자본구조계획(자금계획)으로 대별된다. 이익계획은 다시 수익계획과 비용계획으로 나누어지며, 예산의 형식으로 부문책임과 결합되어 견적포괄손익계산서로서 회계적으로 표시된다. 자본구조계획은 고정자본구조 계획(설비자본 구조계획)과 운전자본 구조계획(현금수지계획 · 현금수지예산)으로 나누어지며, 견적재무상태표로서 회계적으로 표시된다.

② **재무조직** … 재무조직의 중심과제는 재무관리조직이며, 그 전형은 컨트롤러제도(controllership)에 있다. 컨트롤러제도는 경영활동에 관한 계수적 자료의 수집 · 분석 · 제공을 전담하는 분야를 설치하여, 기업경영자의 종합적 관리활동을 보좌하는 제도인데 기업회계가 재무회계적 기능에서 관리회계를 포함하는 계수관리적 기능으로 발달함에 따라 재무 · 회계를 직접적으로 집행하는 라인의 성격을 가진 재무 부문과 계수에 의한 간접적 통제를 담당하는 스태프의 성격을 가진 컨트롤러 부문으로 구분되어, 후자의 장(長)인 컨트롤러가 경영집행진을 보좌하는 제도, 즉 컨트롤러제도가 도입되었다. 미국의 기업경영에서 발달한 것으로, 현재는 관리회계적 기능과 내부감사기능을 보유하는 경우가 있으며 계수적 관리의 방법인 예산제도의 집행에 있어서는 특히 중요한 역할을 수행하고 있다.

③ **재무통제** … 재무통제는 경영분석 · 경영비교 · 예산차이분석에 의하여 전개되는데, 그 집약적 지표는 자본이익률이다.

2. 회계관리

(1) 회계의 개념 및 분류

① **개념** … 회계란 회계정보이용자가 합리적인 판단이나 의사결정을 할 수 있도록 기업실체에 관한 유용한 경제적 정보를 식별, 측정, 전달하는 과정이다.

② **분류** … 정보이용자를 대상으로 분류하는데, 내부정보이용자(경영자)와 외부정보이용자(투자자와 채권자)을 대상으로 재무회계와 관리회계로 구분된다.

구분	재무회계	관리회계
목적	기업의 외부이해관계자인 주주나 채권자에게 유용한 정보를 제공한다.	기업의 내부이해관계자인 경영자에게 유용한 정보를 제공한다.
보고수단	재무제표	특수목적의 보고서
시각적 관점	과거지향적	미래지향적
기준의 유무	일반적으로 인정된 회계원칙을 준수한다.	통일된 회계원칙이나 이론이 없다.
강조점	객관성	목적적합성

(2) 일반적으로 인정된 회계원칙(GAAP ; generally accepted accounting principles)

① **특성**
   ㉠ 회계행위의 지침이며, 회계실무를 이끌어 가는 지도원리이다.
   ㉡ 모든 기업에 적용가능한 보편타당성과 이해관계자집단의 이해를 조정한다.
   ㉢ 경제적 환경의 변화에 따라 변화한다.

② **필요성** … 재무제표를 작성하는 방법이 기업간·기간 간에 상이하다면 재무제표의 신뢰성이 떨어지고 재무정보의 비교가능성·이해가능성이 저하되어 결과적으로 회계정보의 유용성이 감소하므로 판단의 기준이 되는 일정한 원칙이 필요하다.

③ **회계원칙의 제정방법** … 과거에는 귀납적 방법을 사용하였으나, 현재는 연역적 방법을 중요시한다. 즉, 재무회계의 목적을 설정하고 이를 출발점으로 하여 회계실무에 적용할 수 있는 회계원칙을 정립한다.

(3) 재무회계의 이론적 체계

① **개념** … 오랜 시간을 두고 회계행위가 암묵적으로 관습화된 것을 일반화하여 이것을 회계행위의 기준으로 수용하게 되었는데, 이의 정당성을 논리적으로 체계화한 것이다.

○ 재무회계의 이론적 구조

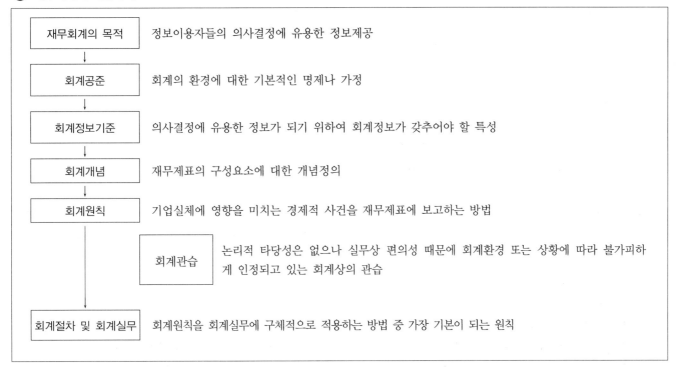

② **회계공준** ··· 회계이론을 논리적으로 전개하기 위한 기본적인 가정, 명제로서 회계가 이루어지는 정치·경제·사회적 환경으로부터 귀납적으로 도출된 것이며, 회계공준을 설정하는 이유로는 회계원칙을 연역적으로 도출하기 위한 토대를 마련하는 데 있다.

   ㉠ **발생주의 공준** : 정보이용자의 의사결정에 유용한 정보를 제공하기 위해서는 거래나 사건의 영향을 현금이나 현금성 자산의 수입·지출을 기준으로 인식하지 않고 발생한 기간에 인식하는 것을 말한다.

    • 발생(accrual) : 당기 발생 수익, 비용에 대하여 현금의 수입과 지출이 완료되지 않은 것이다.

    –미수수익 : 수익 발생, 현금 수입 미완료

    –미지급비용 : 비용발생, 현금 지출 미완료

    • 이연(deferral) : 현금의 수입 혹은 지출은 완료되었지만 수익과 비용이 발생하지 않은 것이다. 미래에 발생할 수익, 비용에 대한 현금의 수입과 지출이 완료되어 수익과 비용의 인식을 이연시킨 것이다.

    –선수수익 : 현금 수입이 완료된 미래 수익

    –선급비용 : 현금 지출이 완료된 미래 비용

   ㉡ **계속기업의 가정** : 기업은 특별한 사유가 없는 한 계속적으로 기업활동을 영위하며, 영업활동을 청산하거나 중대하게 축소시킬 의도가 없다는 가정이다. 이러한 계속기업의 가정으로 인하여 다음과 같은 후속개념들이 나타난다.

    • 기업의 자산을 역사적 원가로 평가하는 역사적 원가주의의 근거가 된다.

    • 유형자산의 취득원가를 미래의 기간에 걸쳐 비용으로 배분하는 감가상각 등의 회계처리방식이 정당화된다.

    • 자산, 부채의 분류 방법이 청산우선순위가 아닌 유동성배열법으로 분류 표시하는 근거가 된다.

③ **회계정보의 질적특성** ··· 한국채택국제회계기준(K-IFRS)에서는 이해가능성, 목적적합성, 신뢰성, 비교가능성을 주요 질적 특성으로 제시하고 있다.

   ㉠ **이해가능성**(전제조건)

    • 정보의 측면 : 기업은 정보이용자들이 쉽게 이해할 수 있는 형태로 회계정보를 제공하여야 한다.

    • 정보이용자 측면 : 회계정보 이용자도 적당한 수준의 지식을 가지고 있으며 정보를 이해하는데 필요한 적절한 노력을 하여야 한다.

ⓛ 목적적합성 : 회계정보를 이용하여 의사결정을 하는 경우와 이용하지 않고 의사결정을 하는 경우에 의사결정결과에 차이를 발생시키는 정보의 능력으로 다음과 같은 하부속성이 있다.

• 예측가치 : 정보이용자들이 미래를 예측하는 데 도움을 주는 영향을 말한다.

• 확인가치 : 과거에 회계정보를 이용하지 않고 예측했던 예측치를 확신시키거나 과거에 잘못 예측한 사실을 알게 하여 과거의 예측치를 수정할 수 있게 하는 영향을 말한다.

• 중요성 : 중요성이란 정보이용자의 의사결정에 미치는 영향력의 크기와 관련이 있다.

ⓒ 신뢰성 : 정보에 오류나 편의(bias, 치우침)가 없어 객관적으로 검증가능하며 표현하여야 할 바를 충실하게 표현하고 있는 정보의 특성으로 다음의 하부속성을 갖추어야 한다.

• 표현의 충실성 : 회계정보가 기업실체의 경제적 자원과 의무, 그리고 이들의 변동을 초래하는 거래 및 사건을 충실하게 표현하여야 한다.

• 중립성 : 특정 정보이용자에게만 유리하게 하기 위하여 의도적으로 편견이 개입된 정보를 제공하여서는 아니 된다.

• 형식보다 실질 우선 : 법률적 형식, 외관상의 형식에만 충실하지 말고 경제적 현실에 맞게 측정, 보고해야 한다.

• 완전성 : 재무정보 신뢰성 확보를 위해서는 정보의 중요성과 원가를 고려한 범위 안에서 완전하게 정보를 제공해야 한다.

ⓔ 비교가능성

• 기간별 비교가능성(일관성, 계속성) : 한 회사의 일정한 회계사상에 대하여 매 기간마다 같은 회계처리방법을 일관성 있게 적용하면 그 기업의 회계정보의 기간별 변동추이를 쉽게 비교하고 분석할 수 있어 유용하다.

• 기업간 비교가능성 : 서로 다른 회사들의 회계처리방법과 보고양식이 유사하면 특정기업의 정보를 다른기업의 유사정보와 쉽게 비교하고 분석할 수 있어 유용하다.

④ 회계개념(재무제표의 구성요소)

㉠ 재무상태

• 자산 : 과거의 거래나 사건의 결과로서 특정 실체에 의하여 획득되었거나 통제되고 있는 미래의 경제적 효익, 즉 미래의 현금유입을 증가시키거나 현금지출을 감소시키는 능력을 말한다.

• 부채 : 과거의 거래나 사건의 결과로서 미래에 특정 실체가 다른 실체에 자산을 이전하거나 용역을 제공해야 할 현재의 의무로부터 발생할 미래의 경제적 효익의 희생이다.

• 자본 : 자산에서 부채를 차감한 후에 남은 잔여지분으로 순자산 또는 주주지분이라고도 한다.

㉡ 성과

• 수익 : 기업의 중요한 영업활동으로부터 일정 기간 동안 발생하는 순자산의 증가(자산의 유입·증가나 부채의 감소)

• 비용 : 기업의 중요한 영업활동으로부터 일정 기간 동안 발생하는 순자산의 감소(자산의 유출·사용이나 부채의 발생)

㉢ 자본유지조정 : 자산, 부채의 재평가 또는 재작성에 의한 자본의 증가·감소액이다.

⑤ 회계원칙

㉠ 개념 : 기업실체에 영향을 미치는 경제적 사건을 재무제표 등에 보고하는 방법을 기술한 것으로 회계처리를 할 때 준수하여야 할 지침이며, 회계실무를 이끌어가는 지도원리를 말한다.

㉡ 역사적 원가의 원칙 : 모든 자산과 부채는 취득 또는 발생시점의 교환가치(취득원가)로 평가하여야 한다는 원칙을 말한다.

㉢ 현행원가 : 자산은 동일 혹은 동등한 자산을 현재에 취득할 시 그 대가로 지불하여야 할 현금이나 현금성 자산의 금액으로 평가한다.

㉣ 실현가능(이행)가치 : 자산은 정상적으로 처분할 시 수취할 것으로 예상가능한 현금이나 현금성자산의 금액으로 평가한다.

㉤ 현재가치 : 자산은 정상적인 영업과정에서 그 자산으로 인해 창출될 것으로 기대할 수 있는 미래 순현금유입액의 현재할인가치로 평가한다.

⑥ 회계관습
　　㉠ 개념 : 실무상 유용성이나 편의성 때문에 회계환경에 따라 불가피하게 인정되고 있는 회계상의 관습을 말한다.
　　㉡ 중요성 : 회계정보가 정보이용자의 의사결정에 영향을 미치는가의 여부에 따라 판단되는데, 의사결정에 영향을 미치면 중요한 것이다. 중요성은 금액, 수량, 비율상의 중요성인 양적 중요성과 특정 사실의 존재 여부(부도발생, 소송사건)가 정보이용자의 의사결정에 영향을 미치는 질적 중요성으로 구분할 수 있다. 의사결정에 영향을 미치지 않는 중요하지 않은 거래나 회계정보는 간단히 실무적 방법을 기록하거나 상세히 보고하지 않아도 된다는 의미이다. 단, 중요성 개념은 기업의 규모나 처한 상황에 따라 달라지므로 주의해야 한다.
　　㉢ 보수주의 : 어떤 거래에 대하여 두 개의 측정치가 있을 때 재무적 기초를 견고히 하는 과정에서 이익을 낮게 보고하는 방법을 말한다. 즉, 기업의 입장에서 자산은 가능한 적게, 부채는 가능한 많게, 수익은 가급적 적게, 비용은 될 수 있으면 많게 기록하는 입장이다. 여기서 한 가지 주의할 점은 보수주의를 적용하면 특정 연도의 순이익은 작아지지만 미래 회계연도에는 그만큼 순이익이 크게 보고된다는 것이다. 즉, 보수주의의 적용은 순이익의 기간귀속에만 영향을 미칠 뿐 순이익총액에는 영향을 주지 않는다. 또한 보수주의는 이익조작가능성, 왜곡된 정보제공, 기간별 비교가능성 저해 등의 단점을 가진다.
　　㉣ 업종별 관행 : 특정 기업이나 특정 산업에서 정상적인 회계원칙으로 처리할 수 없는 사항에 대해서 특수하게 인정되어야 할 회계실무를 말한다.

(4) 재무제표

① 의의 … 기업의 재무상태와 경영성과 등을 정보이용자에게 보고하기 위한 수단으로서 한국채택국제회계기준에 따라 작성하는 재무보고서이다. 재무제표 중 재무상태표만이 일정시점의 개념이고 나머지의 기본재무제표는 일정 기간의 개념을 나타낸다.

② 재무제표의 종류
　　㉠ 재무상태표 : 일정시점에 있어서 기업의 재무상태인 자산, 부채 및 자본에 관한 정보를 제공하는 정태적 보고서다.
　　㉡ 포괄손익계산서 : 일정기간 동안 기업이 얻은 경영성과를 표시하는 동태적 보고서로서, 미래현금흐름 예측과 미래수익창출능력 예측에 유용한 정보를 제공한다.
　　㉢ 현금흐름표 : 기업의 일정기간 동안 현금의 변동내역을 나타내는 동태적 보고서이다. 현금흐름표는 현금주의 개념의 손익계산서로 기업의 자금흐름과 미래현금흐름전망에 대한 정보를 제공한다.
　　㉣ 자본변동표 : 일정기간 동안에 발생한 자본의 변동을 나타내는 보고서이다.
　　㉤ 주석 : 재무제표에 표시된 내용을 설명하거나 표시되지 않은 정보를 제공한다. 한국채택국제회계기준(K-IFRS)에서는 이익잉여금처분계산서(결손금처리계산서)가 주석으로 공시된다.

③ 재무제표의 유용성 … 재무제표는 재무제표 이용자의 경제적 의사결정에 유용한 정보를 제공하여야 한다. 이 경우 재무제표 정보이용자의 정보요구는 다양하지만, 일반투자자의 요구에 유용한 정보는 기타 정보이용자의 요구에도 부합하는 것으로 본다.
　　㉠ 투자자나 채권자 등 정보이용자들의 의사결정에 유용한 정보를 제공한다.
　　㉡ 미래 현금흐름을 예측하는데 유용한 정보를 제공한다. 즉, 투자자나 채권자 등이 기업으로부터 받게 될 미래 현금의 크기, 시기, 불확실성 등을 평가하는데 유용한 정보를 제공한다.
　　㉢ 기업의 재무상태, 경영성과 그리고 현금흐름의 변동 및 자본변동에 관한 정보를 제공한다.
　　㉣ 경영자의 수탁책임 이행성과를 평가하는데 유용한 정보를 제공한다.

○ 고객경험관리(CEM : Customer Experience Management)

고객이 어떻게 생각하고 느끼는지를 파악하고, 이를 토대로 고객의 경험을 데이터 하여 구축한 것으로, 기업은 모든 접점에서 고객과 관계를 맺고 각기 다른 고객 경험 요소를 서로 통합해준다. 그리고 고객에게는 감동적인 경험을 갖도록 해주어 기업 가치를 높인다. 고객은 단순히 가격과 품질만을 검토하여 이성적으로 제품을 구매하는 것이 아니라, 친절한 매장 직원이나 편리한 주문시스템 같은 감성적 요인으로 구매를 하는 경향이 있다는 측면에서 등장한 고객관리기법으로 콜롬비아 비즈니스 스쿨의 번트 슈미트 교수(Bernd. Schmitt)가 그의 저서 「CRM을 넘어 CEM으로」에서 처음 소개하였다.

○ 기업의 사회적 책임(CSR : Corporate Social Responsibility)

기업이 생산 및 영업활동을 하면서 이윤 창출만을 목표로 하는 것이 아니라 환경경영, 윤리경영, 사회공헌과 노동자를 비롯한 지역사회 등 사회 전체의 이익을 동시에 추구하며, 그에 따라 의사결정을 하는 사회공헌적 책임을 말한다. 취약계층에 일자리를 창출하거나 영업활동을 통해 창출되는 이익을 지역공동체에 투자하는 등의 활동을 통해 기업들은 사회·경제·환경 측면에서 지속적인 성과를 창출하여 기업의 가치를 증진시키고 있다.

○ 서브프라임 모기지(sub-prime mortgage)

미국에서 신용등급이 낮은 저소득층을 대상으로 높은 금리에 주택 마련 자금을 빌려 주는 비우량 주택담보대출을 뜻한다. 미국의 주택담보대출은 신용도가 높은 개인을 대상으로 하는 프라임(prime), 중간 정도의 신용을 가진 개인을 대상으로 하는 알트 A(Alternative A), 신용도가 일정 기준 이하인 저소득층을 상대로 하는 서브프라임의 3등급으로 구분된다. 2007년 서브프라임 모기지로 대출을 받은 서민들이 대출금을 갚지 못해 집을 내놓아 집값이 폭락하며 금융기관의 파산 및 글로벌 금융위기를 야기시켰다. 시사주간지 타임에서 서브프라임 모기지를 '2010년 세계 50대 최악의 발명품'으로 선정하였다.

○ 자기자본투자(PI : Principal Investment)

증권사들이 고유 보유자금을 직접 주식·채권·부동산 및 인수·합병(M&A) 등에 투자해 수익을 얻는 것으로 주식거래 중개와는 별도로 한다. 해외 투자은행들은 위탁수수료 수익 비중에 비해 자기자본투자의 비중이 높지만 국내 증권사들의 경우 위탁수수료 수익 비중이 자기자본투자에 비해 높다.

○ 역모기지론(reverse mortgage loan)

고령자들이 보유하고 있는 주택을 담보로 금융기관에서 일정액을 매월 연금형식으로 받는 대출상품이다. 주택연금 또는 장기주택저당대출이라고 한다. 부동산을 담보로 주택저당증권(MBS)을 발행하여 장기주택자금을 대출받는 제도인 모기지론과 자금흐름이 반대이기 때문에 역모기지론이라고 한다. 주택은 있으나 경제활동을 할 수 없어 소득이 없는 고령자가 주택을 담보로 사망할 때까지 자택에 거주하면서 노후 생활자금을 연금 형태로 지급받고, 사망하면 금융기관이 주택을 처분하여 그동안의 대출금과 이자를 상환 받는다.

○ 주택담보대출비율(LTV : Loan To Value ratio)

금융기관에서 주택을 담보로 대출해 줄때 적용하는 담보가치대비 최대대출가능 한도를 말한다. 주택담보대출비율은 기준시가가 아닌 시가의 일정비율로 정하며, 주택을 담보로 금융기관에서 돈을 빌릴 때 주택의 자산 가치를 얼마로 설정하는 가의 비율로 나타낸다.

○ 방카슈랑스(bancassurance)

프랑스어 은행(Banque)과 보험(Assurance)의 합성어로 좁은 의미에서는 은행과 보험사가 업무제휴협정을 체결하거나 은행이 자회사로 보험사를 세워 은행 업무와 보험 업무를 한 곳에서 제공하는 것을 말하며, 큰 의미에서는 은행과 보험 나아가서 증권까지를 종합적으로 판매·관리하는 유니버설뱅킹시스템을 말한다. 고객은 한 번의 금융기관 방문으로 다양한 금융 서비스를 받을 수 있고, 은행을 통해 보다 싼 보험 상품을 구입할 수 있으며, 은행 상품과 보험 상품을 이상적으로 조합해 효율적인 리스크관리가 가능하다는 장점이 있다. 우리나라도 1997년 주택은행과 한국생명이 방카슈랑스 상품의 효시인 단체신용생명보험을 내놓았고, 2003년부터 보험·증권업계에 미치는 영향을 고려해 단계별로 시행하였다.

○ BCG매트릭스

BCG매트릭스는 컨설팅 전문회사인 'Boston Consulting Group'에 의해 개발된 것으로 기업 경영전략 수립의 분석도구로 활용된다. 이는 사업의 성격을 단순화, 유형화하여 어떤 방향으로 의사결정을 해야 할지를 명쾌하게 얘기해 주지만, 사업의 평가 요소가 상대적 시장점유율과 시장성장률뿐이어서 지나친 단순화의 오류에 빠지기 쉽다는 단점이 있다. X축은 상대적 시장점유율, Y축은 시장성장률을 놓고 각각 높음·낮음의 두 가지 기준을 정한 매트릭스로 구성하여 사업을 4가지로 분류했다.

① star사업 ··· 수익과 성장이 큰 성공사업으로 지속적인 투자가 필요하다.

② cash cow 사업 ··· 기존 투자에 의해 수익이 지속적으로 실현되는 자금 원천사업으로 시장성장률이 낮아 투자금이 유지·보수에 들어 자금산출이 많다.

③ question mark 사업 ··· 상대적으로 낮은 시장 점유율과 높은 성장률을 가진 신규사업으로 시장점유율을 높이기 위해 투자금액이 많이 필요하며, 경영에 따라 star사업이 되거나 dog 사업으로 전락할 위치에 놓이게 된다.

④ dog 사업 ··· 수익과 성장이 없는 사양사업으로 기존의 투자를 접고 사업철수를 해야 한다.

○ 미스터리쇼퍼(mystery shopper)

일반고객으로 가장하여, 매장에서 상품구매나 서비스를 이용해 보면서 점원의 친절, 판매기술, 매장분위기 등의 다양한 서비스를 평가하고, 개선점을 제안하는 사람을 말하며, 외식업체를 비롯하여 금융회사, 병원, 백화점 등에서 활용하고 있다. 기업에서는 판매원의 고객서비스태도, 매장관리상태 등을 점검하고, 정부에서는 불법, 위반행위 등을 하는 판매점을 단속하거나 점검하기 위한 방법으로 활용한다.

○ POS(Point Of Sales)시스템

판매시점 정보관리시스템을 의미한다. 유통업체 매장에서 팔린 상품에 관한 정보를 판매시점에서 품목·수량·가격 등과 같은 유통정보를 기록함으로써 컴퓨터를 이용하여 재고나 매출과 관련된 자료를 분석·활용할 수 있는 유통업계 정보시스템을 말한다. POS시스템은 판매정보입력을 쉽게 하기 위해 상품 포장지에 바코드(Bar Code)나 OCR태그(광학식 문자해독 장치용 가격표) 등을 부착시켜 판독기(Scanner)를 통과하면 해당 상품의 각종 정보가 자동적으로 메인컴퓨터에 들어가게 된다. 백화점, 은행, 대형서점 등 유통 서비스업계는 이 정보를 활용하여 매출동향을 파악하는 것은 물론 적정 재고량을 유지할 수 있는 장점이 있어 상품관리·자동화업무를 추진하고 있다.

○ 스팟세일(spot sale)

말 그대로 특정 시점, 특정 장소(spot)에서 할인해 주는 행사를 말한다. 과거엔 폐점을 앞둔 밀어내기판촉이 일반적이었고 상품도 이월상품이 대부분이었으나, 최근에는 제철상품이나 인기상품들이 더 많다. 유통업체들이 최근엔 스팟세일을 이미지 제고수단으로 격상시켰기 때문이다.

○ PSA(Professional Service Automation)

PSA는 정보기술(IT)서비스 및 컨설팅 회사의 서비스 관련 프로세스와 자원을 관리하고 프로젝트의 효율적인 수행을 지원하는 애플리케이션이다. PSA의 주요 기능은 사업기회 평가, 제안서 작성, 프로세스 관리, 지식 관리를 중심으로 하는 '영업기회관리'와 직원이력 및 프로젝트 요구조건 등을 관리하는 '자원관리' 등으로 구성되어 있다. 이와 함께 근무시간·비용입력·검토승인 등을 포함하는 '프로젝트관리'도 포함된다. PSA는 인력과 보유기술에 대한 현재 상황을 검토한 후 고객들에게 최적의 서비스를 효율적으로 제공하는 방법을 제시함으로써 비용절감, 고객만족도 증가, 프로젝트 수주증가 등의 효과를 안겨주며 SPO(Service Process Optimization)로도 불린다.

○ M-commerce(Mobile Commerce)

휴대형 무선기기를 이용한 모든 인터넷 비즈니스를 지칭하는 것으로 무선 인터넷서비스를 할 수 있는 통신사업분야와 이를 지원하는 솔루션 및 소프트웨어분야가 모두 포함된다. M-commerce환경은 이동성이 보장된다는 점에서 기존의 유선네트워크와는 환경 자체가 다르다. M-commerce는 시·공간의 제약을 받지 않고 필요한 정보를 얻을 수 있는 편리성과 유선인터넷에 비해 좀 더 개인화된 맞춤서비스가 가능하다. M-commerce가 활성화되면 기업효율과 비용절감을 가져올 수 있는 새로운 기회가 생긴다. 예를 들어 현장 작업의 경우, 작업처리사항의 신속한 문서화나 필요한 기업내부 데이터의 신속한 접근이 가능해질 것이다.

○ 오픈북 경영(Open-Book Management)

정보공유경영을 말한다. 모든 종업원들에게 기업의 재정상태나 경영정보를 공유할 수 있도록 하여 종업원들이 경영자와 같은 주인의식을 갖도록 함으로써 기업 전체의 이익을 우선시하도록 하려는 경영전략으로, 기업의 위기 공감과 책임과 권리의 공동인식 등과 기업의 구조를 변경하지 않고 구성원들을 혁신의 주체로 변화시킬 수 있는 장점이 있다.

○ M-비즈(Mobile Business)

이동중 인터넷 접속이 가능한 사업을 지칭한다. 인터넷 접속도구로 이동전화를 비롯한 개인디지털장비(PDA)가 빠르게 보급됨에 따라 컴퓨터를 이용한 기존의 E-비즈니스가 퇴색하고, 대신 M-비즈니스가 급부상하고 있다. M-비즈니스가 급확산 추세를 보이는 것은 휴대폰 등 이동장비가 컴퓨터보다 훨씬 더 폭넓게 보급되어 있기 때문이다. 인터넷을 휴대형기기로 연결하는 무선애플리케이션프로토콜(WAP)표준방식이 에릭슨, 노키아, 모토로라 등 세계 주요 이동전화 메이커들로부터 강력한 지지를 받고 있어 M-비즈니스는 앞으로 더욱 빠른 속도로 활기를 띨 전망이다.

○ DIY(Do It Yourself)

소비자가 스스로 자신이 원하는 물건을 만드는데 쓰이는 상품을 의미한다. 엄밀한 의미에서 DIY는 반제품상태의 부품을 사다가 직접 조립하거나 제작하는 과정을 통해 다양하고 창조적인 재미를 느낄 수 있는 상품을 지칭하며 넓은 의미로는 DIY조리기구·DIY페인트·DIY자동차용품 등 스스로 만들거나 손질하는데 쓰이는 상품 전부가 포함된다. 미국에서는 1950년대부터 선보였으며, 동네 슈퍼마켓에 대부분 DIY코너가 마련되어 있다. 우리나라는 1988년부터 DIY상품을 취급하고 있다.

○ 관계마케팅(Relation Marketing)

겉보기엔 전혀 상관이 없어 보이는 상품들에서 공통점을 추출해 내는 마케팅기법이다. 예를 들어, 한 고객이 여름휴가를 어디서 보내고 주말엔 어떤 비디오를 빌리는지 예측이 가능하다는 것이 이 마케팅의 전제이다. 다른 마켓에서의 습관이나 태도를 분석함으로써 그 고객이 우리 시장으로 올 때 어떻게 행동할지 추론할 수 있다는 것이다.

○ 최초공모(IPO ; Inicial Public Offering)

IPO는 주식회사가 증권거래소나 코스닥시장에 상장 또는 등록하기 위해 일반인을 대상으로 새로 발행한 주식을 모집하는 것을 말한다. 공모주청약이란 바로 이 주식을 사겠다고 증권사에 신청하는 것이다. 일반적으로 기업을 공개할 때는 공모를 실시하기 때문에 IPO는 기업공개와 동의어로 사용되기도 한다. 하지만 엄격하게 나누자면 기업공개(going public)는 공모를 하지 않고 이미 발행된 주식을 파는 매출을 통해서도 가능하기 때문에 좀더 포괄적인 개념이다.

○ 3S운동

생산성의 향상 · 품질의 개선을 추진하기 위해서 부품규격 등의 표준화(standardization), 제품의 단순화(simplification), 제조공정 및 작업의 전문화(specialization) 등을 기업 내에서 실행하려는 경영합리화운동을 말한다.

○ 5S서비스

금융 · 호텔 · 병원 · 수송 등 종래의 전통적인 서비스업 외의 새로 개발된 5가지 서비스 산업을 의미한다.

• substitute : 기업 · 개인의 업무 대행서비스
• softw-ware : 컴퓨터 시스템의 사용 · 유지관리, 프로그램 등 서비스
• security : 생명 · 재산 보호, 개인 · 기업의 안전서비스
• social : 복지사업 등 사회보장 확립 서비스
• special : 변호사 · 의료 · 사설학원 등 서비스

○ 컨소시엄(Consortium)

공사채나 주식과 같은 유가증권의 인수가 어려울 때 이의 매수를 위해 다수의 업자들이 공동으로 창설하는 인수조합이나 정부나 공공기관이 추진하는 대규모 사업에 여러 개의 업체가 한 회사의 형태로 참여하는 경우를 일반적으로 컨소시엄이라고 한다. 보통 컨소시엄을 구성할 때는 투자위험 분산, 개발이익의 평등분배, 부족한 기술의 상호보완 등이 고려되어야 하며, 컨소시엄의 주목적은 단독으로 진행했을 경우 안게 될 위험부담을 분담하기 위한 것이다.

○ 해피 콜(Happy Call)

특별한 목적없이 판매활동을 활성화시키는 간접 마케팅의 한 방식으로 인사차 하는 방문이나, 고객 서비스 차원에서 고객의 불만을 접수 · 처리한 뒤 해당 소비자에거 결과를 사후 통보해 주는 행위 등을 말한다.

○ 프랜차이즈(franchise)

상품을 제조 · 판매하는 제조업자 또는 판매업자가 체인본부를 구성, 독립소매점을 가맹점으로 해 소매영업을 하는 것을 말한다. 프랜차이즈계약에 의해 계약자인 체인본부가 피계약자인 가맹점에 특정상호, 상표에 따라 상품이나 용역을 제조, 판매할 수 있는 권리를 부여한다. 피자 · 주유소 · 호텔 · 슈퍼마켓체인 등에서 많이 나타난다. 계약자가 가맹점에 대해 소유권을 갖지 않은 채 피계약자에게 영업관리, 경영지도, 판촉지원을 해주는 등 영업상의 특권을 부여하고 피계약자 입장에서는 경영권을 유지한 채 영업을 할 수 있다.

○ 시장지배적 사업자(市場支配的事業者)

시장지배적 사업자 지정은 특정 품목의 시장점유율이 높은 독과점기업의 횡포로부터 소비자와 다른 사업자를 보호하기 위해 1981년부터 실시해 온 제도이다. 독점규제 및 공정거래에 관한 법률에 따라 상위 1개사의 시장점유율이 50%를 넘거나 상위 3개사의 점유율이 75% 이상인 품목과 기업을 매년 지정하고 있다. 시장지배적 사업자로 지정되면 가격 및 물량조절, 타사업자 영업방해, 신규참여방해, 독과점적 지위를 이용한 부당행위에 대해 별도로 규제받는다.

○ 다단계판매(multilevel marketing)

최초의 소비자가 판매회원이 되어 또 다른 소비자를 모집하고, 이들이 다시 판매회원이 되는 반복과정을 거쳐 거대한 점조직의 판매망을 갖추는 판매기법이다. 모든 소비자가 가지치기식으로 회원을 확보하므로 조직성장속도가 빠르고 판매회원들에게 판매실적에 따라 일정 비율 마진을 보장해 주므로 엄청난 영업력을 형성한다. 혈연 · 학연 · 지연 등 인맥관계를 총동원, 일반 광고효과보다 월등한 구전(口傳)광고를 무기로 회원을 모집하는 것이 특징이다. 상품광고나 매장없이 유통비용을 절감하여 소비자와 생산자에게 그 혜택을 돌려 준다는 원칙은 강제구매 · 재고부담 등으로 사회적 물의를 일으키는 피라미드판매와 구별된다.

○ 바잉파워(buying power)

대량판매점의 거대한 판매력을 배경으로 한 구매력을 뜻한다. 대량거래에 의한 유통의 효율화로 소비자 이익에 공헌하는 한편, 메이커나 도매상에 대한 우월한 지위를 남용하여 경제적 마찰을 일으키기 쉽다. 불공정 거래행위 등의 폐단이 생기기도 한다.

○ 마일리지서비스(mileage service)

한 항공사의 비행기를 이용해 일정 거리를 여행하면 보너스로 무료항공권을 지급하는 판촉프로그램이다. 초기에는 단순히 여행거리만 합산했으나 최근 들어 은행 · 카드회사 등 금융기관과 제휴하여 예금이나 환전액, 카드사용실적에 따라 점수를 더해 준다. 호텔 · 렌터카업체 · 전화회사 등도 마일리지서비스에 가세, 이용정도에 따라 여러가지 서비스를 제공하고 있다.

○ 법정관리(法定管理)

기업이 자력으로 회사를 운영하기 어려울 만큼 부채가 많을 때 법원에서 제3자를 지정하여 자금을 비롯한 기업활동 전반을 관리하게 하는 것을 말한다. 법정관리신청을 하면 법정관리체제의 전단계 조치인 재산보전처분결정을 내려 이날부터 회사와 관련된 모든 채권 · 채무가 동결되고, 법정관리결정을 내려 법정관리자를 지정하면 법정관리체제로 전환된다. 법정관리신청이 기각되면 파산절차를 밟거나 항고 · 재항고를 할 수 있는데, 항고 · 재항고기간중엔 법원의 회사재산보전처분결정이 그대로 효력을 발생, 시간벌기작전으로 파산위기를 넘기기 위한 목적으로 이용되는 경우도 있다. 부도위기에 몰린 기업을 파산시키기보다 살려내는 것이 단기적으로는 채권자의 이익을 희생시키는 대신 장기적으로는 기업과 채권자에게는 물론 국민경제 전반에 바람직한 경우가 많다는 점에서 이 제도를 시행하고 있다. 또 회사의 경영을 계속 유지시켜 줌으로써 인적 자원이나 경영노하우를 보호하는 측면도 있다. 그러나 법정관리가 부실기업의 도피처로 악용되거나 남용되는 사례가 많다는 비판도 있다.

○ 독약계약(poison pill plan)

가장 강력하고 적극적인 기업인수·합병(M&A) 방어수단이다. 주주에게 보통주로 전환할 수 있는 우선주나 특정 권리를 행사할 수 있는 증서를 무상으로 배부, 일정 조건을 만족시키는 상황이 발생하면 비싼 가격에 주식을 회사에 되파는 식으로 권리를 부여한다.

○ 리콜(recall)

소환수리제로, 자동차에서 비행기까지 모든 제품에 적용되는 소비자보호제도로서 자동차와 같이 인명과 바로 직결되는 제품의 경우 많은 국가에서 법제화해 놓고 있다. 2만여개의 부품으로 구성된 자동차의 경우 부품을 일일이 검사한다는 것은 기술적으로 불가능하며 대부분 표본검사만 하기 때문에 품질의 신뢰성이 완벽하지 못해, 이에 대한 사후보상으로 애프터서비스제와 리콜제가 있다. 애프터서비스제가 전혀 예기치 못한 개별적인 결함에 대한 보상임에 비해 리콜제는 결함을 제조사가 발견하고 생산일련번호를 추적, 소환하여 해당 부품을 점검·교환·수리해 주는 것을 말한다. 리콜은 반드시 공개적으로 해야 한다. 소비자에게 신문·방송 등을 통해 공표하고 우편으로도 연락해 특별점검을 받도록 해야 한다.

○ 리스트럭처링(restructuring)

사업재구축으로, 발전가능성이 있는 방향으로 사업구조를 바꾸거나 비교우위가 있는 사업에 투자재원을 집중적으로 투입하는 경영전략을 말한다. 사양사업에서 고부가가치의 유망사업으로 조직구조를 전환하므로 불경기 극복에 효과적이며, 채산성(採算性)이 낮은 사업은 과감히 철수·매각하여 광범위해진 사업영역을 축소시키므로 재무상태도 호전시킬 수 있다.

○ M&A(Mergers and Acquisitions)

기업의 인수·합병을 말한다. M&A는 우호적인 매수와 비우호적인 매수로 나뉘는데, 비우호적인 경우, 매수대상 기업의 주식을 일정한 값으로 매입해 버릴 것을 공표하는 테이크 오버 비드(TOB)란 방법도 이용된다. 우리나라도 1997년 4월 1일부터 주식소유한도가 완전폐지되어 본격적인 M&A시대로 접어 들었다.

○ 백기사(white knight)

경영권 다툼을 벌이고 있는 기존 대주주를 돕기 위해 나선 제3자이다. 이때 우호적인 기업인수자를 백마의 기사라고 한다. 백마의 기사는 목표기업을 인수하거나 공격을 차단해 주게 된다. 백기사처럼 기업을 인수하는 단계까지 가지 않고 기업의 주식 확보를 도와주는 세력을 백영주(white squire)라고 한다.

○ 그린마케팅(green marketing)

1992년 리우환경회의 이후 환경을 덜 손상시키는 소위 그린상품 판매에서 한발 더 나아가 생태학적으로 보다 안전한 제품, 재활용이 가능하고 썩어 없어지는 포장재, 보다 양호한 오염통제장치, 에너지를 더욱 효율적으로 활용하는 방안의 개발 등 환경의 효율적인 관리를 통해 인간의 삶의 질을 향상시키는데 초점을 맞춘 마케팅활동을 가리킨다.

○ 환경친화적 기업경영제도(環境親和的 企業經營制度)

기업으로 하여금 스스로 기업활동 전과정에 환경경영계획을 세우도록 하는 제도이다. 기업이 매년 상반기 중 자재구입에서부터 오염물질 배출단계까지 경영 전과정에 걸쳐 1년 간의 환경목표를 설정, '환경기업' 지정을 신청하면 환경부는 이를 토대로 매년 말 그 이행 여부를 심사, 환경친화적 기업으로 인정해 준다. 환경친화적 기업으로 선정되면 배출시설 설치허가와 자가측정의무 면제, 환경부의 지도단속 대상에서 제외, 오염저감시설 설치시 각종 세제 및 융자혜택을 받게 된다. 우리나라는 영국·일본에 이어 세계에서 세 번째로 1995년 4월 17일부터 시행하고 있다.

O 7C

7C란 21세기 지식산업시대의 경쟁력 강화에 필수적인 7가지 요소로서, 미국 교육부와 상무부가 발표한 보고서에서 나온 용어이다. 7C는 정보통신 및 컴퓨터 네트워크 간의 연결성(connectivity), 특정 소수집단을 초월한 지역단위(community)의 기반, 지식사회를 주도적으로 이끌 인적 기반 등의 수용성(capacity), 인터넷 웹사이트를 구성하는 내용물(contents), 지역사회 내부의 협동체제(collaboration), 지식사회를 지속적으로 혁신하는 데 동원될 자금력(cash) 등 7가지 요소이다. 각각의 요소들이 유기적으로 결합할 때 국가경쟁력의 극대화를 기대할 수 있을 것이다. 네트워크기술 발달은 앞으로 시간과 공간을 초월한 경쟁구도를 만들어 낼 것으로 전망된다. 경쟁의 치열함이나 속도도 지금과는 비교할 수 없을 정도이다. 탄탄한 인프라 기반과 순발력 있는 창의적 인재의 조화가 성패의 관건이다.

O 3C

세계 정상급 기업이 되기 위한 요건이다. 발상(Concepts), 능력(Competence), 관계(Connections)를 의미한다. 미 하버드대 경영대학원의 로저베스모스 캔터교수가 자신의 저서 '세계정상급'에서 제시한 것으로, 먼저 발상은 최신의 지식과 아이디어를 습득해야 하며 기술을 계속 향상시켜야 한다. 두 번째는 가장 높은 수준에서 일할 수 있는 능력을 갖추어야 한다. 또한 전세계에 걸쳐 적합한 인물들과 교류를 갖는 관계를 유지해야 한다. 그밖에 전세계 사람들과 허심탄회하게 일할 수 있는 세계화(Cosmopolitan)적 인식과 활동, 공동의 문제들을 함께 해결해 나가려는 협력(Collaborations)의 자세도 중요하다고 지적하고 있다.

O B2B · B2C

B2B는 Business to Business(기업 對 기업)의 줄임말로 기업과 기업이 전자상거래를 하는 관계를 의미하며, 인터넷 공간을 통해 기업이 원자재나 부품을 다른 기업으로부터 구입하는 것이 대표적이다. 일반소비자와는 큰 상관이 없지만 거래규모가 엄청나서 앞으로 전자상거래를 주도할 것으로 보인다.

B2C는 Business to Consumer의 줄임말로 기업이 개인을 상대로 인터넷상에서 일상용품을 판매하는 것이 대표적이다. 현재 인터넷에서 운영되고 있는 전자상거래 웹사이트의 대부분이 B2C를 겨냥하고 있다. 이밖에도 전자상거래의 유형 중에는 C2B, C2C도 있으나 차지하는 비중은 미미한 편이다.

O 컨슈머리즘(consumerism)

소비자주권운동으로, 1960년대 후반 이후 기술혁신에 의한 신제품의 대규모 개발, 대량 소비붐과 함께 불량품, 과대광고, 부당한 가격인상 및 유해식품 등의 부작용이 세계적으로 확대되었다. 컨슈머리즘은 소비자들이 힘을 모아 이러한 왜곡된 현상을 시정하고 자신들의 권리를 지키려는 운동이다. 구체적으로는 대규모 불매운동과 생산업자가 상품의 안정성을 보장할 의무를 법제화시키는 방법 등이 있다.

O 트러스트(trust)

동종 또는 유사한 기업의 경제상 · 법률상의 독립성을 완전히 상실하고 하나의 기업으로 결합하는 형태로, 이는 대자본을 형성하여 상대경쟁자를 누르고 시장을 독점지배할 수 있다. 일반적으로 거액의 자본을 고정설비에 투자하고 있는 기업의 경우에 이런 형태가 많다. 트러스트의 효시는 1879년 미국에서 최초로 형성된 스탠더드 오일 트러스트(standard oil trust)이다.

O 경영자혁명(經營者革命)

오늘날 기업의 지배적 지위는, 기업의 소유자(자본가)가 아닌 경영자가 경영의 실권을 잡는 경영자사회로 되어 가고 있다는 것을 뜻한다. 미국의 철학자이며, 사회평론가인 번햄(J. Burnham)이 '경영자혁명시대'라고 주장한 데서 나온 말로, 이는 주식분산화에 의거한 현상이다.

O 테일러시스템(Taylor system)

19세기 말 미국의 테일러(F.W. Taylor)가 제창한 것으로서 과업관리(task management)라고도 한다. 시간연구(time study)와 동작연구(motion study)에 의하여 공정한 하루의 과업을 정하고 그 과업의 성취도에 따라 차별임금을 지급하며, 직능식 관리제도를 실시하여 작업능률을 향상시키려는 관리방법이다.

O 토탈마케팅(total marketing)

마케팅활동이 회사 전반적인 체제로 전개되는 것으로, 직접적인 판매활동은 물론 제품계획 · 시장조사 · 상품유통 · 판매가격의 결정 · 광고 및 판매촉진 · 판매원 교육 · 금융판매 등을 포함한 전반적인 마케팅관리를 말한다.

O R&D(Research and Development)

연구개발을 뜻한다. 'research'는 기초연구와 응용연구, 'development'는 이러한 연구성과를 기초로 제품화하는 개발업무를 가리킨다.

O ZD(Zero Defects)운동

무결점운동이다. QC(품질관리)기법을 제조부문에만 한정하지 않고 일반관리사무에까지 확대적용하여 전사적(全社的)으로 결점이 없는 일을 하자는 것이다. 구체적으로는 전(全)종업원에게 경영참가의식을 갖게 하여 사기를 높임으로써, 전원이 결점을 없애는데 협력해 나가도록 하는 운동이다.

O 포드시스템(ford system)

1903년 세워진 포드 자동차회사에서 포드(H. Ford)에 의해 실시된 경영합리화방식을 말한다. 작업조직을 합리화한 컨베이어 시스템(conveyor system)에 의한 대량생산, 즉 분업생산공정의 철저한 기계화로 각종 작업의 전체적인 동시진행을 실현하고 관리활동을 자동화한 제도이다.

O 포디즘(fordism)

포드(H. Ford)의 경영이념이다. 포드는 이윤보다는 사회적 봉사를 경영목적으로 삼고, 낮은 판매가격으로 제품을 시장에 공급하는 한편 노동자들의 임금은 가급적 증대시켜 기업이 사회대중의 생활수준을 향상시키는 봉사기관으로서의 선도적 역할을 해야 한다고 주장했다.

O QM(Quality Management)운동

일본 기업들의 세계시장 진출로 미국 시장이 잠식당하는데 자극을 받아 미국의 기업들이 대대적으로 벌이고 있는 품질경영운동을 말한다. 품질은 고객의 요구와 일치, 저품질을 만들지 않도록 노력, 결함률은 제로, 품질측정기준은 결함발생액으로 삼는다는 네 가지의 원칙을 내용으로 한다.

O QC(Quality Control)운동

제품의 품질을 유지 · 향상시키기 위한 품질관리상운동이다. 오늘날의 품질관리는 가장 경제적이고 가장 도움을 주며, 구입자가 만족하는 품질의 제품을 개발하여 설계 · 생산 · 판매하고 서비스하는 것을 말한다.

O TQC(Total Quality Control)

종합적 품질관리를 뜻한다. 제품의 설계 · 생산기술 · 제조 · 검사 · 유통기구 · 마케팅 등 각 분야에 걸쳐 품질의식을 높여 종합적인 품질보증체계를 마련해 가는 것을 말한다.

⭕ JIT(Just In Time)

생산현장에서 꼭 필요한 물자를 필요한 양만큼만 필요한 시간과 장소에 생산·보관하는 방식이다. 재고감소·납기준수·낭비 제거 등을 위한 기법으로, 경영자원을 최대한으로 활용하는 것을 목표로 한다. 이 방식은 일본의 도요타 자동차사가 미국의 GM타도를 목표로 창안한 기법으로, 자동차와 함께 도요타 생산방식(TPS)의 축을 이루고 있다. JIT시스템이 중점을 두는 생산활동은 사람, 기계, 물자 등 3M을 적절하게 조화시키는 것이다. JIT시스템은 이같은 3M을 조화하는 과정에서 낭비를 제거한다. 제조공정의 시간을 단축하기 위해 필요한 재료를 필요한 때에 필요한 양만큼 만들거나 운반하는 것이다. 이를 간판방식이라고도 한다. 그러나 최근 들어 어느 생산라인 한 곳만 차질을 빚거나 수송이 막히면 전면적인 생산마비가 불가피하다는 문제점이 제기돼 도요타자동차사 내에서도 JIT에 대한 재평가작업이 활발히 이뤄지고 있다.

⭕ 전략정보시스템(SIS ; Strategic Information System)

경쟁기업에 대하여 전략적인 우위를 점하기 위해 구축하는 정보시스템으로 전사적인 토탈시스템에서 생산, 재무관리, 판매, 물류 등의 개별시스템까지 기업에 따라 규모나 영향력이 달라질 수 있다. 이러한 전략정보시스템의 구축으로 시장점유율 변동에 영향이 발생하므로 경쟁기업에서도 시스템을 구축하여 경쟁을 벌이기도 한다.

⭕ OR(Operation Research)

제2차 세계대전 중에 작전계획의 과학적 연구를 바탕으로 발전되었으나, 전후에는 기업경영에 도입·활용되었다. 생산계획, 재고관리, 수송문제, 설비계획 등 여러 경영정책의 결정을 수학적·통계학적으로 구하는 방법이다. 선형계획법, 시뮬레이션, 게임이론, PERT 등이 대표적으로 이용된다.

⭕ 머천다이징(merchandising)

적당한 상품을 알맞은 값으로 적당한 시기에 적당량을 제공하기 위한 상품화계획을 말한다. 이러한 상품을 생산하기 위해서는 제품의 품질, 디자인, 제품의 개량, 새로운 용도 발견, 제품라인의 확장 등에 관한 철저한 시장조사가 행해져야 한다.

⭕ 벤치마킹(bench marking)

주변에서 뛰어나다고 생각되는 상품이나 기술을 선정하여 자사의 생산방식에 합법적으로 근접시키는 경영기법이다. 기업이 당해 업계에서 최고수준의 기업이 되기 위해 최고수준의 기업제품이나 기술을 분석하여 자사와의 차이점을 찾아내고, 그 차이점을 자사의 제품개발이나 생산기술에 응용하는 것이다.

⭕ 사내벤처(社內 Venture)

새로운 제품을 개발하거나 본래의 주업무와는 다른 시장으로 진출하고자 할 때, 기업 내부에 설치하는 독립적인 사업체를 말한다. 미국의 IBM 등 대기업들이 이 방식을 채택하고 있는데, 단기간에 신규사업을 육성하는 데 효율적이다.

⭕ 시너지효과(synergy effect)

기업의 합병으로 얻은 경영상의 효과로, 합병 전에 각 기업이 가졌던 능력의 단순한 합 이상으로 새로운 능력을 갖게 되는 결과를 말한다. 각종 제품에 대해 공통의 유통경로·판매조직·판매창고·수송시설 등을 이용함으로써 생기는 판매시너지, 투자시너지, 생산시너지, 경영관리시너지 등이 있다. 시너지란 본래 인체의 근육이나 신경이 서로 결합하여 나타내는 활동, 혹은 그 결합작용을 의미한다.

⭕ 이노베이션(innovation)

슘페터(J.A. Schumpeter)의 경제발전이론의 중심개념으로 기술혁신을 뜻한다. 혁신의 주체는 기업이며 기업은 신(新)경영조직 구성·신생산방법 도입·신시장 개척·신자원 개발로 높은 이윤획득의 기회를 창출한다는 것이다.

⭕ VE(Value Engineering)

가치공학(價値工學)을 의미하는 표현으로 최저의 비용으로 필요한 기능을 확실히 달성하기 위하여 조직적으로 제품 또는 서비스의 기능을 연구하는 방법이다. VE의 궁극적 목표는 이러한 연구를 통하여 고객의 입장에서 제품이나 서비스의 가치에 관한 문제를 분석하여 가치를 높이는 일이다.

⭕ 프로슈머(prosumer)

'producer(생산자)'와 'consumer(소비자)'의 합성어로 토플러(A. Toffler) 등 미래학자들이 예견한 상품개발주체에 관한 개념이다. 소비자가 직접 상품의 개발을 요구하며 아이디어를 제안하고, 기업은 이를 수용하여 신제품을 개발한다.

⭕ 제조물책임법(PL ; Product Liability)

소비자가 상품의 결함으로 손해를 입었을 경우 제조업자는 과실이 없어도 책임이 있다는 무과실책임이 인정되어 기업이 배상책임을 지도록 하는 것이다. 우리나라 현행 민법에서는 피해자측이 과실을 입증하지 못하면 기업은 책임을 면할 수 있게 되어 있다. 그러나 수입품에 의한 소비자피해가 발생했을 때에는 해당 외국기업이 배상책임을 지도록 하고 있다.

⭕ 시뮬레이션(simulation)

모의연습 또는 모의실험이라고 하는데, 실제 현상의 본질이나 그 현상의 시스템을 모방하여 모델을 사용·실험하여 얻은 결과를 이용해 실제로 존재하는 현상의 특성을 설명하고 예측하는 기법을 말한다. 선박, 항공기 등의 설계, 기업의 경영전략, 각종 경제예측 등에 이용되고 있다. 또 매크로 경제모델에 의한 시뮬레이션은 현실 경제구조나 경제행동의 인과관계에 관한 수학적·통계학적 기법을 이용하여 함수나 방정식으로 표시하고 이것으로 조립한 계량모델을 사용한다.

⭕ IR(Investor Relations)

기업설명회를 뜻한다. 기관투자가, 펀드매니저 등 주식투자자들에게 기업에 대한 정보를 제공하여 투자자들의 의사결정을 돕는 마케팅활동의 하나이다. 기업입장에서는 자사주가가 높은 평가를 받도록 함으로써 기업의 이미지를 높이고 유상증자 등 증시에서의 자금조달이 쉬워지는 효과를 거둘 수 있다.

⭕ ERP(전사적 자원관리 ; Enterprise Resource Planning)

MRP(물류지원관리 ; Material Resource Planning)에서 한 단계 진보한 개념으로 기업 내의 모든 인적·물적 자원을 효율적으로 관리하여 경쟁력을 높여주는 통합정보시스템을 말한다. 경영활동의 수행을 위해 인사, 생산, 판매, 회계 등의 여러가지 운영시스템으로 분산되어 있는데 ERP는 이러한 경영자원을 하나의 체계로 통합관리하는 시스템을 재구축하여 생산성을 극대화하려는 기업 리엔지니어링 기법이다.

⭕ 헤일로효과(halo effect)

헤일로(halo)란 후광을 뜻하는데, 인물이나 상품을 평정할 때 대체로 평정자가 빠지기 쉬운 오류의 하나로 피평정자의 전체적인 인상이나 첫인상이 개개의 평정요소에 대한 평가에 그대로 이어져 영향을 미치는 등 객관성을 잃어버리는 현상을 말한다. 특히 인사고과를 할 경우 평정자가 빠지기 쉬운 오류는 인간행동이나 특성의 일부에 대한 인상이 너무 강렬한 데서 일어난다. 헤일로효과를 방지하기 위해서는 감정·선입감·편견을 제거하고, 종합평정을 하지 말고 평정요소마다 분석 평가하며, 일시에 전체적인 평정을 하지 않을 것 등이 필요하다.

○ 매트릭스 조직(matrix organization)

기능별 및 부서별 명령체계를 이중적으로 사용하여 조직을 몇 개의 부서로 구분하는 조직이다. 매트릭스 조직은 직능구조의 역할과 프로젝트 구조의 역할로 이루어진 이중역할구조로 되어 있으면서 복합적인 조직목표를 달성하는 것이 목적이다. 매트릭스 조직은 신축성과 균형적 의사결정권을 동시에 부여함으로써 경영을 동태화시키나 조직의 복잡성이 증대된다는 문제점이 있다.

○ 분사(分社)

회사의 특정 부분을 별도 회사로 분리하는 것을 말한다. 물리적인 방법을 통한 인력재분배과정을 통해 새롭게 탄생한 외부의 새로운 조직이 아웃소싱의 형태로 운영될 수도 있고 외주, 인재파견 혹은 컨설팅의 형태로도 운영될 수 있다. 이는 인수주체에 따라 스핀오프, EBO, MBO 등으로 나뉜다.

○ MBO(Management Buy Out)

고용안정을 기하면서 조직을 슬림화시키는 구조조정기법을 말한다. 기업구조조정과정에서 현경영진과 종업원이 중심이 되어 자신들이 속해 있는 기업이나 사업부를 매수하는 것을 말한다. MBO에 참여하는 은행이나 벤처캐피털은 자금지원 외에도 MBO 대상기업에 대한 지속적인 감시와 모니터링을 수행하므로 MBO 성패를 좌우하는 중요한 역할을 담당한다. MBO는 대기업이 계열사나 사업부를 분리할 때 주로 사용되며, 자회사분리 또는 신설(spin-off), 기업분할(split-off), 모기업 소멸분할(split-up), 자회사분리 및 공개상장(equity carve-out), 지분매각, 영업양도 등의 형태로 이루어진다. 최근 MBO는 정리해고ㆍ청산 등에 따른 실업증가가 사회문제로 떠오르면서 구조조정의 새로운 수단으로 각광받고 있다.

○ 톱 매니지먼트(top management)

경영관리조직에서 최고경영층을 의미한다. 이는 수탁관리층(이사회), 전반관리층(대표이사ㆍ사장), 부문관리층(부장)의 세 가지로 구성된다.

○ 라인(line)ㆍ스태프(staff)

라인은 구매ㆍ제조ㆍ판매부문과 같이 경영활동을 직접적으로 집행하는 조직이며, 스태프는 인사ㆍ경리ㆍ총무ㆍ기술ㆍ관리부문과 같이 라인활동을 촉진하는 역할을 하는 조직이다. 기업규모가 작을 때에는 라인만으로도 충분하지만 규모가 확대됨에 따라 직능이 분화되어 스태프를 두게 된다.

○ 인사고과(人事考課)

종업원의 근무성적평가제도를 말한다. 인사고과의 목적은 종업원의 능률을 심사하고 적성 및 평소 근무성적을 파악함으로써 종업원을 적재적소에 배치하여 보다 능률적이고 효율적인 성과를 얻기 위한 인사관리를 하는 데 있다.

○ 애드호크러시(ad-hocracy)

목적달성을 위해 조직이 편성되었다가 일이 끝나면 해산하게 되는 일시적인 조직을 말한다. 예를 들면 프로젝트팀(project team)이나 태스크 포스(task force) 등이다. 토플러(A. Toffler)는 현대사회의 특징을 가속성과 일시성이라고 하였는데, 이러한 현상이 기업조직에서도 나타나서 조직의 영속성이 없어져가고 있다고 한다.

O X이론 · Y이론

미국의 맥그리거(D. McGregor)가 인간행동의 유형에 대해 붙인 이론이다. 그의 이론에 따르면 X이론형 인간은 일하기를 싫어하고 명령받기를 좋아하며 책임을 회피하는 등 일신의 안정만을 희구하며, Y이론형 인간은 사람에게 있어 일은 자기능력을 발휘하고 자기실현을 이룩할 수 있는 것이므로 오히려 즐거운 것이어서 스스로 정한 목표를 위해 노력한다는 것이다.

O OJT(On the Job Training)

종업원을 훈련시키는 한 방식으로 직무를 통한 훈련, 즉 직장 내 훈련을 말한다. 실제 종사하고 있는 직무와 관련된 지식 · 기능을 연마하는 것이 그 목적이다.

O 메리트시스템(merit system)

19세기 초에 미국 민주주의 풍조에서 생긴 엽관제도의 폐단을 없애기 위해 생겨난 공무원임용제도에서 비롯된 제도이다. 근무상태, 능률, 능력 등을 세밀히 조사하여 급료(봉급 · 상여금)에 차별을 두는 일종의 능률급제이다.

O 분권관리(分權管理)

기업전체조직을 부문단위로 편성하고, 최고경영자는 각 부문의 관리자에게 권한과 책임을 위임하여 자주성과 결정권을 갖게 하는 관리조직의 형태로 집권관리에 대립한 말이다.

O 브레인스토밍(brain storming)

창조적 두뇌의 집단적 개발방법으로, 참석자가 아무런 구속도 받지 않고 자유롭게 창조적 아이디어를 발표하도록 하여 새로운 아이디어를 얻으려는 것이다. 그러기 위해서는 타인의 아이디어를 비판하지 않으며, 자유분방한 아이디어를 환영하며, 되도록 많은 아이디어를 서로 내놓아야 한다.

O 호손실험(hawthorn research)

미국의 웨스턴 일렉트릭회사(Western Electric Company)에 속해 있는 호손공장에서 메이요(E. Mayo)를 중심으로 한 하버드대학 교수들이 1924년부터 8년 동안에 걸쳐 실시한 인사관리에 대한 실험이다. 그 결과 작업능률을 좌우하는 것은 임금 · 노동조건 등 작업환경으로서의 물적 조건뿐만 아니라 근로자의 태도와 정감 등 인간관계의 조정이 매우 중요하다는 것이 증명되었다. 이로 인해서 인간관계론의 성립을 보게 되었다.

O 다운사이징(downsizing)

감량경영을 뜻하는 말로, 기구축소 또는 감원, 원가절감이 목표이기는 하지만 원가절감과는 개념이 다르다. 단기적 비용절약이 아니라 장기적인 경영전략으로, 그 특징은 수익성이 없거나 비생산적인 부서 또는 지점을 축소 · 제거하는 것, 기구를 단순화하여 관료주의적 경영체제를 지양하고 의사소통을 원활히 하여 신속한 의사결정을 도모하는 것 등이다.

O 커리어 플랜(career plan)

인간관계나 파벌에 따른 인사이동이 아닌 종업원의 희망, 장래의 목표 등을 파악한 후 능력과 경험을 파악한 후 계획적으로 직장의 훈련 또는 연수를 진행시켜 나가는 제도를 말한다. 커리어 프로그램 또는 직능개발 프로그램이라고도 한다.

O EVA(Economic Value Added)

경제적 부가가치를 의미하며 세후 영업이익에서 자본비용을 차감한 값으로 투하된 자본과 비용으로 실제로 얼마나 많은 이익을 올렸느냐를 따지는 경영지표를 말한다. 회계장부상으로는 순익이 나더라도 EVA가 마이너스인 경우에는 기업의 채산성이 없는 것을 의미한다. 1980년대 후반 미국의 스턴스튜어트 컨설팅사에 의해 도입, 선진국에서는 기업의 재무적 가치와 경영자 업적평가에서 순이익이나 경상이익보다 훨씬 효율적인 지표로 활용되고 있다. 어느 기업의 EVA가 마이너스라는 것은 투자자 입장에서 보면 투자할 가치가 없다는 뜻이다.

O 풋백옵션(putback option)

일정한 실물 또는 금융자산을 약정된 기일이나 가격에 팔 수 있는 권리를 풋옵션이라고 한다. 풋옵션에서 정한 가격이 시장가격보다 낮으면 권리행사를 포기하고 시장가격대로 매도하는 것이 유리하다. 옵션가격이 시장가격보다 높을 때는 권리행사를 한다. 일반적으로 풋백옵션은 풋옵션을 기업인수합병에 적용한 것으로, 본래 매각자에게 되판다는 뜻이다. 파생금융상품에서 일반적으로 사용되는 풋옵션과 구별하기 위해 풋백옵션이라고 부른다. 인수시점에서 자산의 가치를 정확하게 산출하기 어렵거나, 추후 자산가치의 하락이 예상될 경우 주로 사용되는 기업인수합병방식이다.

O 감가상각(減價償却)

토지를 제외한 건물·비품 등의 고정자산은 시간의 경과와 사용의 정도에 따라서 그 가치가 점차 감소해 간다. 이 가치감소를 결산시에 일괄계산하여 손실과 함께 해당 고정자산의 이월액에서 감액시켜야 하는데, 이 절차를 감가상각이라 하고 그 감가액을 감가상각비라 한다.

O 선입선출법(FIFO ; First-In First Out method)

상품매출시 먼저 매입한 것부터 순차적으로 매출하는 형식이다. 이 방법에 따르면 매입된 가격이나 수량이 각각 다르다 하더라도 평균단가계산을 할 필요가 없으며, 재고자산이 현시가에 가장 가까운 가액으로 평가된다는 장점이 있다.

O 후입선출법(LIFO ; Last-In First-Out method)

후에 입고된 것을 먼저 출고하는 방법으로, 선입선출법의 반대가 되는 방법이다. 이 방법은 시가에 가까운 매출원가 또는 소비액을 표시하게 되는 반면, 기말재고품을 비교적 구원가로 계산하게 된다. 따라서 물가상승시에는 다른 계산법보다 매출원가가 커지므로 이익이 적게 되고, 물가하락시에는 매출원가가 적으므로 이익은 커지게 된다.

O 고정비율(固定比率)

고정자산을 자기자본으로 나눈 비율로, 자본의 유동성을 나타낸다. 이 비율은 100% 이하가 이상적이다.

O 이익준비금(利益準備金)

상법 제458조에 규정된 것으로, 그 자본의 2분의 1에 달할 때까지 매결산기 이익배당금의 10분의 1 이상을 계속적으로 적립해야 하며, 주식배당의 경우에는 그러하지 아니하는 법정준비금이다. 이것은 자본준비금과 함께 결손보존과 자본전입에만 국한되어 있는 소극적 적립금이다.

◯ 레버리지효과(reverage effect)

차입금 등 타인자본을 지렛대로 삼아 자기자본이익률을 높이는 것으로, 지렛대효과라고도 한다. 차입금 등의 금리 코스트보다 높은 수익률이 기대될 때에는 타인자본을 적극적으로 활용해서 투자하는 것이 유리하나, 과도하게 타인자본을 도입하면 불황 시에 금리부담 등으로 저항력이 약해진다.

◯ 무형고정자산(無形固定資産)

고정자산 중 물적인 형태가 없는 것으로, 영업권·특허권·실용신안권·의장권·광업권과 같은 법률상의 권리와, 상호와 같이 사실상 가치가 있는 권리, 전화가입권·철도지선전용권 등의 전용권이 포함된다.

◯ 레이더스(raiders)

기업약탈자 또는 사냥꾼을 뜻한다. 자신이 매입한 주식을 배경으로 회사경영에 압력을 넣어 기존 경영진을 교란시키고 매입주식을 비싼값에 되파는 등 부당이득을 취하는 집단이다. 즉 여러 기업을 대상으로 적대적 M&A를 되풀이하는 경우를 말한다.

◯ 종업원지주제도(從業員持株制度)

회사가 종업원에게 자사주의 보유를 권장하는 제도로서 회사로서는 안정주주를 늘리게 되고 종업원의 저축을 회사의 자금원으로 할 수 있다. 종업원도 매월의 급여 등 일정액을 자금화하여 소액으로 자사주를 보유할 수 있고 회사의 실적과 경영 전반에 대한 의식이 높아지게 된다.

STUDY PLANNER

D -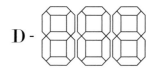

MOOD 😊😄😐🙁😫	DATE.	MON	TUE	WED	THU	FRI	SAT	SUN

TODAY'S PRIORITY

○

○

○

PLAN	
	○
	○
	○
	○
	○
	○
	○
	○
	○
	○
	○
	○
	○
	○
	○
	○
	○
	○
	○
	○

TOTAL TIME	H		M	
6				
7				
8				
9				
10				
11				
12				
1				
2				
3				
4				
5				
6				
7				
8				
9				
10				
11				
12				
1				
2				
3				
4				
5				

COMMENT

STUDY PLANNER

 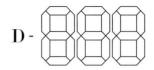

MOOD ☺ ☺ ☺ ☹ ☹	DATE.	MON	TUE	WED	THU	FRI	SAT	SUN

TODAY'S PRIORITY

- ○
- ○
- ○

PLAN		○
		○
		○
		○
		○
		○
		○
		○
		○
		○
		○
		○
		○
		○
		○
		○
		○
		○
		○
		○
		○

TOTAL TIME	H	M		
6				
7				
8				
9				
10				
11				
12				
1				
2				
3				
4				
5				
6				
7				
8				
9				
10				
11				
12				
1				
2				
3				
4				
5				

COMMENT

STUDY PLANNER

D -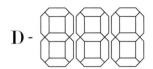

MOOD ☺☺☺☹☹	DATE.	MON	TUE	WED	THU	FRI	SAT	SUN

TODAY'S PRIORITY

○

○

○

PLAN		
		○
		○
		○
		○
		○
		○
		○
		○
		○
		○
		○
		○
		○
		○
		○
		○
		○
		○
		○
		○

TOTAL TIME	H	M
6		
7		
8		
9		
10		
11		
12		
1		
2		
3		
4		
5		
6		
7		
8		
9		
10		
11		
12		
1		
2		
3		
4		
5		

COMMENT

STUDY PLANNER

 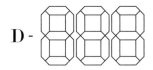

MOOD ☺☺☺☹☹	DATE.	MON	TUE	WED	THU	FRI	SAT	SUN

TODAY'S PRIORITY

○

○

○

PLAN		○

TOTAL TIME	H	M
6		
7		
8		
9		
10		
11		
12		
1		
2		
3		
4		
5		
6		
7		
8		
9		
10		
11		
12		
1		
2		
3		
4		
5		

COMMENT

STUDY PLANNER

D -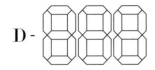

MOOD ☺ 😄 😐 🙁 😣	DATE.	MON	TUE	WED	THU	FRI	SAT	SUN

TODAY'S PRIORITY

- ○
- ○
- ○

PLAN	
	○
	○
	○
	○
	○
	○
	○
	○
	○
	○
	○
	○
	○
	○
	○
	○
	○
	○
	○
	○

TOTAL TIME	H	M
6		
7		
8		
9		
10		
11		
12		
1		
2		
3		
4		
5		
6		
7		
8		
9		
10		
11		
12		
1		
2		
3		
4		
5		

COMMENT

STUDY PLANNER

D -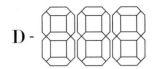

MOOD ☺☺☺☺☺	DATE.	MON	TUE	WED	THU	FRI	SAT	SUN

TODAY'S PRIORITY

○

○

○

PLAN			TOTAL TIME	H	M
		○			
		○	6		
		○	7		
		○	8		
		○	9		
		○	10		
		○	11		
		○	12		
		○	1		
		○	2		
		○	3		
		○	4		
		○	5		
		○	6		
		○	7		
		○	8		
		○	9		
		○	10		
		○	11		
			12		
COMMENT			1		
			2		
			3		
			4		
			5		

STUDY PLANNER

D -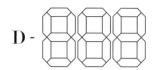

MOOD ☺ ☺ ☺ ☹ ☹	DATE.		MON	TUE	WED	THU	FRI	SAT	SUN

TODAY'S PRIORITY

○

○

○

PLAN			TOTAL TIME	H	M
		○			
		○	6		
		○	7		
		○	8		
		○	9		
		○	10		
		○	11		
		○	12		
		○	1		
		○	2		
		○	3		
		○	4		
		○	5		
		○	6		
		○	7		
		○	8		
		○	9		
		○	10		
		○	11		
			12		
			1		
			2		
			3		
			4		
			5		

COMMENT

STUDY PLANNER

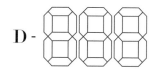
D -

MOOD ☺ ☺ ☺ ☹ ☹	DATE.	MON	TUE	WED	THU	FRI	SAT	SUN

TODAY'S PRIORITY

○

○

○

PLAN	
	○
	○
	○
	○
	○
	○
	○
	○
	○
	○
	○
	○
	○
	○
	○
	○
	○
	○
	○
	○

TOTAL TIME	H	M
6		
7		
8		
9		
10		
11		
12		
1		
2		
3		
4		
5		
6		
7		
8		
9		
10		
11		
12		
1		
2		
3		
4		
5		

COMMENT

STUDY PLANNER

D -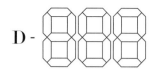

MOOD ☺☺☺☹☹	DATE.	MON	TUE	WED	THU	FRI	SAT	SUN

TODAY'S PRIORITY

○

○

○

PLAN	
	○
	○
	○
	○
	○
	○
	○
	○
	○
	○
	○
	○
	○
	○
	○
	○
	○
	○
	○
	○

TOTAL TIME	H	M
6		
7		
8		
9		
10		
11		
12		
1		
2		
3		
4		
5		
6		
7		
8		
9		
10		
11		
12		
1		
2		
3		
4		
5		

COMMENT

STUDY PLANNER

D -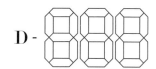

MOOD ☺ 😊 😐 🙁 😞	DATE.		MON	TUE	WED	THU	FRI	SAT	SUN

TODAY'S PRIORITY

○

○

○

PLAN			TOTAL TIME	H	M
		○			
		○	6		
		○	7		
		○	8		
		○	9		
		○	10		
		○	11		
		○	12		
		○	1		
		○	2		
		○	3		
		○	4		
		○	5		
		○	6		
		○	7		
		○	8		
		○	9		
		○	10		
		○	11		
			12		

COMMENT

1		
2		
3		
4		
5		

STUDY PLANNER

D -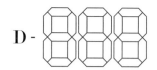

MOOD ☺ 😊 😐 😟 😣	DATE.	MON	TUE	WED	THU	FRI	SAT	SUN

TODAY'S PRIORITY

○

○

○

PLAN			TOTAL TIME	H	M
		○	6		
		○	7		
		○	8		
		○	9		
		○	10		
		○	11		
		○	12		
		○	1		
		○	2		
		○	3		
		○	4		
		○	5		
		○	6		
		○	7		
		○	8		
		○	9		
		○	10		
		○	11		
			12		
COMMENT			1		
			2		
			3		
			4		
			5		

STUDY PLANNER

D -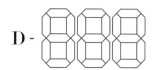

MOOD ☺ ☺ ☺ ☹ ☹	DATE.		MON	TUE	WED	THU	FRI	SAT	SUN

TODAY'S PRIORITY

○

○

○

PLAN		○
		○
		○
		○
		○
		○
		○
		○
		○
		○
		○
		○
		○
		○
		○
		○
		○
		○
		○
		○

TOTAL TIME	H	M
6		
7		
8		
9		
10		
11		
12		
1		
2		
3		
4		
5		
6		
7		
8		
9		
10		
11		
12		
1		
2		
3		
4		
5		

COMMENT